Als die SPD entstand, war Bismarck noch nicht Kanzler und Deutschland noch kein Nationalstaat. Der Weg der Partei führt durch verschiedene Epochen und Gesellschaftssysteme, durch Zeiten von Krieg und Depression, durch Jahre optimistischen Aufbruchs und ungebremster Hoffnungen, durch Industrialisierung und Wissensrevolution. Kurz: Die Geschichte der SPD ist ein gutes Stück deutscher Gesellschaftsgeschichte. Und sie ist geprägt von schillernden Persönlichkeiten. Wir stoßen auf Abenteurer, Konvertiten und Renegaten, auf Charismatiker, Demagogen und Populisten, auf Präsidenten, Kanzler und Staatsmänner.

Dennoch erzählt die Geschichte der SPD, wie Franz Walter zeigt, nicht nur vom Weg einer politischen Partei, sondern auch von einer traditionsreichen Gegenkultur, die erst in der bundesdeutschen Wohlstandsgesellschaft zerbröselte. Welche Wandlungen hat die deutsche Sozialdemokratie erfahren, welche Traditionen sind erhalten geblieben? Wo steht sie in der Gegenwart, und wie könnte ihre Zukunft aussehen?

«Kaum ein Politologe im Land, der so geistreich über Parteien und ihre gewandelte Rolle in der Gesellschaft zu schreiben vermag.» *taz*

Franz Walter, geboren 1956, ist Professor für Parteienforschung in Göttingen. Neben zahlreichen Fachveröffentlichungen publiziert er regelmäßig Artikel und Kolumnen in überregionalen Tageszeitungen und auf Spiegel online. Bücher zuletzt u.a.: «Die ziellose Republik» (2006), «Träume von Jamaika» (2006), «Baustelle Deutschland» (2008).

Franz Walter

Die SPD

Biographie einer Partei

Überarbeitete und
erweiterte Taschenbuchausgabe

Rowohlt Taschenbuch Verlag

Überarbeitete und erweiterte Taschenbuchausgabe
Veröffentlicht im Rowohlt Taschenbuch
Verlag, Reinbek bei Hamburg, April 2009
Copyright © 2002 Alexander Fest Verlag, Berlin
Bebilderung: Kay Müller und Teresa Nentwig, Göttingen
Umschlaggestaltung ZERO Werbeagentur, München
Innentypographie Daniel Sauthoff
Satz Utopia und Futura PostScript (InDesign 5.0.3)
Gesamtherstellung: CPI – Clausen & Bosse, Leck
Printed in Germany
ISBN 978 3 499 62461 2

Inhalt

1. Anfänge: Vom Gesellenprotest zur Arbeiterbewegung

Die Sozialdemokratie war lange Zeit nicht nur einfach eine Partei, sondern auch – und zunächst sogar viel mehr – eine soziale Bewegung. Und bei sozialen Bewegungen lässt sich immer schwer sagen, wann genau sie sich gebildet haben. Es gibt keine exakten Entstehungsdaten, und so hat die SPD seit jeher einige Schwierigkeiten, ihr Gründungsjahr parteihistorisch verbindlich festzulegen. Meist lässt man die Geschichte der Sozialdemokratie mit Ferdinand Lassalle und seinem Allgemeinen Deutschen Arbeiterverein (ADAV) im Jahr 1863 beginnen, mitunter wird aber auch die Bildung der Arbeiter-Verbrüderung des Stephan Born im Zuge der Revolution von 1848 als Startschuss gefeiert. Das Jahr 1875, in dem sich die bis dahin verfeindeten Flügel der frühen Arbeiterbewegung in Gotha zur Sozialistischen Arbeiterpartei Deutschlands organisatorisch zusammenrauften, gilt zuweilen ebenfalls als das eigentliche Konstituierungsdatum. Und für eher sozialhistorisch argumentierende Interpreten sind es schon die 1830er Jahre und die frühsozialistischen, im europäischen Ausland agierenden Handwerkervereine, mit denen all das begann, was später August Bebel, Otto Wels, Kurt Schumacher, Willy Brandt, Oskar Lafontaine, Gerhard Schröder fortsetzten.

Den Sozialdemokraten selbst ist es im Grunde ganz recht, dass es mehrere geschichtliche Ausgangspunkte ihrer Partei gibt, haben sie so doch genügend Anlässe, sich zu feiern und stolz auf ihre großen und langen Traditionen zu verweisen. Da die Diskussion über das exakte historische Gründungsdatum der Sozialdemokratie letztlich tatsächlich unergiebig ist, sollte man offen formulieren: Irgendwann zwischen den 1830er und 1870er Jahren entstand in Deutschland – als Reaktion der neuen, industriellen Arbeiterklasse auf die Abhängigkeitsverhältnisse, Unsicherheiten und Krisen des neuen, industriellen Kapitalismus – die moderne Arbeiterbewegung.

Doch selbst das ist sogleich wieder zu relativieren, denn modern war die Arbeiterbewegung in ihren Anfängen nur bis zu einem gewissen Grad. Und auch die Arbeiterklasse, die sich sozialdemokratisch organisierte, war so neu nicht. Soziale Bewegungen fangen eben nicht bei null an, sie haben immer, gerade die erfolgreichen und dauerhaften unter ihnen, Wurzeln und Kraftquellen in der Vergangenheit. Die Fabrikarbeiter im Frühkapitalismus waren wirklich wurzel- und traditionslos; sie kamen aus der agrarischen Provinz, hatten keine Organisationserfahrung und keine gruppenbildenden Leitideen. Über all das verfügten jedoch die städtischen Handwerksgesellen jener Jahre, die Schriftsetzer, Scherenschleifer, Drechsler, Sattler oder Zimmerer. *Sie* wurden, ohne moderne Industriearbeiter zu sein, zu den Pionieren der neuen Arbeiterbewegung und prägten die Führungsschicht der deutschen Sozialdemokratie bis weit in das 20. Jahrhundert hinein. Denn sie besaßen die Ressourcen, die man braucht, um eine soziale Bewegung ins Leben zu rufen und ihr Schritt für Schritt Parteistrukturen zu verleihen: Organisationskompetenz, Selbstbewusstsein, Bildung, Leitziele, Kommunikationsfähigkeit und Mobilität.

Ihre Organisationskompetenz hatten die Handwerksgesellen über Jahrhunderte in den Zünften akkumuliert. Nicht weniges dieser alten Zunftstrukturen – etwa die Unterstützungskassen bei Krankheit, Invalidität und im Todesfall – floss in den 1860er und 1870er Jahren unmittelbar in die moderne Arbeiterbewegung ein. Die Handwerksgesellen verfügten über traditionsgesättigte Symbole und Rituale, Fahnen und Lieder, die auch innerhalb der neuen Arbeiterbewegung identitätsbildend wirkten. Zudem hatten sie schon in der altständischen Gesellschaft ihre Mobilität bewiesen. Nach ihrer Lehrzeit mussten die Gesellen auf Wanderschaft gehen, sodass sie ihre Organisationen und Ideen überregional vernetzen konnten. Ebendas wurde die Voraussetzung für eine nationale Arbeiterbewegung und Sozialdemokratie in Deutschland.

Die Handwerksgesellen hatten einen ausgeprägten Berufsstolz und Ehrenkodex, und oft verfolgten sie das Ziel, Meister zu werden. Doch das alles geriet Mitte des 19. Jahrhunderts in Konflikt mit dem neuen Kapitalismus: Die Fabrikarbeit entwertete viele alte Berufe und Ehrvorstellungen, und nicht selten zerstörte sie die Aufstiegshoffnungen der Gesellen. Aus dieser Spannung von traditionsgeleiteten Erwartungen und neuzeitlichen Enttäuschungen entstand das Protestpotenzial der Handwerksgesellen, resultierte ihr frühsozialistisches Engagement. Die moderne Sozialdemokratie in Deutschland geht mithin auf Mentalitäten der vormodernen, vorbürgerlichen, vorkapitalistischen, vorproletarischen Gesellschaft zurück. Diese Konstellation findet man häufig: Ganz moderne soziale Bewegungen nähren sich von Protestpotenzial, das aus der Verletzung alter Rechte hervorgegangen ist, aus der Missachtung traditioneller Einstellungen, aus der jähen Infragestellung früherer Sicherheiten und Gewissheiten.

Obwohl die neue Arbeiterbewegung also eine Menge rückwärtsgewandter Antriebselemente hatte, wies sie im Großen und Ganzen doch nach vorn, in die Zukunft. Auch das lässt sich bei sozialen Bewegungen oft genug beobachten: Die Energien, die dadurch entstehen, dass traditionelle Ansprüche aufgrund gesellschaftlichen und ökonomischen Wandels nicht mehr erfüllt werden, verharren nicht in überlebten Organisationsstrukturen; sie führen nicht nur zu nostalgischen Defensivkämpfen, sondern zugleich zu neuartigen Aktionsmethoden, Postulaten und Forderungen. So auch bei der frühen Arbeiterbewegung. Schon bald war sie mehr als lediglich die kulturelle und organisatorische Verlängerung überkommener Zunftstrukturen, nämlich eine wirklich *neue* soziale Bewegung von Arbeitern, nicht von Gesellen. Die Gesellenproteste der vormodernen Zeit waren defensiver Natur, sie konzentrierten sich auf die Verteidigung alter Rechte. Die Arbeiterbewegung aber ging schnell in die Offensive, forderte neue Rechte, verlangte mehr Teilhabe und Mitwirkung. Und die Gesellen der verschiedenen Gewerbe verstanden sich zu Beginn der zweiten Hälfte des 19. Jahrhunderts allmählich kollektiv als Arbeiter, da sie – im Falle von Krankheit, Invalidität, im Alter und bei den kapitalistischen Konjunkturzyklen – die gleichen Risiken trugen und die gleichen Nöte litten. In diesem Lernprozess bildete sich die moderne Sozialdemokratie.

Doch zunächst handelte es sich nur um eine Avantgarde, gleichsam den Vortrupp der entstehenden Arbeiterklasse. Mehr als einige tausend Mitglieder gehörten dem Allgemeinen Deutschen Arbeiterverein in den 1860er Jahren nicht an. Ferdinand Lassalle hatte 1863, als er den Verein gründete, noch von hunderttausend gesprochen, die er rasch beisammenhaben wollte. Aber zu seiner großen Enttäuschung kamen die Massen anfangs nicht.

Man mag es verwunderlich finden, dass gerade Lassalle, der jüdische Intellektuelle und Bohemien, der sein Geld als Anwalt verdiente, die geschichtliche Figur wurde, die viele für den Gründer der sozialdemokratischen Arbeiterbewegung halten. Er hatte, zumindest für die etablierten Kreise, etwas Anrüchiges. Acht Jahre führte er für die Gräfin Sophie von Hatzfeld-Trachenberg einen Scheidungs- und Vermögensprozess, erzielte schließlich einen Vergleich und ließ sich dann von seiner Klientin eine auskömmliche Rente zahlen. Es zirkulierten allerlei Gerüchte über die Beziehung der beiden, und überhaupt wurde viel über die zahlreichen amourösen Abenteuer Lassalles gemunkelt. Lassalle war ein Außenseiter im preußischen Bürgertum, ein Mann, den man auf Distanz hielt. Doch er war ein feuriger Redner und glänzender Essayist, und er hatte das Talent zur Politik. Anders als Marx interessierte er sich kaum für die soziale Entwicklung, für die «objektiven gesellschaftlichen Prozesse». Politik begriff er als Kunst, als das instinktsichere Erkennen und Ausnutzen von Gelegenheiten. Er war ein Aktivist, kein Determinist – von seiner Sorte hat es in der Geschichte der deutschen Sozialdemokratie nicht gerade viele gegeben.

Gewiss, zugleich war Lassalle Romantiker, eine nervöse Figur, ziemlich exaltiert. Er litt unter seiner Stigmatisierung als Jude und Außenseiter, zog aber daraus auch beträchtliche Energien, wollte es allen beweisen, etwas ganz Neues schaffen und Ruhm ernten. Das Bedürfnis nach Anerkennung war charakteristisch für ihn, wie natürlich für die meisten großen Gestalten in der Politik. Lassalle war «ehrgeizig im hohen Stil», sagte Reichskanzler Otto von Bismarck 1878 im Reichstag, als er sich an seine Unterhaltungen mit ihm zu Beginn der 1860er Jahre erinnerte. Nicht zuletzt deshalb hatte Lassalle die Arbeiter entdeckt. Er interessierte sich nicht wirklich für deren soziales Los, kümmerte sich kaum um die konkreten Lebensbedingungen der unteren Schichten. Es ging ihm nicht um die soziale Frage, es ging ihm um Politik. Und die Arbeiter waren Lassalle vor allem politisches Instrument, eine Basis für seine eigenen Führungsambitionen.

Das Zusammenspiel von gesellschaftlich eher randständigen, politisch aber ehrgeizigen Intellektuellen und bildungsbeflissenen Handwerks-

Ferdinand Lassalle (1825–1864), Sohn großbürgerlicher Eltern, gilt als Begründer der sozialdemokratischen Arbeiterbewegung in Deutschland. Er war eine charismatische Persönlichkeit und hatte große politische Pläne. Doch starb er früh, 39-jährig, in einem Duell. Reichskanzler Bismarck sagte in einer Reichstagsdebatte im September 1878 über ihn: «Lassalle war ehrgeizig im hohen Stil, und ob das deutsche Kaisertum gerade mit der Dynastie Hohenzollern oder mit der Dynastie Lassalle abschließen solle, das war ihm vielleicht zweifelhaft.»

gesellen war charakteristisch für die frühe deutsche Sozialdemokratie. Schon die wandernden Handwerksgesellen der 1830er Jahre hatten in Paris, Zürich und London emigrierte Intellektuelle kennengelernt und mit ihnen so manche sozialistische Utopie. Bis 1933 trifft man in der Geschichte der deutschen Sozialdemokratie oft auf den Typus des marginalisierten, beruflich blockierten, religiös oder politisch geächteten Bildungsbürgers, der in der Arbeiterbewegung einen Platz und nicht selten auch eine Führungsrolle suchte. Dieser «Konvertit» hatte sich an seiner Herkunftsklasse wundgerieben, sich über deren haltlosen Opportunismus und mangelnden Idealismus empört und sodann in der Arbeiterklasse den neuen kollektiven

Heiland entdeckt. Das wurde oft genug noch alttestamentarisch überhöht: Der Sozialismus galt jenen Intellektuellen als Erlösungsbotschaft für die gesamte Menschheit, und sie selbst sahen sich gern als auserwählt, jeder für sich ein Moses, der das Volk in das gelobte Land der klassenlosen Gesellschaft führen würde.

Auch bei Lassalle finden sich viele religiöse Metaphern: «Sie sind der Fels», rief er den Arbeitern zu, «auf welchem die Kirche der Gegenwart gebaut werden soll.» Seinen Zuhörern gefiel es. Sie verehrten die Intellektuellen, die so klug reden konnten, den Arbeitern eine besondere Mission zuwiesen und eine befreiende Perspektive eröffneten. So wurde der Charismatiker Lassalle zum Mythos der sozialdemokratischen Arbeiterbewegung. Als er im Mai 1864 für einige Versammlungen im Rheinland unterwegs war, holten ihn immer wieder gläubig staunende Arbeiter mit blumengeschmückten Wagen ab. Lassalle selbst schrieb darüber geschmeichelt: «Ich hatte ständig den Eindruck, so muss es bei der Stiftung neuer Religionen ausgesehen haben.» Der Mythos schwand auch in den folgenden Jahrzehnten nicht. Noch in den Weimarer Jahren sangen die Delegierten auf den Parteitagen der SPD: «Der Bahn, der kühnen, folgen wir, die uns geführt Lassalle.»

Geführt hatte Ferdinand Lassalle den Allgemeinen Deutschen Arbeiterverein wie ein Autokrat, viele sagen: wie ein Diktator. Obwohl er nicht lange amtierte – bereits 1864, fünfzehn Monate nach Gründung des nationalen Arbeitervereins, fand er in einem Duell, bei dem es bezeichnenderweise um eine schöne Frau ging, den Tod –, hatte Lassalle der Sozialdemokratie seinen Stempel aufgedrückt. Er glaubte fest an die segensreiche Wirkung des allgemeinen Wahlrechts für den sozialistischen Fortschritt, und seine Anhänger glaubten ebenso fest daran. So waren die deutschen Sozialdemokraten durch das Wahlrecht immer schon ein wenig domestiziert, an bürgerliches Recht und bürgerliche Verfassung gebunden, auf Wählbarkeit, Öffentlichkeit und Berechenbarkeit erpicht, waren infolgedessen nie eine verschwörerische, subversive oder gar terroristische Truppe, die auf revolutionäre Gewalt setzte. Das ging zwar nicht ausschließlich auf Lassalle zurück, aber hatte doch mit ihm zu tun. Und schließlich war er ein Prediger der Organisation; auch das prägte die deutsche Sozialdemokratie nachhaltig. Der Auf- und Ausbau der Organisation stand über Jahrzehnte, ja fast ein Jahrhundert lang im Mittelpunkt des Denkens und Tuns sozialdemokratischer Aktivisten. Sie erwies sich als das Herz – wenn nicht gar als der Selbstzweck – aller sozialdemokratischen Anstrengungen.

«Assoziation» jedenfalls war ein Zauberwort für jene Handwerksgesellen, die sich um Lassalle scharten und die frühe Sozialdemokratie begründeten. Das zweite Zauberwort in diesen Kinderjahren der Arbeiterbewegung lautete «Bildung», und als drittes kam noch die «Produktivgenossenschaft» hinzu, die als Leitidee allerdings sehr viel schneller an Kraft verlor und die sozialdemokratische Arbeiterbewegung längst nicht so durchdrang und festlegte wie eben «Assoziation» oder «Bildung». Alles in allem spiegelte diese Trias frühsozialistischer Identität die Verhaltensmaßstäbe, die Gruppenmoral, auch die Wunschvorstellungen, Träume und Hoffnungen der Handwerker und der qualifizierten Arbeiter. Es war ein gut organisierter, selbstverwalteter, ausbeutungsfreier Werkstattsozialismus, nach dem die Pioniere der deutschen Sozialdemokratie strebten.

Ungelernte Arbeiter ließen sich davon weniger faszinieren, und überhaupt sollte die Kluft zwischen gelernten und ungelernten Arbeitern in der deutschen Sozialdemokratie lange Zeit bestehen bleiben: Die Sozialdemokratie war von Beginn an Bewegung und Partei der disziplinierten, ehrgeizigen, aufstiegswilligen Arbeiter; jene, die über diese Tugenden und Einstellungen nicht verfügten, fremdelten oft ihr gegenüber, gehörten nicht zu ihren treuen Anhängern und standen in Krisenzeiten schnell abseits oder in anderen politischen Lagern.

Und schließlich gab es ebenfalls von Anfang an die innersozialistischen Streitigkeiten, Flügelkämpfe und Spaltungen, die so typisch für die Geschichte der Arbeiterbewegung wurden. Die meisten Arbeitervereine machten schon 1863 nicht mit, als Lassalle die autonome Arbeiterpartei ausrief; die Mehrheit verblieb im Organisationsrahmen des liberalen Bürgertums, bis sich 1869 in Eisenach die Sozialdemokratische Arbeiterpartei als zweite eigenständige Formation der Arbeiterschaft und des Sozialismus konstituierte. Deren Anführer waren August Bebel und Wilhelm Liebknecht. Dieser zweite Flügel der sozialdemokratischen Arbeiterbewegung war weniger zentralistisch, weniger autokratisch als der von Lassalle geformte. Im Übrigen unterschied man sich in der nationalen Frage: Die Lassalleaner hielten zu Preußen, die Richtung Bebel / Liebknecht bevorzugte die großdeutsche Lösung. Besonders in den ersten Jahren ging es zwischen den Angehörigen der beiden Parteien ziemlich rüde zu. Sie sprengten einander die Veranstaltungen, beschimpften und prügelten sich zuweilen. Erst in den frühen 1870er Jahren, als die Kontrahenten gleichermaßen Opfer staatlicher Kriminalisierung und Illegalisierung waren, hörte der Kleinkrieg auf. Hinzu kam die wirtschaftliche Krise, die nach dem Gründerkrach 1873 einsetzte. Beides zusammen, der Druck des Obrigkeitsstaates wie der kapitalistischen Depression, brachte die verfeindeten Lager des frühen Sozialismus einander rasch näher, ja einte die Sozialdemokratie: 1875 wurde in Gotha die Sozialistische Arbeiterpartei Deutschlands gegründet.

2. Im Kaiserreich: Revolutionäre Zukunftsträume und pragmatische Gegenwelt

Karl Marx hatte seinerzeit gegen das Programm, das sich die vereinte Sozialdemokratie gab, Gift und Galle gespuckt. Mit dem ihm eigenen boshaften Scharfsinn sezierte er die Widersprüche, Ungereimtheiten und «lassalleanischen Phrasen» des Gothaer Programms. Doch die Philippika des im Londoner Exil lebenden sozialistischen Meisterdenkers drang nicht recht nach Deutschland durch. Es hätte auch nicht viel bewirkt, denn die deutschen Sozialdemokraten wollten den lästigen Parteienstreit im eigenen Lager endlich beilegen; auf theoretischen Glanz kam es ihnen in dieser Situation kaum an. Überhaupt echauffierte sich Marx 1875 im Grunde ganz unnötig: Die Zeit des «Lassalleanismus» lief in den 1870er Jahren ohnehin ab, die Zahl der «Marxisten» in der deutschen Arbeiterbewegung dagegen nahm stetig zu. Der massive politische und ökonomische Druck, der die Arbeiterbewegung in diesem Jahrzehnt geeint hatte, war zugleich der Resonanzboden für die Verbreitung marxistischer Ideen und Begrifflichkeiten.

Nur selten zuvor hatten die Arbeiter in Deutschland die Klassengesellschaft und den Klassenstaat als so bedrohlich, rücksichtslos und demütigend empfunden wie in den 1870er Jahren. Auf den Gründerkrach 1873 folgte eine lang anhaltende Wirtschaftskrise. Firmenzusammenbrüche und Entlassungen häuften sich, Streiks blieben erfolglos, und bald war die gewerkschaftliche Gegenmacht empfindlich geschwächt. Zum Ende des Jahrzehnts führte ein Bündnis von Konservativen und Rechtsliberalen überdies noch die Schutzzollpolitik ein, durch die importiertes Getreide teurer wurde, wodurch wiederum die Lebensmittelpreise erheblich stiegen. So gerieten die städtischen Arbeiter ökonomisch und sozial mehr und mehr in Bedrängnis.

Reichs=Gesetzblatt.

№ 34.

Inhalt: Gesetz gegen die gemeingefährlichen Bestrebungen der Sozialdemokratie. S. 351.

(Nr. 1271.) Gesetz gegen die gemeingefährlichen Bestrebungen der Sozialdemokratie. Vom 21. Oktober 1878.

Wir Wilhelm, von Gottes Gnaden Deutscher Kaiser, König von Preußen ꝛc.

verordnen im Namen des Reichs, nach erfolgter Zustimmung des Bundesraths und des Reichstags, was folgt:

§. 1.

Vereine, welche durch sozialdemokratische, sozialistische oder kommunistische Bestrebungen den Umsturz der bestehenden Staats- oder Gesellschaftsordnung bezwecken, sind zu verbieten.

Dasselbe gilt von Vereinen, in welchen sozialdemokratische, sozialistische oder kommunistische auf den Umsturz der bestehenden Staats- oder Gesellschaftsordnung gerichtete Bestrebungen in einer den öffentlichen Frieden, insbesondere die Eintracht der Bevölkerungsklassen gefährdenden Weise zu Tage treten.

Den Vereinen stehen gleich Verbindungen jeder Art.

§. 2.

Auf eingetragene Genossenschaften findet im Falle des §. 1 Abs. 2 der §. 35 des Gesetzes vom 4. Juli 1868, betreffend die privatrechtliche Stellung der Erwerbs- und Wirthschaftsgenossenschaften, (Bundes-Gesetzbl. S. 415 ff.) Anwendung.

Auf eingeschriebene Hülfskassen findet im gleichen Falle der §. 29 des Gesetzes über die eingeschriebenen Hülfskassen vom 7. April 1876 (Reichs-Gesetzbl. S. 125 ff.) Anwendung.

§. 3.

Selbständige Kassenvereine (nicht eingeschriebene), welche nach ihren Statuten die gegenseitige Unterstützung ihrer Mitglieder bezwecken, sind im Falle des

Reichs-Gesetzbl. 1878.   67

Ausgegeben zu Berlin den 22. Oktober 1878.

1878 verübten zwei von wirren politischen Ideen geleitete Männer, Max Hödel und Karl Nobiling, Attentate auf den Kaiser. Reichskanzler Bismarck nutzte dies, um seinen größten innenpolitischen Gegner auszuschalten, und brachte das «Gesetz gegen die gemeingefährlichen Bestrebungen der Sozialdemokratie» durch den Reichstag. Die sozialdemokratische Partei war fortan verboten. An diese bitteren und gleichzeitig prägenden Jahre für die deutsche Sozialdemokratie erinnerte sich August Bebel 1903: «Die Schläge fielen hageldicht, alles wurde zertrümmert ..., Hunderte und wieder Hunderte von Genossen wurden brotlos ... Wir wurden wie räudige Hunde aus der Heimat hinausgetrieben.»

Gewiss, eine solche Krisensituation war für Arbeiter keine ganz ungewöhnliche Erfahrung, und sie allein hätte die deutsche Sozialdemokratie wohl nicht für marxistisches Vokabular geöffnet; da musste noch die politische Entrechtung, ja die gesellschaftliche Stigmatisierung hinzukommen, die die Sozialdemokraten zwischen 1878 und 1890 erlebten. Dies war die Zeit des Sozialistengesetzes, mit dem Reichskanzler Otto von Bismarck die Sozialdemokratie zu zerschlagen versuchte. Als im Mai und im Juni 1878 zwei Psychopathen Attentate auf den greisen Kaiser Wilhelm I. verübten, instrumentalisierte Bismarck das kurzerhand und boxte das «Gesetz gegen die gemeingefährlichen Bestrebungen der Sozialdemokratie» durch den

Reichstag. Dabei waren die beiden Attentäter gar keine Sozialdemokraten; der eine zählte zu den Anhängern des antisemitischen Hofpredigers Adolf Stoecker, der andere sympathisierte mit den Nationalliberalen. Aber darauf achtete in der Hysterie, die nach den Schüssen auf den Kaiser Oberhand gewann, kaum jemand; es herrschte fast eine Art Pogromstimmung gegen die Sozialdemokraten. Bismarck, der sich vor der «Partei des Umsturzes» fürchtete, nutzte das kühl kalkulierend aus. Und so wurde die Parteiorganisation in den nächsten zwölf Jahren verboten, ebenso die Gewerkschaften; die sozialdemokratischen Zeitungen mussten ihr Erscheinen einstellen, und ein großer Teil der Parteielite – Agitatoren, Journalisten und Organisatoren – kam unter Anklage, landete in Zuchthäusern, wurde ausgewiesen oder zur Emigration gezwungen. Und stets bekamen sie das brandmarkende Verdikt von den «vaterlandslosen Gesellen» höhnisch hinterhergeschickt.

Nur wenige andere Phasen in der deutschen Geschichte haben die Sozialdemokraten so nachdrücklich und dauerhaft geprägt wie die Zeit unter dem Sozialistengesetz. Sie wurden verachtet, verfolgt und beleidigt, sie fühlten sich gedemütigt – und das von allen gesellschaftlichen Kräften. Anfangs hatten sich lediglich Nationalliberale und Konservative hinter die Bismarck'sche Verbots- und Unterdrückungspolitik gestellt, später dann, als das Sozialistengesetz verlängert werden musste, fand sie aber auch die Unterstützung von Zentrumsabgeordneten und Linksliberalen. Das wurde zum Urerlebnis der Sozialdemokraten im Umgang mit sozialen und politischen Gruppen: Seither taten sie sich schwer mit bürgerlichen Bündnispartnern und misstrauten prinzipiell der Charakterfestigkeit deutscher Liberaler. Seither teilten sie die Gesellschaft streng in Gut und Böse auf, in «wir und die anderen».

Von nun an herrschte in der Sozialdemokratie der marxistische Jargon vor. Natürlich wurden nicht alle sozialdemokratischen Arbeiter zu eifrigen und verständigen Lesern des bekanntlich ziemlich sperrigen Marx'schen Werks; man las eher – und auch das gilt nur für eine kleine Minderheit – die popularisierten Fassungen von Friedrich Engels oder Karl Kautsky. Nein, es waren Schlagwörter und einzelne Begriffe aus dem Marx'schen Erklärungsarsenal, die damals die Runde machten. Lassalle hatte noch auf den Staat gesetzt, auch auf den preußischen und den Bismarck'schen, aber diese Position hatte mittlerweile jeden Rückhalt verloren. Der Staat galt den Sozialdemokraten nun unzweifelhaft als Klassenstaat. Im Marx'schen Duktus bezeichnete man sich selbst als «Proletariat», die anderen, die Herrschenden, als «Bourgeoisie». Von Marx hatte man überdies die Deutung übernommen, dass alle Geschichte eine Geschichte von Klassenkämpfen sei, und die Gewissheit, dass die Proletarier als historische Gewinner aus diesen hervorgehen müssten. Die Arbeiterklasse würde am Ende die Bourgeoisie enteignen und eine ausbeutungsfreie Gesellschaft der Gleichen einrichten, ohne soziale Not, ohne polizeiliche Repression, ohne großen Arbeitsdruck. So musste es kommen – schließlich hatte Karl Marx es prognostiziert. In den schwer erträglichen Jahren der Unterdrückung jedenfalls glaubten immer mehr sozialdemokratisch orientierte Arbeiter bereitwillig an diese Lehre.

Es war die Mischung aus Religionsersatz und Wissenschaftsanspruch, die damals gerade die Elite der sozialdemokratischen Facharbeiter faszinierte. Viele von ihnen hatten sich soeben erst von der Kirche gelöst, aber damit nicht schon alle Heilsbedürfnisse hinter sich gelassen. Allerdings suchten sie nicht nach einer rein spirituellen Alternative, einem rein metaphysischen Ersatz für die aufgegebene Kirchlichkeit; die lernbegierigen Facharbeiter dieser Zeit begeisterten sich vielmehr für die Naturwissenschaften, sie lasen allerlei einschlägige Traktate und vor allem auch Charles Darwin. Dies ergänzte sich mit ihrem Interesse an den popularisierten Formen des Marxismus, etwa an den Broschüren des Parteitheoretikers Karl Kautsky. Denn hier, in den Schriften Kautskys, verband sich Heilsversprechen mit wissenschaftlichem Anspruch, war der Chiliasmus gleichsam Naturgesetz. Die sozialdemokratischen Arbeiter *glaubten* nicht einfach an das sozialistische Endziel, sie *wussten*, dass es dazu kommen würde, weil es Folge und Ergebnis der gesellschaftlichen *Entwicklung* war. Dieses Verständnis von Politik und Gesellschaft wurzelte tief in der deutschen Sozialdemokratie und hielt sich dort noch ganze acht Jahrzehnte. Zum Guten wie zum Schlechten: Die Sozialdemokraten standen zueinander selbst in schwierigen Zeiten, denn sie vertrauten auf die letztlich segensreiche «Entwicklung»; aber sie versteckten sich oft genug auch passiv und einfallslos hinter ihr, wo sie doch hätten vorpreschen, Einfluss nehmen und gestalten können.

Während der Zeit des Sozialistengesetzes aber stärkte und festigte der

Besonders **Karl Kautsky (1854–1938)** sorgte für die Verbreitung der Marx'schen Ideen in der deutschen Arbeiterbewegung. In den letzten beiden Jahrzehnten des 19. Jahrhunderts galt er als «Cheftheoretiker» der Sozialdemokratie. Er lieferte dem Parteiführer Bebel die entscheidenden theoretischen Stichworte, und zusammen mit Eduard Bernstein verfasste er das Erfurter Programm von 1891. Nach der Jahrhundertwende ließ sein Einfluss auf die Sozialdemokraten deutlich nach; in dem Moment, wo diese zu einem politischen Faktor wurden, handeln und sogar regieren mussten, war mit seinem verstaubten Determinismus nicht mehr viel anzufangen.

optimistische marxistische Entwicklungsglaube die Sozialdemokratie zweifellos; die Zukunftsgewissheit spendete Trost, gab Kraft und Zuversicht. Mit dem Marxismus ließen sich politische Unterdrückung und soziale Not besser ertragen, und überhaupt empfand man ihn als attraktives, anziehendes Denkgebäude. Am Ende jedenfalls war Bismarck gescheitert: Er hatte die Sozialdemokratie nicht zerstört, sondern größer gemacht. Zum Ausgang des Sozialistengesetzes vereinten die sozialdemokratischen Kandidaten bei den Reichstagswahlen dreimal mehr Stimmen auf sich als in der Zeit des Erlasses. Auch das prägte die Sozialdemokraten zutiefst. Sie hatten gelitten, man hatte sie ausgegrenzt und isoliert, aber schließlich waren sie erfolgreich. So zog es sie noch über Jahrzehnte – mitunter geradezu magnetisch – in die Pariastellung. Die Sozialdemokraten liebten es zu leiden. Ihnen gefiel die Rolle des Ausgestoßenen, des Geächteten und Verfemten und dementsprechend die des Märtyrers, des Helden, der sich, aufrecht und anständig, dem Druck der Herrschenden nicht beugt und auf diese Weise über alle Feinde siegt. Die Sozialdemokraten schufen sich unter dem Sozialistengesetz ihr Epos, ihre Legende, aus der sie immer dann zitierten, wenn sie in Bedrängnis gerieten. Daran klammerte sich 1933 auch Otto Wels, als er dem Ermächtigungsgesetz der Nationalsozialisten entgegentrat und in der Kroll-Oper trotzig ausrief: «Das Sozialistengesetz hat die Sozialdemokratie nicht vernichtet. Auch aus neuen Verfolgungen kann die deutsche Sozialdemokratie neue Kraft schöpfen.»

Unter dem Sozialistengesetz hatten die bürgerlichen und feudalen Kräfte die Sozialdemokratie in die Isolation getrieben. Aber die marxistische Sozialdemokratie fand allmählich Geschmack an dieser Isolation, ja verschärfte sie noch durch ihren exklusiven Missionsanspruch, durch ihre radikale Klassenkampf- und Revolutionsrhetorik. Ihre Anhänger grenzten sich nach Aufhebung des Sozialistengesetzes sogar selbst und freiwillig ab, sie verließen beispielsweise auch solche – keineswegs wenigen – «bürgerlichen» Freizeit- und Bildungsvereine, die gegen sozialdemokratische Arbeiter gar nichts hatten. Sie errichteten ihre eigene Welt, ihr separates Milieu, getragen von zahlreichen Kultur-, Sport- und Geselligkeitsvereinen. Der Sozialismus in Deutschland wurde zum Milieu- und Vereinssozialismus, streng abgeschottet von der bürgerlichen Organisations- und Lebensform.

Insofern hat das Sozialistengesetz die Arbeiterbewegung, wenn man so will, in die Gegenkultur getrieben, sie stärker nach links gerückt, weg von Lassalle, hin zu Marx. Auf der anderen Seite haben die Jahre der Unterdrückung – paradoxerweise und natürlich unbeabsichtigt – aber auch die moderaten und reformistischen Grundströmungen innerhalb der deutschen Sozialdemokratie gefördert. Die autarke Welt des sozialdemokratischen Milieus etwa, die damals entstand, radikalisierte nicht die Arbeiter, sondern dämpfte eher ihren Aktionismus, ihre Militanz, ihr revolutionäres Draufgängertum. Die «Milieusozialisten» wurden mehr und mehr Vereinsmeier, richteten sich, nicht unzufrieden mit dem Alltag, den man darin hatte, in ihren Gesangs-, Wander- und Sportclubs ein.

Das war nicht nur Spießbürgerlichkeit, sondern durchaus eine imposante Eigenkultur, eine große Organisationsleistung der Arbeiter, die auch der Emanzipation diente. Im sozialdemokratischen Bildungswesen beispielsweise lernten sie hinzu, was die staatlichen Volksschulen ihnen vorenthalten hatten. Aber das Milieu war keine Trainingsstätte, kein Katapult für

„Nun mein Kind, drückt Dich denn Dein Korb nicht sehr?
Socialdemokratie: „O nein — wie Sie sehen, bin ich groß
und stark dabei geworden."

die revolutionäre Tat. Vielmehr milderte es die Verbitterung der sozialdemokratischen Arbeiter, ihre Wut auf den Staat und die Herrschenden. Über
ihr Milieu fanden sie einen festen Ort im Kaiserreich, nicht im Zentrum
des Systems, nicht anerkannt von den mittleren und höheren Schichten,
aber im Ganzen – vor allem nach der Zeit des Sozialistengesetzes – doch
gesichert und geschützt. Sie mussten nicht im Untergrund leben und hatten keinen blutigen Terror von oben zu befürchten. Finster entschlossene
Revolutionäre waren die sozialdemokratischen Vereinsmeier in Deutschland daher nicht. Sie hatten sich eine Heimat aufgebaut, ihre soziale und
kulturelle Nische bewohnbar gemacht. Das alles setzten sie für unwägbare
revolutionäre Risiken nicht einfach aufs Spiel.

Otto von Bismarck (1815–1898), Reichskanzler von 1871 bis 1890. Als virtuosem Diplomaten und nüchternem Realpolitiker waren ihm die großen weltanschaulichen Bewegungen seiner Zeit mit ihren Glaubenskräften und visionären Zielsetzungen – der Katholizismus ebenso wie die sozialistische Arbeiterbewegung – fremd. Während er die Sozialdemokratie als Partei mit Ausnahmegesetzen und Polizeiaktionen drangsalierte, versuchte er zugleich, die Arbeiter durch Sozialreformen an den Staat zu binden. Illusionslos und freimütig gab er zu: «Wenn es keine Sozialdemokratie gäbe und nicht eine Menge Leute sich vor ihr fürchteten, würden die mäßigen Fortschritte, die wir überhaupt in der Sozialreform bisher gemacht haben, auch nicht existieren, und insofern ist die Furcht vor der Sozialdemokratie ... ein ganz nützliches Element.»

Die Sozialdemokraten hatten also selbst unter dem Sozialistengesetz mehr zu verlieren als nur ihre Ketten. Die zwölf Jahre Bismarck'scher Repression sind eben nicht zu vergleichen mit den zwölf Jahren des nationalsozialistischen Terrorregimes. Im Kaiserreich waren die Sozialdemokraten als Individuen nicht völlig entrechtet; sie standen als Staatsbürger unter dem durchaus verlässlichen Schutz von Recht und Verfassung und wurden physisch nicht wirklich bedroht. Ihre Partei war durch parlamentarischen Mehrheitsbeschluss verboten, aber als Ersatz konnten sie recht problemlos ihre Geselligkeitsvereine gründen und pflegen. Und sie hatten Parlamentarier, denn im Kaiserreich wählte man Personen, nicht Parteien. Infolgedessen konnten Sozialdemokraten als Einzelpersonen kandidieren, gewählt werden und schließlich als Abgeordnete im Reichstag agieren. Ihre parlamentarischen Reden durften gedruckt und verbreitet werden. Damit war die Reichstagsfraktion der Sozialdemokraten die einzige legale Instanz der sonst verbotenen Partei, sie wurde zum Zentrum, zum Leitungsorgan der deutschen Arbeiterbewegung.

Das prägte die Sozialdemokraten auf lange Zeit: Wahlkämpfe, Wahlen, parlamentarische Arbeit, Spezialwissen und Fachkompetenz – das hatte in der Partei höhere Bedeutung als der Gedanke an die revolutionäre Massenaktion oder gar die Spekulation auf den Barrikadenkampf. Der Primat der Parlamentsfraktion trug so ebenfalls zur Entradikalisierung der Sozialdemokratie bei. Überhaupt darf man sich die sozialdemokratische Reichstagsgruppe nicht als Ansammlung feuriger Volkstribunen oder gar deutscher Danton-Gestalten vorstellen. Man musste als Parlamentarier sein finanzielles Auskommen haben, denn Diäten gab es erst nach der Jahrhundertwende. Gewerbliche Arbeiter, wirkliche Proletarier also, hatten deshalb keine Chance, zumal ihnen als sozialdemokratischen Kandidaten seitens ihrer Betriebe die Entlassung drohte. So tummelten sich in den sozialdemokratischen Reichstagsfraktionen Parteischriftsteller, aber auch Tabakhändler oder Gastwirte. Friedrich Engels grauste es bei diesem Anblick: «Was sitzen in der Fraktion für Spießer und kommen immer wieder hinein!»

Auch die Sozialgesetzgebung, das Bismarck'sche Zuckerbrot, das er nach den Peitschenhieben des Sozialistengesetzes verteilte, förderte die reformistischen Mentalitäten. Natürlich stimmten die Sozialdemokraten zunächst gegen die Sozialgesetze – und doch nutzten sie vom ersten Moment an die Möglichkeiten und Institutionen des neuen Sozialversicherungswesens. Das blieb ebenfalls lange ein Merkmal sozialdemokratischen Verhaltens: Anfangs die große fundamentaloppositionelle Geste, das pathetische «Nein!», dann irgendwann die pragmatische Annäherung, schließlich das stillschweigende «Ja».

Bismarck hatte mit seiner Sozialgesetzgebung die Arbeiter von den Sozialdemokraten wegziehen wollen, vergebens. Vor allem die Krankenversicherungen trugen – gegen Bismarcks Absicht – zur Integration der Sozialdemokraten bei. Etliche tausend sozialdemokratische Aktivisten kamen so in die Funktionsräume des Sozialsystems, besetzten besonders in den Ortskrankenkassen die Verwaltungsgremien, Aufsichtsräte und Vorstände – häufig genug in hauptamtlichen Positionen. Das ließ in der Arbeiterbewegung einen Typus von Funktionär entstehen, den es auch in den Gewerkschaften gab, der sich an der sozialen Wirklichkeit orientierte, die Bedingungen der Gegenwart verändern wollte und tatsächlich einiges an Fortschritten und Verbesserungen erreichte. Dieser Funktionärstypus lebte *in* den Struktu-

Demonstration zum 1. Mai 1890 in Dresden. Im Jahr zuvor hatte der Gründungskongress der Sozialistischen Internationale in Paris beschlossen, «eine große internationale Manifestation zu organisieren, und zwar dergestalt, dass gleichzeitig in allen Ländern und in allen Städten an einem bestimmten Tage die Arbeiter an die öffentlichen Gewalten die Forderung richten, den Arbeitstag auf acht Stunden festzusetzen». So kam es 1890 in mehreren Staaten zu Demonstrationen und Streiks, auf die die Arbeitgeber vielfach mit Aussperrung reagierten. Auch 1919 scheiterten Sozialdemokraten und Gewerkschaften mit ihrem Vorhaben, den 1. Mai zum gesetzlichen Feiertag zu machen. Zum arbeitsfreien «Tag der nationalen Arbeit» wurde er erst 1933 unter den Nationalsozialisten.

ren der Gesellschaft, verteidigte sie schon in Teilen, neigte jedenfalls nicht mehr zu revolutionären Visionen, brauchte keine kühnen Heilsversprechen und suchte nicht den Fundamentalwandel. Mithin trieb er die Vergewerkschaftung, die Sozialverkassung der Arbeiterbewegung voran.

Und doch blieb die Utopie von der befreiten Gesellschaft wichtig für die sozialdemokratische Arbeiterbewegung. Gewiss, pragmatische Grundhaltungen setzten sich mehr und mehr durch, aber das führte keineswegs zu einem reformistischen Selbstverständnis, zu einem selbstbewussten reformistischen Ethos. Dafür stieß der praktische Reformismus zu rasch an seine Grenzen, denn für die Sozialdemokraten gab es im Kaiserreich im Grunde keine Bündnispartner für die Reform der Gesellschaft, in der Reichspolitik nicht, aber auch nicht in den Kommunen. In den meisten Reichsländern herrschte in den Gemeinden ein strikt plutokratisches Zensuswahlrecht; die bürgerlichen Parteien standen hier – und das noch bis in das erste Jahrzehnt der Bundesrepublik hinein – den Sozialdemokraten oft als Einheitsblock, als Kartell gegenüber. Insofern war ein reformistisches Programm, wie es Eduard Bernstein zum Ende des 19. Jahrhunderts entworfen hatte, nicht sonderlich attraktiv. Politisch fehlte es dafür an verfassungsmäßigen Voraussetzungen und an bereitwilligen Kooperationspartnern. Gesellschaftlich wurden die Sozialdemokraten immer noch geächtet. Ständig bekamen sie zu spüren, dass die bürgerlichen Schichten auf sie herabsahen, sie lediglich als Bürger zweiter Klasse behandelten.

Daher wärmte der Marxismus des offiziellen Parteitheoretikers Karl Kautsky und des Parteiführers August Bebel mehr als der reformistische Empirismus von Bernstein. Die Aussicht auf eine herrschaftsfreie Zukunftsgesellschaft schien verlockender als der zähflüssige, stockende Reformprozess im Obrigkeitsstaat. Doch war der Marxismus der wilhelminischen Sozialdemokratie ein Radikalismus der Phrase, der Sonntagsreden, der gemütvollen Erbauung, nicht der militanten Aktion. Man durfte als marxistischer Sozialdemokrat seelenruhig auf den – selbstverständlich gesetzmäßigen – Zusammenbruch der Gesellschaft warten, musste konzeptionell und strategisch dafür nichts tun. Für einen aktiven Radikalismus der Massen, den sich etwa Rosa Luxemburg herbeiwünschte, fehlte einfach die blanke Wut, der offene Hass in der sozialdemokratischen Arbeiterschaft. Denn schließlich hatte sich die ökonomische und soziale Lage der Arbeiter im Kaiserreich keineswegs verschlechtert, im Gegenteil: Die Reallöhne waren sukzessive gestiegen; die Arbeitszeit hatte sich seit der Frühindustrialisierung erheblich reduziert, von etwa sechzehn auf zehn Stunden täglich; und vom Schicksal anhaltender Massenarbeitslosigkeit blieb man verschont.

Kurzum: Die sozialdemokratischen Arbeiter waren im Wilhelminismus kulturell und politisch stigmatisiert, aber sozial und ökonomisch erlebten sie beachtliche Fortschritte. So wohnten denn auch zwei Seelen in der Brust der deutschen Arbeiterbewegung: Die eine war ein bisschen radikal, die andere ein bisschen reformistisch. Ebendas spiegelte sich im berühmten Erfurter Programm von 1891. Dort gab es einleitend einen allgemeinen Teil, der gehorsam marxistisch geschrieben war und ein düsteres Krisenszena-

Rosa Luxemburg (1870–1919) auf einer Kundgebung in Stuttgart, 1907. Die spätere Mitbegründerin des Spartakusbundes und der KPD war eine große Rednerin, leidenschaftlich, temperamentvoll, scharfsinnig. Sie träumte vom revolutionären Aufstand des Proletariats, von Barrikadenkämpfen und internationalen Massenstreiks. Der Parlamentarismus war in ihren Augen nicht mehr als ein «Hühnerstall» voll «legalistischem Gegacker». Rosa Luxemburg war eine der letzten großen revolutionären Romantiker des 19. Jahrhunderts; von den kalten Despoten des staatssozialistischen Totalitarismus unterschied sie sich ebenso wie von den nüchternen Demokraten der westlichen Verfassungssysteme im 20. Jahrhundert.

rio des Kapitalismus entwarf, aber auch den alles entscheidenden Königsweg aus der sonst unabwendbaren Misere offerierte: die Verwandlung des kapitalistischen Privatguts in gesellschaftliches Eigentum. Dem folgte dann allerdings ein Abschnitt mit vielen konkreten Forderungen zur Verbesserung der Verhältnisse, die jedoch in der bürgerlichen Gesellschaft eigentlich gar nicht erfüllt werden konnten, wenn man dem anfangs gezeichneten apodiktischen Krisendrama Glauben schenkte. Zumindest gab es zwischen den beiden Programmteilen keine Vermittlung, kein strategisches Verbindungsstück; sie standen jeweils für sich. Es war ein gespaltenes Programm, das zwei Wirklichkeiten beschrieb und zwei Perspektiven wies; die doppelte Seelenlage der Arbeiterbewegung, die widersprüchliche Erfahrung

Programm

der

Sozialdemokratischen Partei Deutschlands

beschlossen auf dem Parteitag zu Erfurt 1891.

Die Sozialdemokratische Partei Deutschlands kämpft also nicht für neue Klassenprivilegien und Vorrechte, sondern für die Abschaffung der Klassenherrschaft und der Klassen selbst und für gleiche Rechte und gleiche Pflichten Aller ohne Unterschied des Geschlechts und der Abstammung. Von diesen Anschauungen ausgehend bekämpft sie in der heutigen Gesellschaft nicht blos die Ausbeutung und Unterdrückung der Lohnarbeiter, sondern jede Art der Ausbeutung und Unterdrückung, richte sie sich gegen eine Klasse, eine Partei, ein Geschlecht oder eine Rasse.

Auszug aus dem Erfurter Programm von 1891. Den theoretischen Teil hatte Karl Kautsky verfasst, die eher praktisch-konkreten Passagen stammten von Eduard Bernstein. Später waren beide dann Gegner im sogenannten Revisionismusstreit; Kautsky hütete die marxistischen Glaubenssätze, Bernstein wollte sie revidieren. Schon im Erfurter Programm war diese Spannung erkennbar: Der eine Teil erwartete alles Heil von der Revolution, der andere versprach sich viel auch von der Reform. Aber so war die Haltung der deutschen Sozialdemokraten im Kaiserreich: ein bisschen revolutionär, ein bisschen reformistisch.

der Arbeiterschaft, ihre reformistischen Alltagsmentalitäten *und* ihre revolutionären Zukunftshoffnungen wurden zu einem Paket verschnürt.

Und damit schien die Sozialdemokratie auch bestens zu fahren, denn es ging ständig aufwärts: Zu Beginn des Kaiserreichs hatten die Sozialdemokraten bei den Reichstagswahlen lediglich 3,2 Prozent der Stimmen erhalten; 1912 dann, bei den letzten nationalen Wahlen im Wilhelminismus, erzielte die Partei immerhin 34,8 Prozent und war die stärkste politische Kraft in Deutschland: die Liberalen kamen zusammen auf 25,9 Prozent, die Konservativen auf 12,2 und das katholische Zentrum auf 16,4. Die Partei der Geächteten hatte also den größten Zulauf, und daraus zogen die Sozialdemokraten eine Menge Selbstbewusstsein. Man musste nicht zu den Regierenden gehören; man konnte abseitsstehen und doch erfolgreich sein. Das gehörte lange zum historischen Erfahrungsgepäck der Sozialdemokratie – und führte auf so manchen Irrweg.

Auch die Mitgliederrekrutierung verlief nach der Jahrhundertwende erfreulich. Um 1900 hatte die Partei nicht mehr als 200000 Mitglieder, 1913 / 14 lag die Zahl dann bei nahezu 1 Million. Überhaupt waren die Jahre zwischen 1900 und 1914 organisatorisch entscheidend für die deutsche Sozialdemokratie. Erst jetzt wandelte sie sich vom Wahlverein zur schlagkräftigen Massenpartei: Das Netz der Kultur- und Umfeldorganisationen war dichter als je zuvor, der Ausbau des Parteiapparats weit vorangeschritten. Die Partei hatte ihre – 1906 in Berlin eröffnete – eigene zentrale Parteischule, und sie gab rund siebzig Zeitungen heraus. Zudem vollzog sich in der Parteielite ein einschneidender Generationswechsel; der Typus Ebert, in den 1870er Jahren geboren, kam nach oben und wurde allmählich wichtiger als der Typus Bebel aus der 1840er-Kohorte. Der Organisator und Sekretär löste gewissermaßen den Agitator und Tribun ab.

August Bebel war der Mann der Wachstums- und Heroenzeit der Sozialdemokratie gewesen; unter ihm wurde die Arbeiterbewegung in Deutschland groß. Mit zwanzig Jahren zählte er schon zu den ersten Männern der Arbeiterbildungsbewegung, mit siebenundzwanzig saß er im Reichstag. Damals war ein schneller Aufstieg junger Arbeiter in den Organisationen der eigenen Klasse noch leicht möglich. Natürlich wartete auf sie dann das Märtyrertum: Ausweisung und Gefängnis. Doch das verschaffte ihnen auch Ruhm. Bebel verbrachte rund siebenundfünfzig Monate seines Lebens in Strafanstalten, was für ihn nicht nur ein Unglück war. Der von seiner Konstitution her eher schwächliche Sozialistenführer erholte sich hier meist recht gut von den Strapazen der Politik, und er konnte vor allem Unmengen von Büchern lesen. Der Freiheitsentzug war für ihn gewiss eine Schmach und Belastung, aber er bedeutete auch Regeneration und Bildung. Das Gefängnis machte Bebel zum Märtyrer und Schriftsteller und festigte insofern seine Führungsposition in der Sozialdemokratie.

Der andere Grund für Bebels überragende politische Stellung war seine rednerische Kraft. Der Sozialismus befand sich schließlich noch in seiner agitatorischen Phase, der Rhetor war wichtiger als der Organisator. Und

Wilhelm Liebknecht (1826–1900) und August Bebel (1840–1913) im Hochverratsprozess vor Gericht in Leipzig, März 1872. Die beiden Angeklagten wurden wegen ihrer Opposition gegen den Deutsch-Französischen Krieg zu zwei Jahren Festungshaft verurteilt. Bebel musste in seinem Leben insgesamt siebenundfünfzig Monate in Gefängnissen und Zuchthäusern verbringen. Auch deshalb wurde er zum Märtyrer und Helden der sozialdemokratischen Arbeiterbewegung. Die Haft nutzte er für ausgiebige Lektüre, weshalb er das Gefängnis auch «Universität der Arbeiter» nannte. Freimütig gestand der schmächtige, von seinen langen Vortragsreisen erschöpfte Bebel kurz vor seinem Tod: «Ich würde wohl zugrunde gegangen sein, wenn sie mich nicht öfter zur rechten Zeit eingelocht hätten.»

Bebel war ein charismatischer Redner, voller Temperament und Suggestivkraft. Er sprach durchaus herrisch, apodiktisch, duldete keinen Widerspruch. Doch das stieß die Arbeiter nicht ab; sie liebten ihn, gerade weil er den Zweifel verbannte, wenn er von der Siegesgewissheit des Sozialismus sprach. Für viele Arbeiter war er eine Art Heiland, zumindest aber ein Prophet der neuen, der befreiten Gesellschaft. In sächsischen Arbeiterwohnungen ersetzte man im letzten Drittel des 19. Jahrhunderts das Luther-Bild vielfach durch ein Porträt des deutschen Sozialistenführers. Später zierten

Bebel-Konterfeis sogar Bierkrüge und Taschenmesser, und oft wurde er auch «Kaiser der deutschen Arbeiter» genannt.

Zu dieser Zeit hatte die Arbeiterbewegung noch etwas Religiöses, war sie noch Stätte von Kult und Vision. Bebel war zwar nicht ihr großer Schriftgelehrter, aber doch ihr erster Künder und Propagandist. Den Zukunftsstaat konnte er begeisternd beschreiben und in den schönsten Farben ausmalen, so auch in seinem Buch «Die Frau und der Sozialismus», das bis zu seinem Tode 1913 in dreiundfünfzig Auflagen erschien. Keine andere sozialistische Schrift hat die europäischen Arbeiter so sehr beeinflusst wie diese. In ihr konnte man lesen, wie paradiesisch es in der sozialistischen Zukunftsgesellschaft zugehen würde: Man arbeitete dort nicht mehr als drei Stunden täglich; es gab keine Verbrecher und keine Polizei; der Staat regelte alles im Guten. Bebels Buch war ein Best- und Longseller, es machte ihn zu einem wohlhabenden Mann. Der Arbeiterführer konnte sich sogar eine große Villa in der Schweiz leisten, und die Arbeiter nahmen es ihm nicht übel, etikettierten ihn nicht als «Bonzen».

Denn Bebel war ein ehrlicher Mann, er glaubte an das, was er sagte. Er sehnte sich wirklich nach der Revolution. Dabei war er im Alltag eher ein pragmatischer Mensch, sehr geschäftstüchtig, in politischen Dingen auch taktisch äußerst beweglich, durchaus kein Dogmatiker und Prinzipienreiter. Doch es fehlte das innere Band zwischen dem revolutionären Chiliasmus und der pragmatischen Wendigkeit: Er hatte kein mittelfristiges Reformkonzept, keinen Plan für die strukturelle Transformation der Gesellschaft; für ihn gab es nur das Hier und Jetzt sowie die weite, revolutionäre Zukunft. Als er 1910 seinen siebzigsten Geburtstag feierte, gab Bebel seinen Gästen und Gratulanten seinen innigsten Wunsch preis: «Ich hoffe den Tag noch zu erleben, an dem ich Euch die Sturmfahnen der Revolution vorantragen werde.» Das war nicht einfach aus feierlichem Anlass so dahingesagt. Bebel hoffte das tatsächlich. Als er dann drei Jahre später starb, da endete mit ihm auch das messianische Zeitalter der deutschen Sozialdemokratie.

Es folgte die Ära der Organisationen, Apparate und Sekretäre, kurz: der Eberts. Ihr Aufstieg hatte sich schon nicht mehr so schnell vollzogen wie der der Bebels. Wer jetzt in der Sozialdemokratie nach oben kommen wollte, musste die Ochsentour durchlaufen. Dabei waren weniger rhetorische Fähigkeiten gefragt als administrative Erfahrungen. Und darüber verfügte

Der rabiate August

Bebel war eher klein von Gestalt, doch er besaß viel Energie, konnte rabiat werden und autoritär sein. Er hoffte auf die Revolution des Proletariats und den Zusammenbruch der bürgerlichen Gesellschaft, aber zugleich war er ein geschickter Taktiker, listig und pragmatisch. Die sozialdemokratischen Arbeiter verehrten ihn wie einen Kaiser, sein Porträt hing in ihren Stuben, und seine Ansprachen waren für viele wie eine Verkündigung. Sein Buch «Die Frau und der Sozialismus» (1883) wurde zum Klassiker der sozialistischen Bewegung; es machte ihn, der Geschäftstüchtigkeit nicht verächtlich fand, zusammen mit anderen Einkommensquellen zu einem wohlhabenden Mann.

Ebert, als er 1905 vom Parteivorstand der Sozialdemokratie als Sekretär eingestellt wurde und acht Jahre später – als Nachfolger des verstorbenen Bebel – zum Parteivorsitzenden avancierte. Ebert konnte die Arbeiter nicht durch Bücher verzaubern oder durch Reden begeistern, er konnte keine revolutionären Hoffnungen wecken und seine Zuhörer nicht in Bann ziehen. Die Arbeiter vergötterten ihn nicht, aber sie vertrauten ihm, zumindest bis 1914.

Ebert war der neue Funktionärstypus, solide, fleißig, zuverlässig, effizient, in Sachfragen präzise und kompetent. Seine Sporen hatte er sich als Arbeitersekretär in Bremen verdient, wo er Genossen in Fragen der Kranken-, Unfall-, Invaliden- und Altersversicherung beriet. Im Übrigen war er ein Multifunktionär, und das war entscheidend für seinen Aufstieg. Kaum ein anderer Sozialdemokrat hat sich so viele Posten in den Verbänden der Arbeiterbewegung verschafft wie er, das garantierte ihm Einfluss und Organisationsmacht. Zudem beteiligte er sich an der Gründung neuer Sektionen und Untergliederungen der Arbeiterbewegung, so bei den Jugend- und Bildungsausschüssen. Aus ideologischen Streitfragen hielt er sich dagegen eher heraus, wahrte gleichermaßen Abstand zu rechten Revisionisten wie zu linken Radikalen. Wo Bebel als charismatisch-visionärer Künder des Sozialismus auftrat, handelte Ebert als nüchtern-pragmatischer Verwalter der Partei und ihrer Organisationen. Linksintellektuellen blieb er immer verdächtig. Kurt Tucholsky schrieb noch vier Jahre nach Eberts Tod: «Ebert ist der Bonze, der immer zur Stelle gewesen ist. Er war dieser Euch allen bekannte Typus, der keine Sitzung versäumt; der auf jedem Zahlabend seinen Mann steht; der seine Listen in Ordnung hat.»

Tucholsky war nicht der Einzige, der so abschätzig urteilte. Auch in der Literatur zur Geschichte der Arbeiterbewegung hat man den Übergang von Bebel zu Ebert, von der Bewegung zur Organisation, oft als Oligarchisierung und Bürokratisierung, mitunter gar als Verbonzung der Partei bezeichnet. Aber diese Polemik ist im Kern weder historisch angemessen noch gerecht, denn mehr als hundertfünfzig bis zweihundert vollbesoldete Sekretäre und Angestellte gab es in den Parteibüros der deutschen Sozialdemokratie auch gegen Ende des Kaiserreichs noch nicht.

Das Gros der festen Stellen, gut tausend etwa, entfiel auf die Parteipublizistik. Parteijournalist zu werden – davon träumten im Kaiserreich und auch noch in der Weimarer Republik viele der ehrgeizigen, aufstiegsorientierten jungen Facharbeiter. Für sie war das eine Emanzipationschance, ein Karriereweg innerhalb der Arbeiterbewegung, der sich außerhalb der proletarischen Organisationswelt, in den Strukturen der bürgerlichen Gesellschaft, bis in die 1960er Jahre hinein nicht bot. Und doch sollte man sich diese Position nicht als komfortablen «Traumjob» vorstellen. Der sozialdemokratische Zeitungsredakteur war in jenen Jahren oft zugleich noch Parteisekretär, Vortragsredner und Broschürenverkäufer.

Und der sozialdemokratische Parteifunktionär war durchaus nicht der später so gern karikierte, etwas philisterhafte, dickliche Bürokrat, der

Friedrich Ebert (1871–1925), Philipp Scheidemann (1865–1939) und Hugo Haase (1863–1919) im Jahr 1913 (von links nach rechts). Sie führten nach dem Tod von Bebel die Partei. Ebert war der Organisator, der Mann des Apparats; Scheidemann der Redner, schlagfertig, witzig, spontan; und Haase der Vertreter des Bildungsbürgertums, ein belesener Jurist. Aber das Charisma von Lassalle oder Bebel hatte keiner von ihnen.

sich auf Kosten der Partei ein bequemes Leben machte. Besonders in den sozialdemokratischen Kulturorganisationen fungierte der hauptamtliche «Beamte» – wie man die vollbesoldeten Kräfte noch bis 1933 nannte – als Vorsitzender, Geschäftsführer, Kassierer, Agitator und Versandchef in einer Person, als Mädchen für alles also. Seine Wohnung war in der Regel auch Sekretariat und Warenlager des Verbandes. Gerade in den sozialdemokratischen Kultur- und Freizeitorganisationen verblieben die Funktionäre nicht lange in ihren Stellungen; viele gaben nach einigen Jahren auf, psychisch erschöpft, physisch regelrecht am Ende.

Wie auch immer, die ortsansässigen Funktionäre waren wichtig, ja wahrscheinlich entscheidend für den Bestand der Arbeiterbewegung. Die Klientel der Sozialdemokratie, die jungen handwerklichen Arbeiter, war in jenen Jahrzehnten des Kaiserreichs besonders mobil. Es gab Gewerbe mit einer Fluktuationsrate von 90 bis 100 Prozent innerhalb von fünf bis zehn Jahren. Allein der sesshafte, feste Funktionär konnte hier für Kontinuität sorgen, sicherte er doch die ständige Reproduktion der Organisation und die Sozialisation zugezogener und neu herangewachsener Arbeiter. Es ist zu einem wesentlichen Teil auf die Funktionäre zurückzuführen, dass die Sozialdemokratie nicht als eine amorphe soziale Bewegung unter vielen anderen rasch wieder verschwand, sondern eine geschichtsmächtige Kraft wurde, die etliche tiefgreifende Zäsuren, Systemwechsel und gesellschaftliche Veränderungen intakt überdauern sollte. Aber natürlich: Auch die Funktionärsstruktur hat die Sozialdemokratie weiter entradikalisiert. Organisationen, Apparate, Bürokratien sind an Bestandserhaltung interessiert; sie setzen sich nicht selbst aufs Spiel, misstrauen unkalkulierbaren Experimenten. Sie neigen zur Kontinuität, nicht zum Bruch.

Am stärksten war die sozialdemokratische Organisation im Raum Berlin, in den Hansestädten Hamburg, Bremen und Lübeck, in Sachsen und Ostthüringen, in Nürnberg, Mannheim und Frankfurt. Bis zum Ende des Kaiserreichs blieb die Sozialdemokratie eine relativ junge Partei. Fast zwei Drittel der Mitglieder waren nicht älter als vierzig Jahre. Überwiegend arbeiteten sie in Klein- und Mittelbetrieben, viele als Maurer und Zimmerer; ein großer Teil war auch in der metallverarbeitenden Industrie und im Maschinenbau beschäftigt. Daran hatte sich seit der Gründungsphase der Arbeiterbewegung nicht viel geändert: Die meisten Mitglieder, vor allem aber die Parteiführer, gehörten zur hochqualifizierten Arbeiter- und Handwerkerelite, wenngleich bestimmte Berufsgruppen der überdurchschnittlich gutverdienenden Facharbeiteraristokratie, wie etwa die Lithographen, Graveure und Buchdrucker, parteipolitisch eher zurückhaltend waren und sich auf gewerkschaftliche Organisationen und Aktivitäten beschränkten.

Jedenfalls hatte Deutschland die bestorganisierte sozialdemokratische Partei der Welt. Die deutschen Sozialdemokraten waren gleichsam die Stars im internationalen Sozialismus. Und sie waren mächtig stolz darauf. Dennoch trat in den letzten Jahren des Kaiserreichs ein Problem offen zutage: Die Organisationstüchtigkeit der Sozialdemokraten stand in lähmendem Kontrast zu ihrer Machtlosigkeit. Sie hatten beispiellos viele Mitglieder organisiert, Wahlen gewonnen und ein bemerkenswertes Netz von Verei-

Bildung war von Anfang an wichtig, ja zentral für die sozialdemokratische Facharbeiterbewegung. Sie galt als das entscheidende Instrument der Emanzipation, als der Hebel für den Aufstieg aus der proletarischen Existenz. Doch blieb den bildungswilligen Arbeitern der Zugang zu den höheren Schulen und Universitäten bis weit in die Adenauer-Jahre versperrt. Die Bildung musste autonom organisiert werden, von der eigenen Klasse und Partei. Für ihre Funktionärselite gründete die Sozialdemokratie 1906 die zentrale Parteischule in Berlin. Auf dem Foto sehen wir Schüler und Lehrer – darunter Rosa Luxemburg, Franz Mehring und August Bebel – im Jahr 1908.

nen, Verbänden und Clubs geknüpft. Die deutsche Sozialdemokratie hatte sich von der kleinen lassalleanischen Sekte zu einer wuchtigen Massenpartei hochgearbeitet. Doch der Macht hatte sie das nicht näher gebracht. Obwohl ihr Einfluss auf Staat und Wirtschaft denkbar gering geblieben war, fiel ihr nichts anderes ein, als auf eine bessere Zukunft zu hoffen. Sie war ein Koloss im Wartezustand.

Auf dieses Dilemma hat damals wohl niemand so scharf hingewiesen wie der französische Sozialistenführer und Reformist Jean Jaurès. In einem Rededuell mit August Bebel auf dem Internationalen Sozialistenkongress 1904 in Amsterdam warf er den deutschen Sozialdemokraten, den stolzen Siegern der Reichstagswahlen von 1903, Folgendes vor: «Zwischen Eurer anscheinend politischen Macht, wie sie sich von Jahr zu Jahr in der wachsenden Zahl Eurer Stimmen und Mandate ausdrückt, und der wirklichen

Macht zu Einfluss und Staat besteht ein Gegensatz, der umso größer zu werden scheint, je mehr Eure Wahlmacht zunimmt. O ja, am Tag nach jenen Juliwahlen 1903, die Euch die drei Millionen Stimmen gebracht haben, ist es allen deutlich geworden, dass Ihr eine bewundernswerte Kraft der Propaganda, der Werbung, der Disziplin habt, aber dass weder die Traditionen Eures Proletariats noch der Mechanismus Eurer Verfassung Euch erlauben, diese anscheinend kolossale Macht von drei Millionen in die Aktion umzusetzen. Warum? Weil Euch die beiden wesentlichen Bedingungen, die zwei wesentlichen Mittel der proletarischen Aktion fehlen – Ihr habt weder die revolutionäre noch die parlamentarische Aktion.»

In der Sozialistischen Internationale nannte man die deutschen Sozialdemokraten auch spöttisch «Mathematiker der Revolution». Sie rechneten gern aus, wann es denn mit der Revolution, dem «Kladderadatsch» der bürgerlichen Gesellschaft, so weit sein müsse, aber sie taten nichts, um sie herbeizuführen. Im Grunde waren sie weder entschlossene Revolutionäre noch entschlossene Reformisten. An Massenstreiks für die Demokratisierung der Gesellschaft trauten sie sich nicht heran; das war ihnen zu gefährlich. Von reformistischen Bündnissen für die Demokratisierung der Gesellschaft wollten sie nichts wissen; das war ihnen zu wenig. Also unternahmen sie nichts, beschränkten sich auf Organisation und Agitation. Die Sozialdemokratie erstarrte unter den Legitimationsformeln eines attentistisch interpretierten Marxismus. Unter dem Sozialistengesetz, als es kaum Raum für politische Aktionen gab und die Depression in Resignation umzuschlagen drohte, hatte dieser Marxismus noch eine wichtige Trostfunktion. Er versprach Erlösung und linderte dadurch das Leiden an der Gegenwart. Nach Aufhebung des Sozialistengesetzes aber hinderte er die Arbeiterbewegung, ihre Kraft gezielt einzusetzen, in mittleren Fristen zu denken und zu handeln. Die Durchhalte-Ideologie der 1880er Jahre wirkte 1910 nur noch lähmend.

Die Sozialdemokraten blieben weiterhin große Wahlkämpfer und Organisationskünstler, aber sie drangen nicht in die eigentliche Politik vor. Jenseits von Agitation, Organisation und sozialversichernder Interessenvertretung mangelte es ihnen an einem weiterführenden Begriff von Politik: Sie bemühten sich nicht um machtpolitische Spielräume, warben nicht um Bündnispartner, schmiedeten keine klugen Kompromisse und waren

SPD-Parteitag in Jena Mitte September 1913. Schon äußerlich wirkten die deutschen Sozialdemokraten nicht wie Revolutionäre. Auf ordentliche Kleidung hatte bereits August Bebel immer streng geachtet. Die SPD war am Vorabend des Ersten Weltkrieges eine immobile Partei: organisationsstark, diszipliniert, mit prächtigen Wahlergebnissen – doch ohne Handlungsoptionen. In ihrer Ordnung, schrieb später die preußische Landtagsabgeordnete Hedwig Wachenheim über diese Jahre, «lag die Stärke, aber auch die Schwäche der deutschen Sozialdemokratie. Initiative gab es nicht. Nicht die Führer erstickten sie, die Masse selbst verlangte Ordnung, Einordnung, Disziplin.»

unfähig zu raffinierten taktischen Wendungen. Im parlamentarischen Bereich drehte sich – vor allem bei der Generation Bebels – fast alles nur um die große Parole, das Pathos, das Bekenntnis, den flammenden Appell. Die Notwendigkeit, Reformkorridore zu finden, um selbst aus dem Abseits herauszukommen und den Obrigkeitsstaat sukzessive zu parlamentarisieren, wurde dagegen nur von wenigen erkannt. Der Aufgabe, bestehende Konstellationen systematisch zu verändern, maßen die Sozialdemokraten eben keine strategische Bedeutung bei. Der Sozialismus war ihnen Zukunft, etwas ganz Neues, das nicht aus der Reform des Alten hervorging. Aber wie das Neue aussehen und funktionieren sollte, welche Institutionen, Regularien und Verfahren dafür nötig waren, darüber machten sie sich bemerkenswert wenig oder – wie im Fall der Ökonomie des Sozialismus – keine Gedanken. Für all das fehlte ihnen ein Programm, vertrauten sie doch auf die gesetzmäßige «Entwicklung», die die Hofprediger des Marxismus über Jahrzehnte verkündet hatten.

Es blieb bei Attentismus und stoischem Zukunftsvertrauen, und deshalb antwortete August Bebel seinem Kritiker Jean Jaurès auf dem Amsterdamer Kongress von 1904 auch folgendermaßen: «Jaurès sprach von der politischen Machtlosigkeit der deutschen Sozialdemokratie trotz der drei Millionen Stimmen. Was hat er denn eigentlich von uns nach dem Drei-Millionen-Sieg erwartet? Sollten wir etwa die drei Millionen mobilmachen und vor das königliche Schloss ziehen, um den Kaiser abzusetzen? Ich habe sofort nach diesem, mich nicht überraschenden Sieg gesagt, dass sich vorläufig nicht viel ändern werde. Bei uns reichen die drei Millionen eben nicht. Aber lassen Sie uns sieben oder acht Millionen haben, dann wollen wir weitersehen.»

In den letzten Jahren vor dem Ersten Weltkrieg geriet der Höhenflug der Sozialdemokratie ins Stocken, auch organisatorisch, also auf dem Feld, wo die Partei zweifellos am stärksten war. Die sozialdemokratische Arbeiterbewegung hatte ihre Zentren in den mitteldeutschen Industrierevieren und den norddeutschen Hansestädten, in den ost-, west- und süddeutschen Grenzregionen verfügte sie dagegen kaum über Anhang. Sie war schwach in Bayern, Ostpreußen, Oberschlesien, Posen, aber auch im Rheinland und in Westfalen sowie im Saarland. Sie kam nicht recht an die katholischen Arbeiter heran, fand wenig Resonanz in der Schwerindustrie, beim Proletariat im Bergbau und an den Hochöfen. Es gelang ihr nicht, die Frauen in den Textilfabriken zu organisieren, und auch die Landarbeiter erreichte sie nicht. Die öffentlich Bediensteten durften sich ihr nicht anschließen, die Mittelschichten blieben auf Distanz. In den neuen Wachstumsbranchen, wie etwa der Chemieindustrie, erzielte sie ebenfalls nur geringe Wirkung. Die ungelernten Arbeiter waren seit jeher schwer zu binden, und das blieb so.

Kurzum: Nicht die gesamte Arbeiterklasse schloss sich begeistert den Sozialdemokraten an. Am Vorabend des Ersten Weltkriegs war unübersehbar, dass die Gleichung «Proletariat = Arbeiterbewegung = Sozialdemokratie» nicht aufging. Es gab da keinen Automatismus, keinen selbstver-

In der deutschen Sozialdemokratie gewannen die Lehrsätze von Karl Marx (1818–1883) erst nach dessen Tod ihren größten Einfluss. Besonders in den Jahren der ökonomischen Depression und der politischen Unterdrückung spendeten seine Ideen Trost, ja vermittelten Zuversicht. Mit Marx glaubten die sozialdemokratischen Arbeiter an den Zusammenbruch des Kapitalismus und eine harmonische, ausbeutungsfreie sozialistische Zukunftsgesellschaft.

ständlichen Konnex zwischen ökonomischer Lage und parteipolitischer Einstellung. Religiöse Prägungen, ländlich-agrarische Mentalitäten, ethnische Zugehörigkeiten oder regionale Eigentraditionen standen oft quer zu einem sozialdemokratischen Engagement, auch in der Arbeiterschaft. Zudem war das Verhalten des Besitzbürgertums in den letzten Friedensjahren der Wilhelminischen Ära rauer geworden: Unternehmer sperrten nun bei Streiks entschlossen aus, und die Niederlagen der Gewerkschaften häuften sich. Obwohl die sozialdemokratische Arbeiterbewegung alles in allem ersichtlich Probleme bekam, machte sie das nicht zum Thema; zumindest stellte sie sich politisch nicht darauf ein.

Das war der Sozialismus in Deutschland am Vorabend des Ersten Weltkriegs: Er hatte viele tüchtige Organisatoren, zahlreiche treue Mitglieder, tapfere Funktionäre, einsatzfreudige Wahlkämpfer, fleißige Agitatoren, einige glänzende Redner, mehrere begabte Erwachsenenbildner. Sie alle hatten sich durch Verfolgung und Repressalien nicht einschüchtern lassen, hatten eine eindrucksvolle Gegenwelt geschaffen und so den «vaterlandslosen Gesellen» eine Heimat im Kaiserreich gegeben. Aber es war doch ein Randbezirk, eigentlich eine Nische, in der sie sich bewegten. Zugang zum Führungszentrum der Gesellschaft besaßen die Sozialdemokraten nicht, und ihnen fehlte dafür auch ein Plan, ein Konzept. Man könnte sogar meinen, dass sie gar nicht den Drang verspürten, ins Herz der Politik vorzustoßen.

3. Der Erste Weltkrieg: Vaterlandslose Patrioten

Die Arbeiterbewegung peilte zwar nicht energisch die Führung im Staate an, aber in manchen Bereichen war sie doch stärker Teil der wilhelminischen Gesellschaft geworden, als sie es sich selbst eingestand. Das zeigte sich deutlich im Jahr 1914, zu Beginn des Ersten Weltkriegs. Noch im Juli hatten die Sozialdemokraten in zahlreichen Großstädten Hunderttausende von Arbeitern für Antikriegsdemonstrationen auf die Straße gebracht. Am 4. August 1914 jedoch stimmte die Reichstagsfraktion geschlossen den Kriegskrediten zu, auch der Abgeordnete Karl Liebknecht, was oft vergessen wird. Allerdings fügte sich Liebknecht – wie einige seiner Fraktionskollegen – allein der seit den Zeiten des Sozialistengesetzes beschworenen und sakrosankten Parteidisziplin.

Im Gegensatz zu ihm votierte die Mehrheit der sozialdemokratischen Abgeordneten aus eigener Überzeugung heraus; in ihren Augen hatte die Arbeiterbewegung in Deutschland mittlerweile weit mehr zu verlieren als nur ihre Ketten, und nun konnte man den Beweis antreten, dass man ganz und gar nicht «vaterlandslos» war. Zudem witterten sie die Chance, der Regierung Zugeständnisse abzuringen; durch ihre Zustimmung zu den Kriegskrediten waren Ausnahmegesetze und Repressalien, die der Sozialdemokratie andernfalls zweifellos gedroht hätten, erst einmal abgewendet. Die Funktionäre der Partei mussten nicht um den Bestand der Organisation fürchten, von der eigenen sozialen Existenz nicht zu reden. Im Gegenteil, als Belohnung für ihr vaterländisches Verhalten durften sie jetzt auch Staatsbeamte in die Partei aufnehmen und sogar in Kasernen sozialdemokratische Schriften verteilen.

Das Plazet zu den Kriegskrediten war nicht zuletzt Folge der Vergewerkschaftung der Reichstagsfraktion seit der Jahrhundertwende. Die 1912

Reservisten auf dem Weg in die Kaserne, von ihren Kindern begleitet. In den ersten Kriegstagen wurde die Hälfte der sozialdemokratischen Mitglieder eingezogen. Noch Ende Juli 1914 hatten Hunderttausende von ihnen gegen den drohenden Krieg demonstriert; als er ausbrach, waren sie gelähmt und niedergeschlagen. Zu einem Stimmungsumschwung in der sozialdemokratisch orientierten Arbeiterbewegung kam es, als die SPD-Reichstagsfraktion den Kriegskrediten zustimmte und die ersten Siegesmeldungen von der Westfront eintrafen. Im Bürgertum dagegen herrschte seit den frühen Augusttagen ein überschwänglicher und schnarrender Hurrapatriotismus vor.

gewählte Fraktion setzte sich zu knapp einem Drittel aus hauptamtlichen Gewerkschaftern zusammen. Das war eine bedeutsame, entscheidende Gruppe, die andere Alltagserfahrungen, Mentalitäten und Interessen hatte als etwa die Schriftsteller und Zeitungsleute unter den sozialdemokratischen Volksvertretern. Letztere neigten zu revolutionär-sozialistischer Zukunftslyrik, Erstere waren stolz auf die Erfolge ihrer hartnäckigen sozialpolitischen Kleinarbeit im Hier und Jetzt. Die Gewerkschaften konnten wirksamer Einfluss nehmen auf das Geschehen als die politische Partei: Ihre Funktionäre arbeiteten in kommunalen Einrichtungen mit, galten als unentbehrliche Fachleute in den Sozialversicherungen und hatten bis 1914 immerhin für ein Drittel der Mitglieder Tarifverträge ausgehandelt. Sie standen nicht mehr in erbitterter Fundamentalopposition zur wilhelminischen Gesellschaft und zur kaiserlichen Kolonial- und Flottenpolitik. Denn diese sorgte in den Werftindustrien für Arbeitsplätze, nutzte also den Arbeitern. Und daher war man in gewerkschaftlichen Kreisen auch nicht von vornherein gegen den Krieg, schließlich ging es hier ebenfalls um Kolonien und Absatzmärkte, mithin um Arbeitsplätze für die Exportindustrie. 1914 gab es, so jedenfalls der Historiker Gunther Mai, eine «neue industrielle Mitte» aus Gewerkschaften und imperialistischem Bürgertum, die vor allem Konkurrenzvorteile gegenüber England anstrebte.

Das mag etwas zu einseitig geurteilt sein, doch haben die Gewerkschaften die Entscheidung der Sozialdemokraten vom 4. August zweifelsohne maßgeblich vorbereitet. Denn zwei Tage zuvor beschlossen ihre Verbandsvorstände, während des Krieges «Burgfrieden» mit Unternehmern und Regierung zu halten. Sie beendeten alle schwebenden Arbeitskämpfe und stellten sich stattdessen gut patriotisch zum freiwilligen Ernteeinsatz zur Verfügung. Die Gewerkschaften wollten keinen Konflikt mit den Herrschenden, sie ahnten bereits im August 1914, dass sie zu den Gewinnern des Krieges gehören würden. Sie wussten, dass Militärs und Unternehmer auf ihre Organisationen als Ordnungsfaktor angewiesen waren, und durften folglich mit der Anerkennung durch Kapital und Staat rechnen. Und genau so kam es: Die Gewerkschaften galten bald als kriegswichtige Einrichtung; Staat und Verwaltung akzeptierten sie als Verhandlungspartner; der Funktionärskörper blieb intakt, vergrößerte sich sogar noch. Natürlich hatte das höchst makabre, bedrückende Seiten: Die Gewerkschaften hatten auf die Parole vom Massenstreik stets erzürnt reagiert und mit einigem Recht auf die Risiken solcher Aktionen hingewiesen; doch den Krieg, der unvergleichlich furchtbarer war und zahllose Opfer kosten sollte, akzeptierten sie ohne große Bedenken, um die eigene Stellung weiter zu festigen. Das gehörte zu den – historisch nicht ganz seltenen – Folgen eines verengten, ja bornierten sozialpolitischen Organisationszentrismus.

Nun war die deutsche Sozialdemokratie auch 1914 nicht vollständig vergewerkschaftet. In der Partei gab es weiterhin Abgeordnete, Funktionäre und Mitglieder, die sich mit der monarchistisch-bürgerlichen Gesellschaft nicht versöhnt hatten, die hartnäckig an ihrem Antipreußentum festhielten, allem

Militärischen misstrauten und im Übrigen dem großen Bruch entgegenfieberten, vom sozialistischen Endziel träumten. Aber diese Sozialdemokraten waren im August 1914 hilflos, standen ohne konkrete Handlungsstrategie da. Das war das unglückliche Erbe August Bebels, des Heroen jener Gruppe: Bebel hatte wie kaum ein anderer die sozialistische Zukunftsgesellschaft ausmalen können – aber er war kein Stratege, zog keine Linien, wies keine Wege zwischen Alltag und Utopie.

Auch in der Kriegsfrage hatte der 1913 verstorbene Parteiführer verhindert, dass die Sozialdemokraten im Ernstfall, zumindest gedanklich, über klare Richtlinien und eindeutige Instrumente verfügten. Über Krieg und Frieden nämlich hatten die internationalen Sozialisten bereits auf ihrem Kongress 1907 in Stuttgart gestritten. Die französischen Sozialistenführer Jean Jaurès und Edouard Vaillant brachten eine Resolution ein, die von den nationalen Parteien des Sozialismus zur Verhinderung des Krieges neben parlamentarischen Interventionen auch den Massenstreik, ja den politischen «Aufstand» forderte. Dies schmetterte Bebel prompt ab, für ihn war das ein gänzlich «undiskutabler» Vorschlag. Angesichts der aktionsfeindlichen Haltung der deutschen Gewerkschaften war seine harsche Reaktion auch nicht völlig unverständlich, aber dann kam es wie so oft zuvor bei Bebel: Er präsentierte eine Alternativresolution mit erhabenen Floskeln und Formeln, die niemanden band, keine genauen Schritte vorgab, alles vage und offen ließ. Als schließlich sieben Jahre nach dem Stuttgarter Sozialistentreffen der Ernstfall eintrat, waren die sozialdemokratischen Internationalisten rat- und kopflos, ja gelähmt. Sie wussten einfach nicht, was sie tun sollten.

Am Ende standen alle sozialdemokratischen Massenparteien in den fortgeschrittenen europäischen Ländern im August 1914 an der Seite ihrer nationalen Regierungen und zeigten sich patriotisch; der proletarische Internationalismus hatte kläglich versagt. Zwar sangen die Sozialisten auch in späteren Jahren noch die «Internationale», doch es klang nicht mehr sonderlich überzeugend. 1914 war eine Zäsur für den bis dahin optimistischen, zukunftsgewissen Sozialismus. Der hohe moralische Anspruch, die Rede von völkerübergreifender Solidarität und Universalität, das Pochen auf einheitliche Interessen der Arbeiterklasse – all das erschien plötzlich hohl, war mit einem Mal unglaubwürdig geworden.

Dabei markierte der 4. August 1914 nicht unbedingt einen jähen Bruch mit

Der patriotische Bebel

„Wat, Aujuſt? Du nimmſt det Jewehr uff'n Buckel
und willſt det Vaterland verteidigen?" —
„Pſſt! Es iſt ja nicht geladen!"

Am 7. März 1904 hatte der
Parteivorsitzende August
Bebel im Reichstag verkündet,
dass er bei einem russischen
Angriff auf Deutschland die
Flinte schultern würde. Der
zeitgenössische Karikaturist
hielt das für einen Bluff,
doch Bebel und der Mehr-
heit der Sozialdemokraten
war es damit ernst. Den
Zarismus, der ihnen als Hort
der europäischen Reaktion
galt, musste man abwehren,
notfalls auch mit militärischer
Gewalt. Auf den Ausspruch
von Bebel beriefen sich die
meisten sozialdemokratischen
Fraktionsmitglieder, als sie
1914 und danach den Kriegskrediten zustimmten.

der sozialdemokratischen Tradition, die Partei war schließlich nicht prinzipiell pazifistisch. Ihr Erfurter Programm von 1891 postulierte ausdrücklich
die «Erziehung zur Wehrhaftigkeit», und im Übrigen glaubten im Sommer
1914 die meisten Sozialdemokraten wohl tatsächlich, dass das Deutsche
Reich einen Abwehrkampf gegen das zaristische Russland führen würde.
So nämlich hatte es der Reichskanzler, Theobald von Bethmann Hollweg,
meisterhaft inszeniert – und damit die deutschen Sozialdemokraten fest
in die vaterländisch-patriotische Front hineingezogen. Denn diese waren
bekennende und leidenschaftliche Antizaristen, das zog sich verlässlich
von Marx bis Bebel. Für Marx war der russische Zarismus Hort der europäischen Reaktion schlechthin, *der* Feind von Freiheit und Fortschritt. Bebel
wiederum hatte 1904 in einer Sitzung des Reichstages angekündigt, dass er

– mit vierundsechzig Jahren fürwahr kein ganz junger Bursche mehr – noch einmal seine Flinte schultern würde, falls die Russen angreifen sollten. An dieses Bebel-Wort erinnerten die sozialdemokratischen Kriegsbefürworter in den Augusttagen 1914 gern. In den durchaus begründbaren Antizarismus flossen allerdings nicht selten tiefe antirussische Ressentiments ein, wie unschwer einem auf Anfang August datierten Schreiben des Parteikassierers und späteren preußischen Ministerpräsidenten Otto Braun zu entnehmen ist: «Sollen die halbasiatischen, schnapsgefüllten Kosakenhorden die deutschen Flure zerstampfen, deutsche Frauen und Kinder martern, die deutsche Kultur zertreten?»

Der Antizarismus war es letztlich, der die Sozialdemokraten dazu brachte, den Kriegskrediten zuzustimmen. Das galt nicht nur für jene, die den Krieg als Chance sahen, aus der ewigen Oppositionspartei endlich eine ministrable nationale Volkspartei der Reform zu machen, sondern auch für jene, die den Krieg nicht wollten, die den Burgfrieden ablehnten und der politisch-militärischen Führung nicht über den Weg trauten. Die Antimilitaristen und Pazifisten hielten Disziplin am 4. August und stimmten mit der Fraktionsmehrheit. Ein entschiedener Gegner von Krieg und Kriegskrediten, der Parteivorsitzende Hugo Haase, trug im Reichstag sogar die offizielle Begründung vor: «Da machen wir wahr», musste der arme Mann wider seine Überzeugung sagen, «was wir immer betont haben: Wir lassen in der Stunde der Gefahr das eigene Vaterland nicht im Stich.»

Aber es ging nicht um Verteidigung, es ging um Eroberung. Als das im Lauf des Krieges immer deutlicher wurde, scherte eine kleine Gruppe der sozialdemokratischen Reichstagsfraktion aus. Den Anfang machte Karl Liebknecht, der im Dezember 1914 den Kriegskrediten nun die Zustimmung verweigerte. Ein Jahr später hatte sich die Zahl der Neinstimmen aus der sozialdemokratischen Fraktion bereits auf zwanzig erhöht. Die Partei reagierte autoritär und schloss die Minderheit aus; diese gründete 1916 zunächst eine sozialdemokratische Arbeitsgemeinschaft und konstituierte schließlich im April 1917 eine neue Partei: die Unabhängige Sozialdemokratische Partei (USPD).

4. Die deutsche Revolution: Gespalten und ratlos

Mit der Gründung der USPD war die deutsche Arbeiterbewegung auf lange Zeit gespalten. In erster Linie war das eine Folge des Krieges, denn schließlich hatte es, wie wir sahen, auch schon vor 1914 zwei Grundströmungen – die reformistische und die revolutionäre – in der Sozialdemokratie gegeben. Zur Zerreißprobe hatte diese doppelte Identität trotz der Härte des Revisionismusstreits nie geführt; eine Sezession stand zu keinem Zeitpunkt ernsthaft zur Debatte. Erst 1917, erst durch die Schubkraft des Krieges, suchten sich die zwei Seelen der deutschen Arbeiterbewegung unterschiedliche politische Körper, wenngleich man die USPD nicht einfach als die organisatorische Fortsetzung der Parteilinken aus der Vorkriegszeit sehen kann. Zunächst war die USPD lediglich Dachverband der sozialdemokratischen Pazifisten und Anti-Annexionisten, sodass hier Karl Kautsky, der alte Zentrist und Theoriepapst, ebenso unterkommen konnte wie Eduard Bernstein, sein Widerpart vom rechten Flügel.

Mit dem Ende des Krieges im November 1918 gab es eigentlich keinen Grund mehr, die Spaltung der Sozialdemokratie aufrechtzuerhalten. Eine Partei der Kriegskritiker und Pazifisten schien nach der Kapitulation der deutschen Reichsführung überflüssig. Eduard Bernstein etwa sah das auch so und schloss sich wieder der Mutterpartei an – der Mehrheitssozialdemokratischen Partei (MSPD). Doch viele folgten ihm nicht. Die USPD löste sich nicht auf, im Gegenteil: Sie avancierte schnell zur zweiten Massenpartei der Arbeiterklasse und des Sozialismus. Auch das war auf den Krieg zurückzuführen, denn er hatte soziale Prozesse ausgelöst und neue Protestformationen im Proletariat entstehen lassen, die die anfänglich von kurzer Dauer scheinende Spaltung der Sozialdemokratie vertieften und schließlich zementierten. Erst jetzt ging ein Riss durch die Arbeiterklasse, der die

Die Revolution von 1918 / 19 fand bei schlechtem Wetter statt, in grauen Herbst- und kalten Winter-
monaten. Vielleicht fehlte ihr deshalb die Heiterkeit, der Rausch, das begeisternde Pathos. Für die
Sozialdemokraten war es eine schwere Zeit. Sie mussten regieren, ohne darauf vorbereitet zu sein.
Sie standen unter großem Druck, gerieten in die Zangenbewegung von rechten und linken Geg-
nern, die sich immer mehr radikalisierten. So hatten sie sich den Beginn des vor 1914 heißersehnten
«Volksstaates» gewiss nicht vorgestellt.

Menschen nach Lebenslage, Erfahrungen, Generationen, Zukunftserwar-
tungen und Qualifikationen scharf trennte. Die Spaltung war fortan nicht
nur politisch, sondern auch sozial und kulturell bedingt – eine Entwicklung,
für die der Zeitraum zwischen 1917 und 1920 entscheidend war. In diesen
drei Jahren veränderte sich die deutsche Arbeiterbewegung stärker und
dramatischer als in den fünfzig Jahren zuvor; in diesen drei Jahren machte
vor allem die USPD einen ungeheuren Wandel durch, jedenfalls hatte die
USPD von 1920 nicht mehr viel mit der von 1917 gemein.

Am Ende war sie weniger eine Partei als vielmehr eine heterogene, emo-
tional aufgewühlte, ziemlich chaotische Protestbewegung überwiegend
junger Arbeiter. Entstehungsort und Aktionszentrum dieser jungpro-
letarischen Rebellion waren insbesondere die Reviere der Rüstungsindus-

trien, die im Lauf des Ersten Weltkriegs aus dem Boden gestampft wurden, vor allem im Raum um Halle und Merseburg. Als Arbeitskräfte hatte man junge Leute herangezogen, die oft ohne Ausbildung waren und aus dem agrarischen Hinterland stammten. Sie mussten den Wechsel in die Rüstungsfabriken und in die neuen Wohnquartiere als scharfen Schnitt erfahren. Ihr Grundgefühl war das der Entwurzelung: Die alten Bindungen waren gekappt, neue stellten sich nicht her, da es die Organisationswelt und -kultur der sozialdemokratischen Arbeiterbewegung in den ruckartig entstandenen Rüstungszentren nicht gab. Die jungen Rüstungsarbeiter lernten die Mentalität der kontinuierlichen Organisationsleistung, der geduldigen Zukunftserwartung und zähen Alltagspraxis also gar nicht erst kennen. Als gegen Ende des Krieges die Löhne fielen und sich die Versorgungslage verschlechterte, schlug bei ihnen das Gefühl der Entfremdung in militante Radikalität um. Ihr Lebensgefühl trieb sie zur Tat, zur Aktion, zum Putsch und Umsturz. Sie drängten auf die fundamentale Veränderung der verhassten Verhältnisse, hier und jetzt. Mit dem sozialdemokratischen Reformismus und der patriarchalischen Vernunftrhetorik konnten sie nichts anfangen, im Gegenteil: Die MSPD verachteten sie als Partei der Hasenfüße und Verräter, weil sie den Kapitalisten das Geld und die Fabriken nicht fortnahm und weil ihr Wehrminister Gustav Noske, der sich selbst als «Bluthund» bezeichnete, auf die Streikenden und Rebellierenden schießen ließ.

Die jungproletarische Protestbewegung sammelte sich in der USPD. Ihre Mitgliederzahl stieg im Jahre 1919 in einer Schnelligkeit und einem Umfang, wie das die deutsche Arbeiterbewegung noch nie erlebt hatte: Zwischen März und November erhöhte sie sich sprunghaft von 300 000 auf 750 000. In diesem Prozess wurden die erfahrenen und besonnenen Funktionäre der Vorkriegslinken wie Karl Kautsky, Hugo Haase oder Rudolf Hilferding von der Flut jungproletarischer Protestgruppen gleichsam weggespült. Die USPD radikalisierte sich zusehends, brach auch immer stärker mit der Tradition der Bebel-SPD. Sie gab nichts mehr auf allgemeines Wahlrecht, Parlamentarismus, Gewaltenteilung und demokratische Verfassung – all das verachtete sie als bourgeoise Truggebilde. Die neue proletarische Linke schwärmte für das Rätesystem und die Diktatur des Proletariats und machte diese Position im März 1919 sogar zum Parteiprogramm. Und sie

Gustav Noske (1868–1946) bei einer Rede im November 1918 in Berlin. Noske war ein Mann des rechten Flügels in der Sozialdemokratie, und die Militärpolitik lag ihm besonders am Herzen. Im Revolutionsrat der «Volksbeauftragten» Ende 1918 war er denn auch verantwortlich für das Ressort «Militär und Marine», kurz darauf wurde er der erste Reichswehrminister der Republik. Noske war der «Bluthund», der Freikorps und Militär gegen rebellierende Arbeiter und linksradikale Putschisten einsetzte. Die oft brutalen Exzesse der Noske-Truppen haben die Spaltung des Sozialismus und die Radikalisierung vieler Industriearbeiter enorm gefördert. Nach dem Kapp-Putsch 1920 musste Noske zurücktreten. «Noskismus» blieb ein Schimpfwort in der Arbeiterbewegung.

begeisterte sich für die russische Revolution, das Sowjetsystem, für Lenin und die Bolschewiki. Im Herbst 1920 entschied sich eine Parteitagsmehrheit der USPD für den Anschluss an die Kommunistische Internationale. Die alten Vorkriegssozialdemokraten hatten sich überwiegend erbittert dagegen gewehrt, und das Gros der unabhängigen Parlamentarier, Funktionäre und Parteiredakteure machte den Übertritt zur KPD, der aus dem Parteitagsbeschluss folgte, nicht mit, führte die geschrumpfte Partei stattdessen noch zwei Jahre weiter, bis sie sich mit der Mehrheitssozialdemokratie zusammenschloss. So war zwar schließlich die Spaltung der Arbeiterbewegung zementiert, zugleich aber nach fünfjährigem Schisma die Einheit der Sozialdemokratie wiederhergestellt.

Gleichwohl muss man auch den radikalen Flügel der USPD als einen Teil der sozialdemokratischen Arbeiterbewegung und Geschichte betrachten. Sozialräumlich gesehen knüpfte die USPD sogar mehr an die Traditionen der Vorkriegslinken an als die MSPD, schließlich war sie stark in den urbanen Industrierevieren, besonders in Mitteldeutschland, in Berlin und Umgebung, am Niederrhein, in Königsberg, Braunschweig und Hamburg. Gewiss, der radikale Flügel der USPD setzte sich aus traditionslosen jungen Arbeitern zusammen, vor allem aus dem Haller Raum, während die Gegner des Anschlusses an die Kommunisten zu einem großen Teil aus Leipzig kamen, wo die USPD in der unmittelbaren Nachfolge der Vorkriegs-SPD stand. Zudem war die deutsche Vorkriegssozialdemokratie fest in der westeuropäischen Kultur des demokratischen Sozialismus angesiedelt, strebte keine Minderheitsdiktatur an, sondern eine durch allgemeine Wahlen legitimierte Mehrheit, suchte nicht den Bürgerkrieg, sondern den in zivilisierten und rechtlichen Formen ausgetragenen Konflikt. Aber zugleich hatte es eben doch von Anfang an den Messianismus in der deutschen Arbeiterbewegung gegeben, die durch den Marxismus zur Wissenschaft stilisierte Überzeugung, das Heil der Welt sei *allein* durch das Proletariat, *allein* durch den Sozialismus zu erzielen. Das trug fraglos immer schon absolute, antipluralistische, hybride Züge. Damit konnten linksradikale Strategen legitimatorisch operieren, das konnte sich mischen mit der militanten Protestbewegung zwischen 1917 und 1920 und durchaus auch in die KPD führen. Im Übrigen haben sich die früheren Unabhängigen in der KPD der späteren Stalinisierung ihrer Partei nicht nennenswert widersetzt. Ein demokratischer Sozialismus war es eben nicht, den die Mehrheit der Unabhängigen Sozialdemokraten in den Jahren 1919 / 20 zum Ziel hatte.

Die Radikalisierung der USPD ist allerdings nicht ohne die politischen Versäumnisse der MSPD zu verstehen. Es waren nicht nur unreife und ungelernte Jugendliche aus den mitteldeutschen Leuna-Werken, die sich aus Wut über die Mehrheitssozialdemokratie immer weiter nach links bewegten. Auch erfahrene und hochqualifizierte Metallarbeiter, von denen es bei den radikalen Linken anfangs keineswegs wenige gab, zeigten sich bitter enttäuscht über das, was Reichspräsident Friedrich Ebert und Minis-

Karl Liebknecht (1871–1919) bei einer Kundgebung von Spartakus-Anhängern in der Siegesallee in Berlin, zu Beginn der Novemberrevolution 1918. Liebknecht, Patensohn von Karl Marx, gehörte zum radikallinken Flügel der deutschen Arbeiterbewegung. Aber ein Marxist war er nicht. Im Grunde war er Individualist und ethischer Sozialist, getrieben von Emotionen. Seine wütenden Attacken richteten sich gegen den Militarismus und die obrigkeitsstaatliche Justiz. Er war der erste Sozialdemokrat, der – im Dezember 1914 – gegen die Kriegskredite votierte. Das machte ihn zum Idol der sozialistischen Jugend in Deutschland. Die nationalistische Rechte dagegen hasste den Mitbegründer des Spartakusbundes und der KPD und verfolgte ihn. Am 15. Januar 1919 wurde er von Freikorpssoldaten ermordet.

terpräsident Philipp Scheidemann taten, und mehr noch über das, was sie unterließen. Die meisten Industriearbeiter hatten sich zweifellos mehr von der Revolution versprochen. Über Jahrzehnte hatten die sozialdemokratischen Agitatoren und Parteijournalisten erklärt, dass die Sozialisierung der Königsweg zum sozialistischen Volksstaat sei. Dann verfügten die Sozialdemokraten seit dem 9. November 1918 endlich über die Macht, aber es geschah nichts. Die Arbeiterklasse sah in den Wochen der Revolution keine fundamentale Veränderung der gesellschaftlichen Verhältnisse, keinen tiefen Eingriff in die kapitalistische Ordnung, keinen entschlossenen Austausch der verhassten obrigkeitsstaatlichen Eliten. Das trieb Teile der unteren Schichten in die Radikalität, trieb sie letztes Endes zu den Kommunisten.

Unter Historikern ist es mittlerweile gang und gäbe, die Sozialdemokraten für ihre Zaghaftigkeit und ihre Versäumnisse während der deutschen Revolution 1918 / 19 zu schelten. Besonders den Mehrheitssozialdemokraten wirft man vor, die Zeit zwischen dem Sturz der Monarchie und den Wahlen zur Nationalversammlung nicht hinreichend genutzt zu haben, um die antidemokratischen Kräfte des alten Obrigkeitsstaates ein für allemal zu entmachten. Die Schwerindustriellen hätten enteignet werden müssen, so auch die Rittergutsbesitzer im Osten; dringend nötig gewesen wäre ebenfalls die Demokratisierung der Verwaltung und die Republikanisierung des Militärs. All das hätte Weimar ein stabileres Fundament verschafft.

Gewiss spricht einiges für diese Argumentation. Aber dennoch leuchtet sie nicht ganz ein, und sie wird den überforderten Mehrheitssozialdemokraten auch nicht gerecht. Denn schließlich lagen zwischen dem Ende der Monarchie und den Wahlen zur Nationalversammlung gerade einmal gut zwei Monate – nicht viel Zeit, um einen Schlüsselsektor der deutschen Volkswirtschaft kompetent und ohne Effizienzverluste zu übernehmen, um die Spitze der Staatsbediensteten vollständig zu erneuern und die Militärführung in die Wüste zu schicken. Und selbst wenn der sozialdemokratischen Revolutionsregierung das alles gelungen wäre, hätte es von der nächsten oder übernächsten frei gewählten Parlamentsmehrheit doch wieder rückgängig gemacht werden können. Das wäre sogar sehr wahrscheinlich gewesen, denn die Sozialdemokraten bekamen bei nationalen Wahlen nie eine absolute Mehrheit und waren in Weimar überhaupt nur selten in der Reichsregierung vertreten; die gesamte Linke erreichte kaum einmal mehr als zwei Fünftel der Wählerstimmen. Viel spricht dafür, dass die bürgerlich-konservative Mehrheit im Reichstag unverzüglich die alten Besitz- und Machtverhältnisse wiederhergestellt hätte. Und ebenso viel spricht dafür, dass die zwischenzeitlich verdrängten und gedemütigten alten Eliten dann wilde Racheorgien gegen Sozialisten aller Schattierungen veranstaltet hätten. Es liegt also nahe, dass die Republik durch revolutionäre Rigidität nicht stärker gestützt, sondern noch früher gesprengt worden wäre.

Allein eine diktatorische Revolutionsregierung hätte die Eingriffe in das alte Machtgefüge langfristig sichern können; demokratische Sozialisten, die sich unverzüglich allgemeinen Volkswahlen zu stellen und ihre eigene parlamentarische Minderheitsposition zu akzeptieren hatten, waren dazu

Ökonomieunterricht im Schlosspark. Seit 1919 schickte die SPD ihren begabtesten Nachwuchs nach Schloss Tinz bei Gera, das in eine zentrale Partei- und Gewerkschaftsschule umgewandelt worden war. Die fünfmonatigen Kurse hatten jeweils fünfzig Teilnehmer, die in Geschichte, Soziologie, Wirtschaftslehre, Literatur, Pädagogik und Psychologie unterrichtet wurden. Daneben übten sie sich in praktischer Lebensreform. In den Kursen überwog der Linkssozialismus, und deshalb betrachteten viele in der Partei die «Tinzaner» auch mit Skepsis: Die Absolventen der Schlossschule spielten sich oft als «Übertheoretiker» auf.

nicht in der Lage. Da sie über keine strukturelle Mehrheit in der Bevölkerung verfügten, mussten sie die Kooperation mit dem Bürgertum suchen, um die neue Republik auf einem hinreichend breiten Konsens zu begründen. Doch das bedeutete auch, auf revolutionäre Attacken gegen die bürgerliche Ordnung zu verzichten. Und genau das war das Dilemma des demokratischen Sozialismus in Deutschland 1918 / 19: Seine Anhänger verlangten mehr, erwarteten mehr, hatten auch über ein halbes Jahrhundert mehr versprochen bekommen, als die sozialdemokratische Minderheitspartei in der Geburtsstunde der Weimarer Republik angesichts einer bürgerlich-konservativen gesellschaftlichen Mehrheit auf demokratischem Weg realisieren konnte.

Es erwies sich als das große historische Unglück der Sozialdemokraten im 20. Jahrhundert, dass sie die Gründerpartei einer Republik waren, die kaum gelingen konnte. Die christlichen Demokraten hatten es da dreißig Jahre später erheblich leichter. Und nicht zuletzt deshalb galt die CDU lange als eine natürliche Regierungspartei, die SPD aber als die notorische Oppositionspartei. Die Sozialdemokraten hatten 1918 / 19 von Beginn an und trotz aller moderaten Politik die alten Machtgruppen gegen sich. Diese fühlten sich durch die Flucht des Monarchen, die Kriegsniederlage, den Verlust der eigenen Privilegien und durch die Herrschaft der früheren Reichsfeinde bedroht, verletzt, erniedrigt. Vom ersten Tag an waren sie erklärte und erbitterte Feinde der Republik, sannen in all den Weimarer Jahren auf Vergeltung für die «Schmach» vom November 1918. Auf der anderen Seite schwollen schon in den ersten Monaten der neuen Republik die Bataillone der Arbeiterschaft an, denen der demokratische Verfassungsstaat ebenfalls nichts bedeutete, die über Aufstand und Bürgerkrieg die sozialistische Klassendiktatur anstrebten.

Der mehrheitssozialdemokratische Republikanismus stieß mithin überall auf Ablehnung. Zudem waren in diesen unglücklichen Entstehungsmonaten der Weimarer Republik stets die Probleme spürbar, die die Liquidierung des Krieges mit sich brachte. Keines dieser Probleme hatte die sozialdemokratische Regierung zu verantworten, aber sie musste sie alle unter großem Druck lösen. Sie musste beispielsweise die Soldaten wieder nach Deutschland zurückführen, aus der Armee entlassen und in das Arbeitsleben integrieren; daran mitwirken, dass die Wirtschaft wieder von Kriegs- auf Friedensproduktion umgestellt wurde; dafür sorgen, dass ausreichend Nahrungsmittel auch für die städtische Bevölkerung vorhanden waren; und aufpassen, dass die separatistischen Strömungen in den Grenzregionen die Einheit des Reiches nicht gefährdeten. Kurzum, es ist nicht ganz unverständlich, dass die Mehrheitssozialdemokraten davor zurückschreckten, die Lage durch nie erprobte Sozialisierungsinitiativen noch weiter zu verschärfen.

Darüber hinaus waren die Sozialdemokraten auf diese Situation, mit der sie es als Partei der Revolutionsregierung und des ersten Republikkabinetts zu tun bekamen, weder politisch noch mental vorbereitet. Sie hatten zwar immer von Revolution und vom Zusammenbruch der Gesellschaft

Reichswehrminister Gustav Noske (links) und Reichspräsident Friedrich Ebert in Haffkrug nahe Travemünde im August 1919. Das Bürgertum reagierte empört auf dieses Foto, ja sah sich in seiner Überzeugung bestätigt, dass die «Roten» aus der Arbeiterschaft nicht über die persönlichen Voraussetzungen verfügten, einen Staat zu führen und zu repräsentieren.

gesprochen, aber merkwürdigerweise nicht damit gerechnet, dass es eine Zeit der Unordnung, der Unruhen und des blutigen Konflikts sein würde. Vom Übergang zum Sozialismus besaßen sie ein ganz harmonisches, idyllisches, ja naives Bild: Die bürgerliche Gesellschaft, so dachten sie, würde wie ein Kartenhaus in sich zusammenfallen und dann käme man unmittelbar in das befreite Land, in dem Milch und Honig flossen. So hatte es August Bebel unzählige Male erzählt, und die Sozialdemokraten glaubten wirklich daran. Deshalb dachten sie auch über die Einzelheiten der sozialistischen Ökonomie in einer komplexen, fortgeschrittenen Industriegesellschaft nie eigens nach. Kompetent waren sie nur auf dem Feld, auf dem sie schon im Kaiserreich praktisch gearbeitet hatten, in der Sozialpolitik. Hier waren sie nach dem 9. November 1918 handlungsfähig und setzten ihre durchaus konkreten Vorstellungen energisch durch. Auf den Achtstundentag jedenfalls mussten die Arbeiter nicht lange warten.

Sonst aber wirkte die Partei richtungslos. Am schlimmsten war es beim ersten sozialdemokratischen Regierungschef selbst, bei Philipp Scheidemann. Scheidemann, im Grunde noch ein Sozialdemokrat des 19. Jahrhunderts, war ein Rhetor und Agitator, aber kein Politiker. Als Redner glänzend, aggressiv und schlagfertig, hatte er zuletzt in den großen Reichstagsdebatten des Kaiserreichs häufig den kranken August Bebel vertreten. Am 9. November 1918 handelte er schnell und instinktsicher, als er vom Balkon des Reichstags die Republik ausrief. Besonders beliebt war er bei den Arbeitern, doch auch einige Intellektuelle schätzten ihn. Obwohl ein kluger Kopf, hatte er für das Aktenstudium wenig übrig. Es lag ihm nicht, regelmäßig und hart zu arbeiten, sich um Details zu kümmern und ein politisches Anliegen beharrlich zu verfolgen. 1919 schien der sozialdemokratische Ministerpräsident konfus durch die politische Landschaft zu irren; mangels eigener Kompetenz war er bald abhängig von den Zuflüsterungen seiner Beamten.

Scheidemanns Scheitern deutete zugleich auf ein allgemeines Problem der Sozialdemokraten: In den staatlichen Verwaltungen verhielten sie sich generell sehr unsicher. Aber woher sollten sie die vielen Fachleute nehmen, mit denen die leitenden Stellen in den öffentlichen Administrationen eigentlich hätten neu besetzt werden müssen? Sozialdemokratische Arbeiter verfügten über keine umfangreiche Schulbildung, und im autonomen Arbeiterbildungswesen ging es zu wie später in den Volkshochschulen, sehr eklektisch also, hier ein Häppchen Naturwissenschaften, dort ein Portiönchen Geschichte, garniert mit marxistischen Binsenweisheiten. Gutgemeint das alles, sicher auch für jeden Einzelnen ein Gewinn, aber wirkliche fachliche Qualifikationen erwarb man auf diese Weise nicht. Daher blieben viele höhere Beamte aus dem wilhelminischen Obrigkeitsstaat auch nach dem Systemwechsel in Amt und Würden. Im Umgang mit ihnen taten sich die regierenden Sozialdemokraten äußerst schwer; meist waren es Akademiker, und die Sozialdemokraten mit ihren bescheidenen Volksschulkenntnissen fühlten sich ihnen unterlegen, fachlich und sprachlich und auch von den Umgangsformen her. Sie benahmen sich unsicher und unterwürfig, obwohl doch der alte Beamtenapparat allein durch respekteinflößende Härte und personalpolitische Entschlossenheit zu disziplinieren gewesen wäre. Ihr

Friedrich Ebert, Reichspräsident von 1919 bis 1925, hatte kaum begeisterte Anhänger. Dem konservativen, gehobenen Bürgertum war er wegen seiner einfachen Herkunft zu «gewöhnlich», und weil er im Januar 1918 dem Streikausschuss der Metallarbeiter angehört hatte, bezeichnete man ihn in diesen Kreisen als «Landesverräter». Ebert setzte sich in etlichen Prozessen dagegen zur Wehr und ruinierte dabei seine Gesundheit. Aber auch die radikale Linke betrachtete Ebert als ihren Feind, denn seine Politik zielte auf die soziale Demokratie, das Bündnis von gemäßigten, reformistischen Arbeitern und republikanischen Kräften des Bürgertums.

Unterlegenheitsgefühl wurden die Sozialdemokraten nicht los, nicht in der Weimarer und lange auch nicht in der Bonner Republik.

Der ganze Jammer sozialdemokratischer Verwaltungs- und Machtpolitik wurde bei der Besetzung der Landratspositionen deutlich. Traditionell erwartete man in Deutschland von den Landräten eine rechtswissenschaftliche Ausbildung. Die Sozialdemokraten hatten aber nun einmal keine ausreichende Anzahl von Juristen in ihren Reihen und schickten deshalb ihre früheren «Arbeiterbeamten», vor allem ehemalige Reichstagsabgeordnete, in die Landratsämter. Doch von wenigen Ausnahmen abgesehen, agierten die sozialdemokratischen Landräte ängstlich und unsouverän. Die ihnen formell unterstellten Verwaltungsfachleute spürten das und ließen ihre

Vorgesetzten, die sie schon der einfachen Herkunft wegen verachteten, auflaufen. Die meisten neuen Landräte warfen rasch resigniert das Handtuch, und ab Mitte der zwanziger Jahre gaben es die Sozialdemokraten weitgehend auf, flächendeckend Personal für die Landratsposten zu stellen. Die SPD verzichtete also freiwillig auf ein Stück politischer Macht, weil sie in diesem Bereich nicht zurechtkam – auch das ein fatales Erbe der wilhelminischen Sozialdemokratie und ihrer Politikabstinenz.

5. Die zwanziger Jahre: Zwischen Klassenmilieu und Volkspartei

Mitte der zwanziger Jahre zog sich ein beträchtlicher Teil der Sozialdemokraten aus der unmittelbaren politischen Arena in die abgeschottete Sonderkultur des von ihnen geprägten Milieus zurück. Die Sozialdemokraten waren erschöpft und deprimiert; die Republik hatte sich anders entwickelt, als sie es erhofft hatten. Ihre Partei befand sich in der Opposition – in Berlin regierte der Bürgerblock –, und im Grunde mussten sie seit 1920 Niederlage auf Niederlage erleben. Die Hyperinflation hatte der Arbeiterbewegung furchtbar zugesetzt, ihren Kassenbestand jäh entwertet und insbesondere die Gewerkschaften kampfunfähig gemacht; überdies sahen sich die sozialistischen Arbeiter nach wie vor mit den alten Bildungsprivilegien konfrontiert, mit der allgegenwärtigen Klassenjustiz und auch mit der ökonomischen und politischen Macht hochkartellisierter Unternehmen. Der Achtstundentag, zentrales Symbol reformistischer Errungenschaften in den revolutionären Monaten nach dem Sturz der Monarchie, war faktisch wieder Vergangenheit. «Republik, das ist nicht viel», hieß es nun bei den frustrierten Sozialdemokraten, die erneut von der ganz anderen, einer wirklich sozialistischen Gesellschaft träumten. Aus der rauen Weimarer Realität flüchteten sie in ihre Eigenkultur, richteten sich wieder in der Milieunische ein, inszenierten dort ihre Scheinwelt des Sozialismus auf Probe. Die Sozialdemokraten isolierten sich selbst, rückten vom Zentrum der Gesellschaft weg, taten 1926 so, als lebe man immer noch im Jahr 1890.

Es blieb also auch nach dem Ende der USPD bei den zwei Seelen der Sozialdemokratie. Zahllose Mitglieder der eigentlich doch reformistischen Partei der Arbeiterbewegung sehnten einen radikalen Bruch mit dem bürgerlichen System herbei, eine neue, klassenlose Gesellschaft. Diese Sehnsucht wurde zum Kern der sozialdemokratischen Kultur, zum Charakteristikum des sozialdemokratischen Milieus, dem es in erster Linie nicht mehr um parlamentarische Arbeit und nüchterne Reformpolitik in den Institutionen der Republik ging, sondern um die Stärkung der eigenen Gegenwelt, die ein Vorgriff sein sollte auf das sozialistische Reich der Freiheit und Gleichheit. Das sozialdemokratische Milieu klammerte sich an die Hoffnung auf Erlösung in der Zukunft, versprach sich nicht mehr viel von der republikanischen Gegenwart. Man flüchtete in die Transzendenz.

Ein deutlicher Hinweis auf diesen Ausstieg aus der gesellschaftlichen Wirklichkeit waren die vielen Weihe-, Fest- und Feierstunden, die die Sozialdemokraten in der zweiten Hälfte der Weimarer Republik mit großer Emphase veranstalteten. Im Mittelpunkt der Festivitäten standen oft Sprech- und Bewegungschöre, die proletarisch-sozialistische Gesinnungskunst darboten. Über Jahre gab es ein ähnliches Schema: Der kollektive Bühnenheld war das industrielle Proletariat, die Kulisse zeigte eine Fabrik, einen düsteren Hinterhof oder heruntergekommene Wohnviertel. Diese Elends- und Revolutionsdramen verbanden die marxistische Prophetie des Parteiprogramms mit alttestamentarischer Metaphorik: Der erste Akt sozialdemokratischer Weihestunden sah das Proletariat auf dem Leidensweg, in Not und Unterdrückung, auf der Bühne war alles «dunkle Nacht – dumpfe Fron – müde Qual». Auf das Golgatha aber folgte der Aufschrei der Arbeiterklasse, es kam zur Sammlung, zum Aufmarsch, und die Bereitschaft zum Kampf gewann Oberhand. Schließlich endete das Drama mit dem proletarischen Happy End, mit Sieg, Befreiung und Erlösung in der sozialistischen Zukunftsgesellschaft: der «junge Morgen – ein heller Tag – die neue Zeit».

Je schlimmer die Niederlagen in der realen Welt ausfielen, desto großartiger waren die Siege des Proletariats in den sozialistischen Feiertagsdramen. Deren Liturgie sollte der versammelten Gemeinde Trost spenden, war gewissermaßen Opium für das in den zwanziger Jahren verunsicherte sozialistische Volk – eine Form des Eskapismus, auf den man in der Geschichte der Sozialdemokratie im Übrigen nicht selten stößt. Er bedeutete die Abkehr von der politischen Intervention, von der Mühe, Staat und Gesellschaft im Alltag kontinuierlich zu verändern. Die Sozialdemokraten schufen sich einen eigenen, streng separierten Kommunikationsraum, und sie setzten sich und ihre Botschaft absolut: Allein das Proletariat galt etwas, allein die Arbeiterklasse besaß emanzipatorische Qualitäten, allein der Sozialismus konnte die Welt retten. Für andere Schichten, Mentalitäten und Überzeugungen gab es da keinen Platz; die Kultur des demokratischen Sozialismus war mithin nicht wirklich liberal und pluralistisch, dafür trug sie zu viele chiliastische, utopische Züge. Insofern aber leistete der demokratische Sozialismus auch kaum einen Beitrag zu einer wahrhaft republikanischen Kultur, die der Weimarer Staat so dringend benötigt hätte, um inmitten der ideologischen Absolutheitsansprüche und schroffen Polarisierungen jener Jahre zu überleben.

Die sozialistische Milieukultur erschwerte es der SPD, die im Kaiserreich erlernte Ghettomentalität zu überwinden und zu einem rationalen, nüchternen Verhältnis zur Weimarer Republik zu finden. Doch das ist nur die eine, gewiss negative Seite. Denn das Milieu isolierte nicht nur, es vergemeinschaftete auch, war ein Ort des Kräftesammelns und des Ausprobierens. Es half dabei, dass die sozialdemokratischen Arbeiter nach Niederlagen nicht resignierten, es fing sie auf und hielt sie zusammen, stiftete neuen Sinn und war «Trainingsstätte» für unzählige praktische Dinge. Der Anspruch war, sämtliche Lebensbereiche der modernen Arbeiter zu durchdringen und miteinander zu vernetzen. Es gab Organisationen für Kinder, Jugendliche und Frauen, für Angler, Schützen und Schrebergärtner, für Sänger, Laienschauspieler und Kunstinteressierte, für Vegetarier, Nudisten und Naturheilkundler – sie umspannten alle möglichen Felder, wenn auch vorwiegend Sport, Bildung und Wohlfahrt.

Zwischen 1926 und 1929 erlebte die Organisationswelt ihre Blütezeit; in diesen Jahren entstanden zahllose neue Vereine, Turnhallen, Fußballplätze, Licht- und Luftbäder, Kinder- und Erholungsheime. Kommunen mit einem ausgeprägten sozialistischen Milieu wurden dadurch finanziell entlastet, denn die Arbeiter schufen in Eigeninitiative, was sonst die Gemeinde hätte übernehmen müssen. Als Milieupartei war die Sozialdemokratie eben Selbsthilfebewegung und nicht auf den Staat fixiert; das Milieu regelte seine Angelegenheiten allein, aktivierte die Arbeiter, erlegte ihnen Pflichten auf und delegierte die Verantwortung nicht. Die Zeit des umfassend betreuenden und patriarchalischen Sozialstaats kam erst später, *nach* den Milieus.

Arbeiter-Olympiade in Wien, Juli 1931. Die deutschen Wettkämpfer marschieren in das Stadion ein.
Der Arbeitersport war ein wesentlicher Teil des sozialdemokratischen Milieus; seine Pioniere wollten
anders sein als die bürgerlichen Sportler, lehnten Leistungsvergleich und Wettbewerb ab. Dergleichen galt ihnen als unsolidarisch und daher unsozialistisch. Aber durchsetzen konnten sie sich mit
dieser Haltung nicht, denn auch sozialdemokratische Arbeiter wollten sich messen, wollten kämpfen
und gewinnen. So glich sich der Arbeitersport dem bürgerlichen Sport mehr und mehr an, ahmte oft
nach, was der Klassenfeind vorgab – so eben auch die Olympiaden.

Die SPD wurde durch das Milieu stabilisiert: Je mehr sie Milieupartei war,
desto weniger konnten ihr politische oder ökonomische Krisen etwas anha-
ben. Aber die SPD war nicht in ganz Deutschland Milieupartei, nicht einmal
in allen Industrie- und Arbeiterquartieren. Wo etwa Heimarbeit dominierte,
wie im Erzgebirge, im Vogtland oder im Thüringer Wald, da hatte sich kein
starkes Milieu herausgebildet. Im Kaiserreich hatte die Sozialdemokratie
in solchen Industrierevieren als eher lockere Protestbewegung gegen die
Herrschenden gute Wahlergebnisse erzielt. Als sie aber in der Weimarer Republik selbst Regierungspartei wurde, Rückschläge verantworten musste,
Versprechen nicht erfüllen konnte, brach sie dort drastisch ein. Die Arbeiter
wanderten in Scharen ab, zur nächsten Protestformation, am Ende auch in
durchaus nicht geringer Zahl zu den Nationalsozialisten.

Dort aber, wo die SPD Milieupartei war, erwies sie sich als außerordentlich krisenresistent. Über die Organisationen in ihrem Umfeld erreichte

sie auch eher unpolitische Arbeiter und verankerte sich tief in deren Privatleben. Als rein politische Partei hätte sie das nicht geschafft, denn das Gros der Arbeiter interessierte sich nicht für Heidelberger oder Erfurter Programme, für Richtungsfragen und Flügelkontroversen, für die Einzelheiten der parlamentarischen Debatte und die Versammlungen des sozialdemokratischen Ortsvereins. Die Mehrheit der Arbeiter interessierte sich für Turnveranstaltungen, Wanderungen, Radsport oder Ähnliches. Je stärker das sozialistische Milieu die Freizeitbereiche organisierte und besetzte, desto fester band es die Arbeiter an die SPD; die Stimmen am Wahlsonntag waren sicherer. Das gilt auch für Arbeitslose, denn die Organisationen im sozialistischen Milieu gaben ihnen Heimat und strukturierten ihren Alltag. Kurzum, das Milieu war das Fundament der Sozialdemokratie, die Klammer zwischen Arbeiterschaft und Partei; es sorgte dafür, dass man mit Krisen besser fertig werden konnte.

Gleichwohl war seine Wirkung ambivalent: Einerseits hielt es die sozialdemokratische Anhängerschaft zusammen, war Energie- und Kraftzentrum, ein Ort des Trostes sowie ein stattliches Loyalitätsdepot für die sozialistischen Parteien selbst in widrigsten Zeiten. Andererseits aber förderte es den Drang der Sozialdemokraten, sich abzugrenzen, aus der Politik auszusteigen und sich stattdessen von Zukunftsträumen leiten zu lassen. Die Vorzüge des Milieus waren ohne dessen Nachteile nicht zu haben. Man könnte sich zwar im Rückblick eine pragmatischere und gouvernementalere sozialdemokratische Partei für die Weimarer Zeit vorstellen, doch wäre eine solche Partei in den Krisen der Republik aller Wahrscheinlichkeit nach bei Wahlen tief gefallen und schon vor 1933 zerrüttet gewesen, da ihr die utopischen Überschüsse und subkulturellen Leidenschaften an der Basis gefehlt hätten, mit denen sich schwierige Zeiten überdauern lassen.

Allerdings wurden im Milieu auch die Irrtümer der sozialistischen Anthropologie deutlich. In der Gegenkultur zur bürgerlich-kapitalistischen Welt würde, so hoffte man, ein neuer, ein sozialistischer Mensch entstehen mit einer nichtindividualistischen Ethik. Kooperation und Solidarität waren hier entscheidende Stichworte; daher wehrten sich die Funktionäre des Kultursozialismus auch lange und vehement gegen die Übernahme des Wettkampfsports in das Arbeitervereinswesen. Vor allem Fußball lehnten sie entschieden ab. Denn hier ging es nicht solidarisch zu, hier kämpfte

Gegründet 1890
Sitz: Frankfurt a. M.
Schleusenstr. 11.

Mitgliederzahl 35000
Eintrittsgeld 60 Pfg.
Monatl. Beitrag
20 Pfg.

Es gab nur wenige Arbeiterfreizeitvereine, die mehr Mitglieder zählten als ihr jeweiliges «bürgerliches» Pendant. Der Arbeiter-Radfahrer-Bund «Solidarität» gehörte dazu. Er hatte Ende der zwanziger Jahre 314 000 Mitglieder, die preiswerte Räder aus den verbandseigenen Fabrikhallen in Offenbach beziehen konnten. Sonntags ging man mit dem Rad auf Tour, und in Wahlkampfzeiten machte man Propagandafahrten für die SPD. Man verstand sich als «rote Husaren des Klassenkampfes».

man gegeneinander; es gab Sieger und Verlierer, und das verstieß gegen sozialistische Prinzipien.

In der zweiten Hälfte der zwanziger Jahre gerieten die Tempelhüter des Kultursozialismus immer mehr in die Defensive. Die jungen Leute folgten ihnen nicht mehr, sie wollten nun einmal Fußball spielen, sich messen, rivalisieren, gewinnen, den anderen in die Knie zwingen. Aus Furcht, Anhänger zu verlieren, akzeptierten die Kulturfunktionäre in der Arbeiterbewegung schließlich widerwillig die Arbeiterfußballvereine. Aber die sozialdemokratischen Zeitungen berichteten nicht über die Spiele, gaben keine Ergebnisse bekannt, schrieben nicht, wer die schönsten Tore geschossen und wer eine Niederlage am energischsten verhindert hatte. Das verdross nicht wenige. Aktive wechselten zu «bürgerlichen» Clubs; Leser abonnierten statt der Arbeiterpresse den «Generalanzeiger». Die Menschen, das zeigte sich in der Zeit des Wettkampfsports und der aufkommenden Freizeitindustrien, waren anders, als die Verfechter eines *neuen* Menschen es gern gesehen hätten.

Das machte besonders der Sozialistischen Arbeiterjugend (SAJ) zu schaffen. In der Jugendorganisation herrschten puritanische Sitten, die Mitglieder durften keinen Alkohol trinken, durften nicht rauchen, nicht paarweise tanzen, weder Karl May lesen noch Westernfilme sehen. Das alles galt als «bürgerlicher Schund». Aber die meisten Jugendlichen liebten ebendiesen «Schund», zogen ihn jedenfalls dem strengen Tugend- und Bildungsideal der SAJ eindeutig vor. Kein Wunder, dass die SAJ bis Ende der zwanziger Jahre gerade einmal 0,72 Prozent aller Jugendlichen in Deutschland zu organisieren vermochte. Am schlimmsten sah es in den Großstädten mit ihrem riesigen Freizeitangebot aus; hier verlor die SAJ stetig an Mitgliedern. Dies alles wies bereits auf eine Krise des weltanschaulichen Sozialismus, auf das Scheitern eines umfassenden kulturellen Anspruchs hin.

Gewiss, man darf das nicht allzu sehr zuspitzen; die Weimarer Sozialdemokratie lässt sich nicht als reine Milieupartei der Facharbeiterschaft beschreiben, und schon gar nicht als durch und durch doktrinäre kultursozialistische Bewegung. Es gab auch immer wieder Versuche der Milieuüberschreitung, der Öffnung für andere Schichten und andere Kulturen. Manche führenden Sozialdemokraten strebten schon damals die Volkspartei anstelle der Klassenpartei an, die Basis allerdings folgte hier nicht. Den Parteiführern war nicht entgangen, dass die Zahl der Industriearbeiter schrumpfte, statt dass sie, wie es die Marxisten lange prognostiziert hatten, wuchs. Lediglich 45,1 Prozent der Erwerbstätigen zählten Mitte der zwanziger Jahre zur Arbeiterschaft; der Anteil der im industriellen Großbetrieb Beschäftigten betrug dabei gerade einmal ein Fünftel. Mit dem Industrieproletariat allein, das die Sozialdemokraten in ihren Schriften und Feierstunden gern mythologisierten und zum kollektiven Erlöser stilisierten, war der Sozialismus also schon rein rechnerisch nicht zu erreichen.

Überdies wählten etliche Arbeiter nicht die SPD, sondern die katholische Zentrumspartei, die USPD oder KPD, auch die Deutschnationalen,

So marschierten die jungen Sozialisten in den letzten Jahren der Weimarer Republik durch die Straßen. Die Reihen geschlossen, die Kleidung uniform: blaues Hemd, Koppel, rotes Halstuch. Von der Republik hielt man nicht mehr viel; man wollte mehr – den Sozialismus. Das war zu Beginn der Weimarer Republik noch anders gewesen: Die jungen Sozialisten hatten sich farbenfroh gekleidet, folkloristisch-lebensreformerisch, nach dem Vorbild des «Wandervogels», und mit bürgerlichen und konfessionellen Gruppierungen republikanische Kartelle gebildet. Nach 1923 ging es in der Jugendbewegung militanter und dogmatischer zu. Und als dann die wirtschaftliche Krise einsetzte, war es ganz vorbei mit dem heiteren republikanischen «Sandalensozialismus».

später in nicht geringer Zahl die NSDAP. Um mehrheitsfähig zu werden, musste die SPD weitere Segmente der Arbeiterschaft – über ihren Kernwählerstamm, die industriellen Facharbeiter, hinaus – und neue Gruppen der Zwischenschichten ansprechen. Die führenden Sozialdemokraten machten sich darüber keine Illusionen. Vor allem um die Bauern warben sie jetzt, deren spezifische Eigentumsinteressen auf dem Kieler SPD-Parteitag von 1927 ausdrücklich anerkannt wurden. Und die katholischen Arbeiter versuchten sie zu locken, indem sie ihnen auf dem Magdeburger Parteitag 1929 religiöse Toleranz zusicherten. So war das Bild, das die SPD seit Mitte der zwanziger Jahre bot, durchaus widersprüchlich: Unten schottete sich die

Arbeiter am Hochofen eines rheinisch-westfälischen Hüttenwerks 1927. Dieses Industrierevier gehörte im Kaiserreich und in der Weimarer Republik, zunächst auch in den Adenauer-Jahren, nicht zu den Hochburgen der SPD. Hier waren die Zentrumspartei, die Kommunisten, zeitweilig sogar die Syndikalisten stark, und selbst die Nationalliberalen fanden Anklang bei der Arbeiterschaft. Die SPD dagegen tat sich schwer; auch die freien Gewerkschaften hatten Mühe, in den Großbetrieben des Ruhrgebiets Fuß zu fassen. Lange blieb eben die sozialdemokratisch-freigewerkschaftliche Bewegung von handwerklich qualifizierten Facharbeitern dominiert, und ihre Organisationszentren lagen vor allem im nord- und mitteldeutschen Raum.

sozialdemokratische Basis organisatorisch und ideologisch ab; oben öffnete die Parteileitung ein paar Fenster und Türen.

Lange übersehen hat man, wie erfolgreich die SPD bei den Angestellten war. Zu Beginn des Kaiserreichs kam die sozialdemokratische Organisationselite noch überwiegend aus dem Holzgewerbe, seit der Jahrhundertwende verstärkt auch aus den Metallberufen. In der Weimarer Republik aber hatte der Nachwuchs für die Spitzenpositionen des Funktionärskörpers seine Ausbildung bereits vielfach im Kontor erhalten, nicht mehr im Handwerk oder in einer Industriehalle. Bezeichnenderweise hatten die Reichsvorsitzenden der Sozialistischen Arbeiterjugend und der Jungsozialisten alle eine kaufmännische Lehre vorzuweisen. Im Grunde war das gar nicht überraschend, denn schließlich rekrutierten sich die Angestelltenschichten während der Weimarer Republik anders als im Kaiserreich mehr und mehr aus den Kindern aufstiegsorientierter Facharbeiterfamilien, der klassischen sozialdemokratischen Klientel also.

Innerhalb der sozialdemokratischen Wählerschaft spielten die Angestellten eine beachtliche Rolle. Bei den Reichstagswahlen im Juli 1932 schnitt die SPD bei ihnen sogar besser ab als bei den Arbeitern. In der ersten Gruppe wählten 24 Prozent die SPD, in der zweiten waren es 22 Prozent. *Die* Partei der Arbeiterklasse war die SPD gegen Ende der Weimarer Republik schon längst nicht mehr. 1932 kamen SPD und KPD auf einen gleich großen Wähleranteil in der Arbeiterschaft; und zusammen erreichten die beiden Linksparteien nach 1924 zu keinem Zeitpunkt die absolute Mehrheit im umworbenen und zum historischen Subjekt des Sozialismus verklärten Proletariat. Die sozialistische Arbeiterbewegung hat in Deutschland nie die Majorität der Bevölkerung repräsentiert, ja über weite Strecken nicht einmal die der eigenen Klasse.

Von den Angestelltenschichten abgesehen, stießen die volksparteilichen Signale der SPD-Parteileitung auf wenig Resonanz. Die Zeit, die ihr in der Republik von Weimar blieb, um Milieugrenzen abzubauen, Ängste zu nehmen und Vorurteile zu überwinden, war einfach zu kurz. Die antisozialistischen Ressentiments saßen in der Bauernschaft und bei den Katholiken so tief, dass sie sich durch wohlmeinende Programmbeschlüsse oder Parteitagsreden allein nicht aus der Welt schaffen ließen, zumal umgekehrt bei der sozialdemokratischen Basis antikirchliche und antiagrarische Affekte nach wie vor deutlich spürbar waren.

Im Übrigen verfügten die Katholiken ebenfalls über ein dicht geknüpftes Netz von Kultur- und Freizeitorganisationen. Und die Bauern waren fest in der Tradition des Dorflebens verwurzelt, das meist von Gutsherren und Pfarrern ideologisch geprägt und seit dem späten 19. Jahrhundert durch Krieger- und Schützenvereine, Bauern- und Landbünde, konfessionelle Jünglings- und Jungfrauenverbände organisiert war. Das war eine entschieden konservative, in den zwanziger Jahren oft deutschnationale, antisemitische und am Ende der Republik nationalsozialistisch durchformte Lebenswelt. Die städtischen sozialdemokratischen Agitatoren fanden

Zur Zeit der Weimarer Republik war noch fast ein Drittel der Erwerbstätigen in der Landwirtschaft beschäftigt. Die SPD tat sich schwer damit, Landarbeiter oder gar Bauern als Wähler zu gewinnen. Als klassische Partei der großstädtischen Industriearbeiter war sie zu wenig mit den Mentalitäten, der Sprache, den Gewohnheiten des Dorfes vertraut. Nur 1919 wählte ein erheblicher Anteil der Landarbeiter die Sozialdemokraten. Danach stand das «Landproletariat» wieder mehrheitlich im Lager der nationalen Rechten.

kaum Zugang zu ihr; mit den Lebensgewohnheiten auf dem Land waren sie nicht vertraut, die Sprache der Menschen, das Platt, beherrschten sie nicht, häufig wussten sie nicht einmal, wie die Sau ferkelt und die Kuh kalbt, wann man die Kartoffeln pflanzt und wann das Getreide geerntet wird. Das ländliche Deutschland aber war in der Weimarer Zeit noch ein entscheidender politischer und gesellschaftlicher Faktor; knapp ein Drittel aller Erwerbstätigen arbeitete damals in landwirtschaftlichen Berufen. Dass die SPD – anders als einige ihrer Schwesterparteien in skandinavischen Ländern – in der Bauernschaft keine Bündnispartner fand, hat wesentlich zum Nieder- und schließlich zum Untergang von Weimar beigetragen, denn das Land wurde so zum Aufmarschgebiet für die Nationalsozialisten und ihren Angriff auf die Republik.

Gewisse Erfolge konnten die Sozialdemokraten eigentlich nur bei den Landarbeitern östlich der Elbe verzeichnen, vor allem zu Beginn des Jahres 1919, als es in dieser Wählergruppe und auch bei den Arbeitern in Klein- und Mittelstädten einen historisch ungewöhnlichen Stimmenzuwachs für sie gab. Doch zwischen 1920 und 1924 liefen die gerade gewonnenen Arbeiterschichten wieder von der sozialdemokratischen Fahne, und zwar in die rechte Richtung, hin zu den Deutschnationalen. In den frühen drei-ßiger Jahren vollzog sich insofern ein ähnlicher Prozess, als die SPD fast ein Fünftel ihrer Wähler an die NSDAP verlor. Parallel dazu wandte sich in den genannten Zeiträumen ein Teil der industriellen Kerngruppe der sozialisti-schen Arbeiterbewegung nach links, zunächst zur USPD, dann zur KPD. Die SPD war in der Weimarer Republik also in eine Zangenbewegung geraten: Nicht wenigen Arbeitern war ihre Politik zu links, andere dagegen fanden sie zu reformistisch, zu staatstreu und angepasst. Für die Sozialdemokratie war das eine neue Erfahrung. Im Kaiserreich hatte sie noch als Opposition die verschiedenen Protestbewegungen in den unteren Schichten politisch gesammelt; als zeitweilig regierende Partei der Weimarer Republik dagegen löste sie nun ihrerseits Protest gegen sich aus, den sie selbst in Phasen der Opposition nicht mehr eindämmen konnte. Seither hatte sich die SPD mit der schwierigen Übung des politischen Spagats zu plagen.

6. Das Ende von Weimar: Kampf gegen Kozis und Nazis

Mit der KPD hatte sich eine parteipolitische Alternative innerhalb der Arbeiterbewegung etabliert. In der Schlussphase der Weimarer Republik kamen die Kommunisten bei den Parlamentswahlen fast an die Sozialdemokraten heran; im November 1932 verbuchte die KPD 16,9 Prozent der Stimmen, die SPD 20,4 Prozent. Seit Ende der zwanziger Jahre führten die beiden Parteien einen erbitterten, hasserfüllten Streit. Für die Sozialdemokraten waren die Kommunisten überwiegend radikalisierte Grünschnäbel, unerfahrene Revoluzzer, entwurzelte Lumpenproletarier, fremdgesteuerte Moskowiter; in den frühen dreißiger Jahren nannten sie sie oft nur kurz «Kozis». Die Kommunisten ihrerseits äußerten sich nicht schmeichelhafter über die sozialdemokratischen Rivalen, bezeichneten diese gern als «Noskisten», «Opportunisten», «Marionetten der Bourgeoisie» oder «Bonzen», später dann als «Sozialfaschisten».

Der Begriff des «Sozialfaschismus» war nicht in Deutschland entstanden, sondern gleichsam als terminologisches Diktat der Kommunistischen Internationale aus Moskau importiert worden. Aber dieser Import fiel bei den deutschen Kommunisten auf fruchtbaren Boden, und er wurde aus freien Stücken in die politische Alltags- und Agitationssprache übernommen, was deutlich macht, wie sehr sich ein Teil der Arbeiterschaft seit der Revolution 1918 / 19 von der (Mehrheits-)Sozialdemokratie entfremdet hatte. Der Kern der kommunistischen Anhängerschaft in der zweiten Hälfte der Weimarer Republik – vornehmlich die Geburtsjahrgänge 1895 bis 1905 – war durch die Zeit des Bürgerkriegs, oft auch durch die Fronterfahrungen im Ersten Weltkrieg nachhaltig geprägt worden. Mit dieser Generation, für die Gewalt ein selbstverständlicher Teil des Lebens war, gewann der Kampf der Ideologien an Schärfe.

Seit den späten zwanziger Jahren galt die Sozialdemokratie den Kommunisten als «Wegbereiterin des Faschismus», wenn nicht sogar als seine «gefährlichste Variante». Die «Sozialfaschismustheorie» kam aus Moskau, aber die kommunistischen Arbeiter in Deutschland nahmen sie durchaus auf und setzten sie offensiv ein. Die Spaltung des Sozialismus vertiefte sich. Demonstration der KPD gegen die neue Regierung Brüning in Berlin, April 1930.

Das verstärkte sich noch in dem Maße, in dem kommunistische Arbeiter seit Ende der zwanziger Jahre ihre Stelle verloren beziehungsweise gar nicht erst in den Produktionsprozess hineinfanden. Fortan war nicht mehr der Betrieb, sondern «die Straße» ihr Erlebnisraum; sie lud geradezu ein zur expressiven Demonstration, zur inszenierten Protestgebärde, zum martialischen Aufmarsch und gewalttätigen Aufruhr. Es schien, als ob die Kommunisten der Front- und Bürgerkriegsgeneration die Gewalterfahrungen der Jahre 1914 bis 1923 im letzten Drittel der Weimarer Republik, als die Arbeitslosigkeit wuchs und wuchs, in militante und eruptive Straßenaktionen übersetzten. Das entsprach ihrem Lebensgefühl und ihrer Lebensgeschichte; immer wieder hatten sie Brüche und Krisen erlebt. Mit der reformistischen Grundmaxime, durch kontinuierliche, geduldige und friedfertige politische Arbeit die soziale Lage Schritt für Schritt zu verbessern, vertrug sich das nicht. Für einen jungen arbeitslosen Kommunisten im Jahr 1932 war das reformistische Credo völlig abwegig; er musste es hassen und bekämpfen, denn es setzte Qualifikationen und Sicherheiten voraus, die der durchschnittliche Jungkommunist in dieser Zeit nun einmal nicht besaß.

Insofern ist es tatsächlich sinnvoll, nicht von *einer* Arbeiterbewegung zu sprechen, sondern von *zweien*. Kommunisten und Sozialdemokraten wurden nicht nur durch unterschiedliche politische Interpretationen getrennt, sondern auch durch die sozialkulturelle Kluft zwischen ihrer Anhängerschaft. Es gab zwei Kulturen innerhalb der industriellen Arbeiterschaft, die umso weiter auseinandertrieben, je länger die ökonomische Krise in den späten zwanziger und frühen dreißiger Jahren anhielt. Die Kommunisten waren im Durchschnitt sehr viel jünger als die Sozialdemokraten, häufiger arbeitslos und beruflich eher im Bergbau und der Chemieindustrie zu Hause als – wie die Sozialdemokraten – im Metallgewerbe. Politisch nicht so fest gebunden, blieben sie oft nur wenige Monate in ihrer Partei und orientierten sich dann neu. Die Sozialdemokraten dagegen waren ihrer Partei erheblich treuer, politisch insgesamt reifer, beruflich abgesicherter und in der Wahl der politischen und gewerkschaftlichen Mittel vorsichtiger als die Mitglieder ihrer «Bruderpartei».

Aber als «Bruderpartei» firmierte die KPD eben doch bei den meisten Sozialdemokraten. Es gab die gemeinsame Wurzel der sozialistischen Arbeiterbewegung, und es existierten lange Zeit auch Schnittstellen zwischen Kommunisten und Sozialdemokraten im Alltagsleben, in den Wohnquartieren und vor allem im Milieu der Freizeitvereine. Die Arbeitervereine waren bis Ende der zwanziger Jahre überwiegend nicht explizit sozialdemokratisch, sondern intersozialistisch ausgerichtet. Das Milieu war gesamtsozialistisch, nicht alleinige Sache der SPD oder der KPD; hier war noch die Einheit, die Geschlossenheit von Arbeiterbewegung und Sozialismus zu spüren.

Bis 1928 jedenfalls. Bis dahin turnten, wanderten, sangen Sozialdemokraten und Kommunisten gemeinsam. Dann schuf sich die ultralinks gewendete KPD ihr eigenes Vereinsnetz. Doch selbst danach war das Band zwischen Sozialdemokraten und Kommunisten nicht endgültig zerschnitten; politisch und kulturell agierten sie zwar getrennt und voller Misstrauen

Maikundgebung der KPD vor dem Berliner Schloss 1930. Die Partei der radikalen Linken war keine kleine Sekte – sie zog Massen an. Für die «Diktatur des Proletariats» votierten gegen Ende der Weimarer Republik fast 17 Prozent der deutschen Wähler. Die Sozialdemokraten hatten kaum größeren Rückhalt. Keine gute Zeit für einen maßvollen republikanischen Reformismus.

den jeweils anderen gegenüber, aber sie sangen doch, wenn auch nicht zusammen, die gleichen Lieder, feierten den Ersten Mai, führten bei ihren Demonstrationen die gleichen roten Fahnen mit sich, redeten sich untereinander mit «Genosse» an. Und für beide Kulturen der Arbeiterbewegung blieb das Proletariat die geschichtswendende Sozialgestalt, der Sozialismus der Endpunkt aller Klassenkämpfe. Das Verhältnis zu den Kommunisten war für die Sozialdemokraten also ambivalent: Viel trennte sie von der Partei der radikalen Linken, aber manches verband sie auch. Oder präziser: Je stärker die Sozialdemokratie Milieu war, desto mehr Gemeinsamkeiten gab es mit den Kommunisten; je entschiedener sie dagegen als Republikpartei auftrat, desto deutlicher wurde die unüberbrückbare Kluft zwischen den beiden Strömungen der Arbeiterbewegung.

Zu Beginn der dreißiger Jahre war die SPD beinahe die einzige Partei, die die Republik wirklich trug. Fast verzweifelt versuchte sie, den fragilen Weimarer Staat zu retten, indem sie nach dem Sturz ihres letzten Reichskanzlers, Hermann Müller, das im September 1930 gebildete Präsidialkabinett von Heinrich Brüning tolerierte. Damit mutete sie ihren Anhängern eine Menge zu, denn Brünings rigorose Sparpolitik hatte tiefe Einschnitte in das soziale Netz zur Folge und ließ die Arbeitslosenzahlen drastisch in die Höhe schnellen. Über fünfeinhalb Millionen Menschen waren 1932, als Brüning abtrat, ohne Beschäftigung. Die Deflationspolitik des Zentrumskanzlers hatte die Mittelschichten und die Arbeiterschaft weiter radikalisiert und, da die SPD als Oppositionspartei ausfiel, viele Wähler zur NSDAP und zur KPD getrieben. Das zeigt das ganze Dilemma der SPD in der Auflösungsphase von Weimar: Sie wollte die Republik retten, verfolgte dafür aber – und dies wohl alternativlos – eine Politik, die die Gegner der Republik bei Wahlen stärker und mächtiger machte.

Opportunistisch, wie oft geurteilt, war diese Politik allerdings nicht. Schließlich war die Tolerierungspolitik zweifellos unpopulär und kostete die SPD Wählerstimmen; viele der vermeintlichen «Bonzen» verloren ihre Abgeordnetenmandate im Reich, in den Ländern, in den Gemeinden. Überdies geriet die SPD im Herbst 1931 in eine schwere innerparteiliche Krise, die ihren Höhepunkt erreichte, als einige Reichstagsabgeordnete, welche sich der Tolerierungspolitik widersetzten, die Partei verließen beziehungsweise verlassen mussten. Sie gründeten die links von der SPD angesiedelte Sozialistische Arbeiterpartei (SAP), der sich eine beträchtliche Zahl sozialdemokratischer Jugendlicher anschloss, darunter auch der Lübecker Gymnasiast Herbert Frahm, der dann aber dreizehn Jahre später als Willy Brandt wieder zur Mutterpartei zurückfand und nach weiteren zwanzig Jahren für immerhin fast ein Vierteljahrhundert ihr Vorsitzender wurde.

Trotz aller Widerstände hielt die SPD-Mehrheit in den Jahren 1930 bis 1932 an ihrem politischen Kurs fest, weil sie sich – entgegen einem verbreiteten Vorurteil – keinerlei Illusionen über den Charakter des Nationalsozialismus machte. Es gab eine Reihe kluger sozialdemokratischer Theoretiker, die schon in den zwanziger Jahren die Verhältnisse in Italien sehr genau studiert und daraus entsprechende Schlussfolgerungen für Deutschland gezogen hatten. In den sozialdemokratischen Periodika der frühen dreißiger Jahre

Carl Severing (1875–1952), der preußische Innenminister, hält eine Rede, die Männer vom Reichsbanner Schwarz-Rot-Gold sichern das Podium. Das Reichsbanner, 1924 gegründet, war der Schutz- und Kampfverband der Republikaner. Formell überparteilich ausgerichtet, fand er seine Mitglieder doch überwiegend bei den Sozialdemokraten. Groß war die Enttäuschung unter ihnen, als Severing am 20. Juli 1932, dem Tag des «Preußenschlages», nicht zur aktiven Gegenwehr aufrief. Danach war ihr Selbstbewusstsein gebrochen.

fanden sich zahllose scharfsinnige Analysen moderner Rechtsdiktaturen. Die sozialdemokratischen Parteiführer wussten, dass eine Beteiligung der Nationalsozialisten an der Macht unweigerlich die gewaltsame Liquidierung der Arbeiterbewegung, die Zertrümmerung des Rechtsstaats sowie die Abschaffung von Parlament und Parteien zur Konsequenz haben würde. Und da sie das so genau wussten, richteten sie ihre gesamte parlamentarische Taktik darauf aus, die Nationalsozialisten von der Regierungsmacht fernzuhalten, gleichviel zu welchem Preis. Deshalb tolerierte die SPD Brüning, obwohl ein Teil ihrer Anhänger daran politisch fast irre wurde.

Natürlich, die Sozialdemokraten wollten auch die preußische Regierung nicht gefährden, die ihr ganzer Stolz war. Der Parteitheoretiker Rudolf Hilferding hatte die Regierung des sozialdemokratischen Ministerpräsidenten Otto Braun noch auf dem SPD-Parteitag in Kiel 1927 unter riesigem Jubel der Delegierten als «welthistorische Leistung ... für ganz Europa» gefeiert. An Preußen klammerten sich die Sozialdemokraten Anfang der dreißiger Jahre umso mehr, als sie im Reich aus der Regierung ausgeschieden waren. Und Preußen war in der Tat wichtig. Es umfasste rund drei Fünftel des Territoriums wie der Bevölkerung des Deutschen Reiches; wer über den preußischen Verwaltungs- und Polizeiapparat verfügte, der übte beträchtliche Macht aus. Zwischen 1919 und 1932 waren dies die Sozialdemokraten, die hier anders als im Reich – gemeinsam mit den Demokraten und der Zentrumspartei, teilweise auch den Rechtsliberalen – nahezu ununterbrochen das Kabinett stellten. Preußen galt als «Bollwerk» der sonst so gefährdeten Republik, und dieses «Bollwerk» durfte nicht aufs Spiel gesetzt werden. Auch deshalb mussten die Sozialdemokraten Brüning im Reichstag tolerieren. Hätten sie den Kanzler der Zentrumspartei gestürzt, dann hätten dessen katholische Parteifreunde im preußischen Landtag gewiss auch Otto Braun zur Demission gezwungen.

Aber es ging den Sozialdemokraten nicht nur um Preußen. Vor allem wollten sie verhindern, dass den Nationalsozialisten der Griff nach der Macht gelang. Mit ihrer Tolerierungspolitik wollten sie Zeit gewinnen, führten sie den rasanten Aufstieg der NSDAP doch maßgeblich auf die seit 1930 herrschende, besonders dramatische Wirtschaftskrise zurück. So hofften die Sozialdemokraten, dass das Ende der Depression zugleich das Ende der Hitler-Partei sein würde. Sie hielten es jedenfalls für ausgeschlossen, dass die NSDAP ohne greifbare Erfolge als Sammelpartei höchst heterogener Protestgruppen lange überleben könnte. Schließlich fehlte den Nationalsozialisten ein gewachsenes, stabiles Milieu wie etwa das sozialdemokratische, das auch Krisenzeiten standhielt. Über kurz oder lang, so spekulierten die Sozialdemokraten, musste die nationalsozialistische Bewegung an ihren eigenen Widersprüchen scheitern.

Eine völlig absurde Erwartung war das nicht. Ende 1932 sah es tatsächlich so aus, als wäre der Vormarsch der Nationalsozialisten gestoppt. In der NSDAP kriselte es gewaltig, und bei den Reichstagswahlen im November 1932 hatte sie über zwei Millionen Wähler verloren; sie war von 37,3 Prozent auf 33,1 Prozent abgesackt. Bei Gemeindewahlen einige Wochen später

Otto Braun (1872–1955), Otto Wels (1873–1939) und Carl Severing (von links nach rechts), der preußische Ministerpräsident, der Parteiführer und der preußische Innenminister – das waren die drei zentralen Figuren der Weimarer SPD nach dem Tod von Friedrich Ebert und Hermann Müller. Die Republik konnten sie nicht retten. Braun war politisch zu erschöpft, Wels nicht regierungsfreudig genug und Severing zu unentschlossen, um die Feinde des demokratischen Staates energisch zu bekämpfen.

setzte sich der Tiefflug fort, und nicht wenige nationalsozialistische Aktivisten schienen bereits zu resignieren. Die Gegner Hitlers jubelten, der Chefpropagandist der NSDAP dagegen, Joseph Goebbels, schrieb deprimiert in sein Tagebuch: «Das Jahr 1932 war eine ewige Pechsträhne. [...] Die Zukunft ist dunkel und trübe; alle Aussichten und Hoffnungen vollends entschwunden.»

Bekanntermaßen erwies sich der Pessimismus von Goebbels als unbegründet. Zudem war die sozialdemokratische Tolerierungspolitik schon vor dem 30. Januar 1933 gescheitert, Heinrich Brüning hatte im Mai 1932 seinen Hut nehmen müssen. Fünf Wochen zuvor hatten die Parteien der von Otto Braun geführten preußischen Regierung bei den Landtagswahlen ihre parlamentarische Mehrheit verloren. Das Kabinett blieb allein deshalb noch im Amt, weil die neue Mehrheit im Landtag zu einer eigenen Regierungs-

SA-Treffen in Braunschweig 1931. Zum Ende der Weimarer Republik zählte die SA unter ihrem Stabschef Ernst Röhm fast eine halbe Million Mitglieder. Sie hatte in der Arbeiterschaft durchaus Erfolg. Junge, erwerbslose Arbeiter schwankten oft zwischen ihr und dem kommunistischen Roten Frontkämpferbund. Auch viele Land- und Facharbeiter gehörten der SA an. Der Nationalsozialismus war eben nicht einfach eine «bürgerliche» Bewegung. Gerade sein Massencharakter, seine dynamische, klassenübergreifende Sammlungsfähigkeit, machte ihn zu einem gefährlichen Gegner für die sozialdemokratische Arbeiterbewegung und die Republik insgesamt.

bildung nicht in der Lage war. Am 20. Juli 1932 lief allerdings auch die Zeit der geschäftsführenden Regierung Braun ab, da sie vom neuen Reichskanzler Franz von Papen, der mit seinem «Kabinett der Barone» weitgehend unabhängig vom Parlament mit Hilfe der Präsidialvollmachten Hindenburgs regierte, per Notverordnungsdekret und mit höchst fadenscheinigen Begründungen abgesetzt wurde. In die Geschichte ging das als «Preußenschlag» ein. Große Mühe hatte es den konservativen Eliten nicht bereitet, das vielgerühmte «Bollwerk Preußen» zu schleifen. Auf Gegenwehr stießen sie nicht. Von nun an war das Selbstbewusstsein der Sozialdemokraten gebrochen. Von nun an waren sie ohne den geringsten Einfluss auf die Politik im Berliner Machtzentrum. Die SPD befand sich 1932 an einem Punkt, wo sie schon 1913 gestanden hatte. Doch bekanntlich sollte alles noch viel schlimmer kommen.

Man hat in den folgenden Jahrzehnten immer wieder über die Frage diskutiert, ob die Sozialdemokraten nicht spätestens nach dem Papen-Putsch ihre legalistisch-parlamentarische Taktik hätten aufgeben und stattdessen auf außerparlamentarische Aktionen, auf Streiks, vielleicht gar auf den bewaffneten Aufstand, zumindest aber doch auf eine Aktionseinheit mit den Kommunisten hätten setzen müssen. Die Sozialdemokraten taten all dies nicht, aber sie hatten dafür auch einige gute Gründe.

Eine Aktionseinheit mit den Kommunisten hätte – wenn sie denn angesichts der rigoros antidemokratischen und stalinistischen Politik der KPD politisch überhaupt wünschenswert gewesen wäre – die Schlagkraft der sozialdemokratischen Arbeiterbewegung nicht nennenswert erhöht. Schließlich standen 1932 nur noch gut zehn Prozent der KPD-Mitglieder voll in Lohn und Brot; als Streikfaktor fielen die Kommunisten gegen Ende der Weimarer Republik daher gänzlich aus. Überhaupt ließ sich 1932 / 33 bei annähernd sechs Millionen Arbeitslosen nicht mehr ernsthaft mit Streik drohen. Ebendarin liegt auch der Unterschied zum oft als Vorbild empfohlenen Arbeitsboykott während des Kapp-Lüttwitz-Putsches; 1920 herrschte in Deutschland nahezu Vollbeschäftigung, und überdies befand sich der Reichspräsident, der Sozialdemokrat Ebert, an der Seite der Streikenden. 1932 aber stand sein Nachfolger, der konservative Generalfeldmarschall Hindenburg, auf der anderen Seite der Barrikade, wo sich eine breite antisozialistische Einheitsfront formiert hatte; Reichsregierung, preußischer Staatskommissar, Justiz, Militär, Polizei und die Straßenarmeen von Stahlhelm, SA und SS bildeten eine schlagkräftige Phalanx. In einem Bürgerkrieg wären die Sozialdemokraten hoffnungslos unterlegen gewesen. Man hätte die Arbeiter in ein blutiges Gemetzel und in eine furchtbare Niederlage geschickt; man hätte sie buchstäblich verheizt. Es spricht für das Verantwortungsgefühl der SPD-Führung, dass sie davor zurückschreckte.

Ganz tatenlos waren die Sozialdemokraten allerdings nicht. Wo sie 1932 noch über exekutive Möglichkeiten verfügten, wie in Baden, Hessen oder Hamburg, gingen sie mit Polizeiaktionen und Berufsverboten energisch gegen die Nationalsozialisten vor. Und immer wieder sandten sie ihre «Eiserne Front» zu antifaschistischen Demonstrationen auf die Straße und brachten Flugschriften unters Volk, die über «das Wesen», wie es sozialdemokratisch hieß, des Nationalsozialismus aufzuklären versuchten. Das

DER ARBEITER
IM REICH DES HAKENKREUZES!

DARUM WÄHLT

SOZIALDEMOKRATEN!

LISTE 1

Sozialdemokratischer Antifaschismus für die Wahlkampagnen zum Ende der Weimarer Republik: der ausgemergelte und ans Hakenkreuz gefesselte Proletarier.

war gewiss nicht wenig – aber es war doch schon alles. Es reichte jedenfalls nicht, um die massive Rechtsentwicklung der Republik aufzuhalten, um die Nationalsozialisten noch zu stoppen. Gerade die jungen SPD-Mitglieder hat das ungeheuer entmutigt. Wieder einmal trat zu Tage, dass die Sozialdemokratie trotz ihrer immensen Organisationskraft machtlos war, und das deprimierte und lähmte. Die sozialdemokratische Parteiführung hatte in den frühen dreißiger Jahren den Mund sehr voll genommen, kündigte gewaltige Massenaktionen an, drohte für den Falle gegenrevolutionärer

Attacken auf den Verfassungsstaat sogar mit einer sozialdemokratischen Diktatur, aber in der entscheidenden Situation hielt sie still, blies nicht zum Angriff, rief nicht zur Gegenwehr. Das war den Kräfteverhältnissen durchaus angemessen und daher verantwortungsbewusst, doch es nahm der sozialdemokratischen Bewegung viel an Kraft, Zuversicht und Selbstvertrauen.

Der demokratische Sozialismus hatte die Jugendlichkeit verloren, die ihn im Kaiserreich auszeichnete, gewiss auch seinen naiven Optimismus. In der Parteispitze der SPD gab es fast nur noch altgediente «Arbeiterbeamte», in Ehren ergraute Funktionäre auf Lebenszeit. Mitreißende Reden konnte von ihnen keiner mehr halten. Unter den sozialdemokratischen Parteiführern fand sich kein Volkstribun mehr, kein Charismatiker, auch kein Visionär, der neue Begriffe prägte und neue Ziele setzte. Sie redeten, als ob die Zeit seit Kaiser Wilhelm und August Bebel stehen geblieben wäre, und propagierten den «Volksstaat», für den sich außerhalb ihrer Kreise aber niemand begeisterte.

Am schwersten wog jedoch ihre Phantasielosigkeit im Bereich der Wirtschaftspolitik. Hier hatten sie außer Fatalismus nichts zu bieten. Als gute Marxisten begriffen sie Krisen eben als einen Bestandteil des kapitalistischen Systems, denen man nicht wirksam entgegensteuern konnte. Als gewerkschaftliche Zirkel sich zu Beginn der dreißiger Jahre für eine aktive Konjunkturpolitik des Staates und kreditfinanzierte öffentliche Investitionen aussprachen, wischte der sozialdemokratische Cheftheoretiker Rudolf Hilferding diese Pläne höhnisch vom Tisch, und der Parteivorsitzende Otto Wels gab ihm die nötige Rückendeckung. So konnte sich die NSDAP als Arbeitsbeschaffungspartei, die die SPD nicht sein wollte, vor den Juli-Wahlen 1932 präsentieren und dann massive Stimmengewinne verbuchen. Wieder einmal hatte der Parteimarxismus der Sozialdemokraten aktiver Politik im Weg gestanden und neue Ideen erstickt.

Otto Wels, der Parteiführer, und Rudolf Hilferding, der Ideologe, personifizierten gewissermaßen die ganze Schwäche, das ganze Unglück der Weimarer Sozialdemokratie. Wels war zweifellos ein tüchtiger Funktionär, bodenständig, fleißig und gerissen. Aber als Politiker mangelte es ihm an Weitblick und Ausstrahlung. Er war allein ein Mann der Arbeiterbewegung,

So wie hier in Berlin sah es zu Beginn der dreißiger Jahre vor vielen Arbeitsämtern der Republik aus. Die Schlangen waren lang, die Verzweiflung der betroffenen Menschen war groß. Immer wieder kürzten die Präsidialkabinette das Arbeitslosen- und Wohlfahrtsgeld. 1932 schließlich erhielt fast ein Viertel der sechs Millionen offiziell registrierten Erwerbslosen keine Leistungen mehr. Der Sozialstaat brach zusammen, als er am dringendsten gebraucht wurde. Das kostete die Sozialdemokraten Wählerstimmen.

gefangen in ihrem Organisationskosmos. Schon als Kind war er mit diesem Milieu vertraut, in der Gaststätte seiner Eltern trafen sich regelmäßig Sozialdemokraten. Er erlernte das Tapeziererhandwerk, ging auf Wanderschaft, wurde in seinem Verband Gewerkschaftsfunktionär, bekam dann einen Posten als Parteisekretär in der Provinz Brandenburg. Der Vorstoß an die Spitze der MSPD gelang ihm nach dem Ersten Weltkrieg, als er den zum Reichspräsidenten aufgestiegenen Friedrich Ebert als Parteivorsitzenden ablöste.

Wie Ebert war Wels ganz und gar ein Mann der Partei. Er beherrschte sie, weil er die Techniken und Instrumente der Organisation beherrschte. Und er trat autoritär auf, war cholerisch, sprang grob mit seinen innerparteilichen Gegnern um; in der Weimarer Zeit nannte man ihn «Diktator Wels». Doch erzielte er nur in der eigenen Partei diese Wirkung, nach außen machte er wenig Eindruck. Auch seine Rhetorik griff nur im eigenen Milieu; seine Reden waren voller derber Formulierungen, und er sprach bellend, variationslos, unmelodiös. Wels «fühlte sich nur stark, wo er sich zu Hause fühlte, in der Partei, im Kreise der Arbeiter, von denen er einer war», erinnerte sich später der Chefredakteur des «Vorwärts», Friedrich Stampfer. Wels verkörperte das Milieu, die Arbeiterschaft, die sozialdemokratische Binnenkultur. Der Partei ordnete er auch die Reichstagsfraktion unter, die den Vorgaben des Vorstandes strikt zu folgen hatte.

Von Wirtschaftspolitik verstand Wels so wenig wie die meisten Sozialdemokraten. Da vertraute er, so wie sich August Bebel auf Karl Kautsky verlassen hatte, ganz seinem Theoretiker, Rudolf Hilferding. Wahrscheinlich war Hilferding im Vergleich zu Kautsky sogar der originellere, der kreativere Kopf. Sein Hauptwerk, «Das Finanzkapital», wurde allgemein bewundert, eine Zeitlang gar als Fortführung des Marx'schen «Kapitals» gelobt. Dergleichen hatte Kautsky, eher ein pedantischer als ein schöpferischer Mensch, nicht zustande gebracht. Dabei war auch Hilferding nur Autodidakt, wenngleich auf andere Weise als Bebel und Wels. In Wien war er als Spross einer jüdischen Mittelschichtfamilie aufgewachsen, hatte dort Medizin studiert und zunächst als Kinderarzt praktiziert. Der politischen Ökonomie galt lange nur sein privates, nicht sein professionelles Interesse. Im Übrigen liebte er die Kaffeehäuser, in Wien ebenso wie – nach seinem Umzug – in Berlin. Während die im Café Josty geführten Gespräche mit anderen Intellektuellen ihn befriedigten, fiel es ihm schwer, etwa nach seinen Referaten auf Parteiversammlungen, mit Arbeitern zu reden. Natürlich war die Arbeiterklasse auch – und gerade – für Hilferding das Subjekt des Sozialismus, aber im Alltag der bürgerlichen Gesellschaft grenzte er die unmittelbaren Kontakte zu diesem Subjekt doch so weit wie möglich ein. Eine Basis in der Partei hatte er daher nicht, und es lag allein an den massiven Interventionen von Otto Wels, dass er Wahl für Wahl einen Platz auf der Reichsliste der Sozialdemokraten erhielt.

Gewiss, die Partei brauchte Hilferding. Jedenfalls glaubte sie das, denn er war einer der wenigen deutschen Sozialdemokraten, die sich in der Wirtschafts-, Finanz- und Währungspolitik auskannten. Zweimal machte sie ihn zum Reichsfinanzminister, 1923 und 1928/29, und Hilferding versagte

Rudolf Hilferding (1877–1941) war in den Weimarer Jahren der Vordenker der Sozialdemokraten. Anders als Karl Kautsky, der theoretische Kopf der Bebel-SPD, mischte er auch in der praktischen Politik mit, als Reichstagsabgeordneter und Minister für Finanzen. Doch fehlte Hilferding als Politiker die Fortune, und als Theoretiker blieb er zu sehr Fatalist – am Ende scheiterte er in beiden Bereichen.

kläglich. Er war kein Politiker mit praktischen Begabungen, ja wahrscheinlich überhaupt einer der unpraktischsten Menschen in der SPD-Führung. Zwar konnte er jederzeit die gesellschaftspolitischen Konstellationen analysieren und schöne marxistische Begriffe für sie finden, aber Politik gegen Widerstände durchzusetzen, im eigenen Ministerium Ordnung zu schaffen, störrische Beamte zu disziplinieren – das vermochte er nicht. Wie so viele bildungsbürgerliche Theoretiker, die sich dem Sozialismus verschrieben hatten, war Hilferding Melancholiker, ein Fatalist. Mit oft geistreichen Argumenten legitimierte er die Passivität der Sozialdemokraten, ihren Entwicklungsdeterminismus. Schon Carl von Ossietzky hat dies kritisiert, sicher etwas scharf, aber doch nicht falsch: «Seine Rede ist die des Mannes, der sich nur mit den großen Linien abgibt und sich um Kleinigkeiten nicht kümmert. Er bleibt immer der gelehrte Marxist, systemgläubig, mathematisch exakt, aber ohne das Wesentliche des führenden Menschen, ohne den Funken, ohne die Witterung des Irrationalen hinter den Dingen.»

Aber weder die Organisationsfixierung eines Wels noch die Praxisferne eines Hilferding war zu Beginn der dreißiger Jahre das entscheidende Problem der Sozialdemokraten; entscheidend war, dass die bürgerliche Mitte sich immer weiter nach rechts orientierte. Am Ende war dann die NSDAP die Partei der sozialen Mitte. Die Mitte war in Weimar rechts, schließlich rechtsextrem. Und daran zerbrach die Republik. Man kann den Sozialdemokraten nur vorwerfen, dass es ihnen in dieser Zeit nicht gelang, stärker in das gesellschaftliche Zentrum vorzudringen. Ihnen fehlte ein verlässlicher Bündnispartner für die Verteidigung des Weimarer Staates. Als *andere* die Republik zerstörten, standen sie, wie so oft und so lange in ihrer Geschichte, einsam und allein da.

7. Im Nationalsozialismus: Die Versuchung der «Volksgemeinschaft»

Die Sozialdemokraten waren in der Weimarer Republik gescheitert, aber sie gehörten nicht zu jenen, die die Nationalsozialisten an die Macht hievten. Und nach dem 30. Januar 1933, als Hitler die Macht übertragen wurde, weigerten sie sich, dem neuen Reichskanzler scheinlegale Mittel für die Installierung seiner braunen Diktatur zu beschaffen. Das, wir sahen es, isolierte die Sozialdemokraten, doch es machte sie auch stolz. Stolz sind sie bis auf den heutigen Tag und mit Recht auf ihr Verhalten am 23. März 1933. An diesem Tag ließ sich Hitler von den Abgeordneten des Reichstags dazu ermächtigen, Gesetze wider die Verfassung und ohne Zustimmung der Legislative erlassen zu können. Damit entzog sich der Reichstag die eigene Existenzgrundlage. Und alle, ausnahmslos alle bürgerlichen Abgeordneten votierten für die Ermächtigung Hitlers. Allein die Sozialdemokraten stimmten dagegen, und das geschlossen. Für das Selbstverständnis und die Geschichtsdeutung der Sozialdemokraten ist das elementar: Man hat sie unter dem Sozialistengesetz verfolgt, dann wieder und schlimmer noch unter Hitler. Aber sie widerstanden tapfer, gaben nicht klein bei, während das deutsche Bürgertum sich in beiden Fällen opportunistisch auf die Seite der Unterdrücker schlug.

Unglück und Stolz – das gehört für die deutschen Sozialdemokraten historisch eng zusammen. Der 23. März war ein zutiefst unglücklicher, trauriger, bedrückender Tag, und doch gibt es wohl keinen zweiten in der Geschichte, auf den sie so stolz, so selbstbewusst, fast triumphierend zurückblicken können. Schließlich hatten sie allem Druck und Terror getrotzt, sich nicht davon entmutigen lassen, dass einige ihrer Abgeordneten in den Wochen vor dem 23. März inhaftiert und in Konzentrationslager gesteckt worden

Sozialdemokratische Häftlinge im August 1933 beim «Appell» im Konzentrationslager Oranien-
burg, darunter Kurt Magnus, Hans Flasch, Hermann Friedrich Ebert und Ernst Heilmann. Heilmann
– bis 1933 Fraktionsvorsitzender der SPD im Preußischen Landtag – galt als entscheidende Stütze
der Regierung Braun/Severing. Schon deshalb hassten ihn die Nationalsozialisten. Überdies war
er jüdischer Herkunft. Im Juni 1933 verhaftete ihn die Gestapo in seinem Stammlokal, dem Café
Josty in Berlin; es folgte eine ungeheuerliche Leidensgeschichte voller Demütigungen und Qualen,
ein langer Weg durch mehrere Konzentrationslager. Im April 1940 wurde Heilmann in Buchenwald
ermordet.

waren. Auch die grölenden SA-Horden, die sich vor dem Portal der Kroll-
Oper aufgebaut hatten, in der die Reichstagssitzung stattfand, konnten sie
nicht einschüchtern. Und ihr Parteivorsitzender Otto Wels ignorierte die
ständigen hämisch-drohenden Zwischenrufe der nationalsozialistischen
Abgeordneten, als er ernst, würdevoll und standfest das Votum seiner Fraktion gegen das Ermächtigungsgesetz begründete. Es war die letzte große,
erhabene Geste einer im Übrigen unglücklichen Partei. Niemand hat das
schärfer beobachtet als der Berichterstatter der liberalen «Frankfurter Zeitung», der über die Rede von Otto Wels schrieb: «Seine verschleierte Stimme

klang tiefernst. Verhaltenes Pathos, moralische Rechtfertigung, moralischer Appell. Eine Rede in der denkbar schwierigsten Situation – anständig, mutig, zuweilen sogar in gedämpfter Form aggressiv. Man findet den ganzen Jammer heraus, der heute diese wohlmeinende, aber nicht vom Glück verfolgte Partei befallen hat.»

Doch natürlich knickten Teile der sozialdemokratischen Arbeiterbewegung auch ein. Große Organisationen wollen sich möglichst erhalten, sie opfern sich nicht für ein idealistisches Prinzip. Sie mögen oft starr und unbeweglich sein, aber wenn es um ihre Existenz geht, dann reagieren sie rasch und flexibel, setzen auf Arrangement, nicht auf Konflikt. Innerhalb der Arbeiterbewegung zeigte sich das am deutlichsten bei den Gewerkschaften. Zu Beginn der nationalsozialistischen Herrschaft hofften sie, sich mit den neuen Machthabern verständigen zu können. In vorauseilendem Gehorsam distanzierten sie sich von der SPD, gaben sich außerordentlich national und begrüßten Mitte April 1933 das Vorhaben der braunen Regierung, den 1. Mai zum staatlichen «Feiertag der nationalen Einheit» zu machen. Die Gewerkschaftshäuser waren mit schwarz-weiß-roten Farben beflaggt, und die Funktionäre nahmen an den staatlich dekretierten Maikundgebungen teil. Aber bereits am nächsten Tag sollten die Gewerkschaften lernen, dass man nicht mehr das Jahr 1890 schrieb, auch nicht 1914, dass nicht Bismarck oder Bethmann Hollweg als Kanzler amtierte, sondern Adolf Hitler: Am 2. Mai 1933 besetzten SA-Truppen und SS-Einheiten die Häuser, Redaktionen und Banken des Allgemeinen Deutschen Gewerkschaftsbundes (ADGB) und inhaftierten seine Führer. All die peinlichen Anbiederungsversuche hatten nichts genutzt; die Gewerkschaften wurden von den Nationalsozialisten zerschlagen.

Zweieinhalb Wochen später erlebte auch die Rumpffraktion der SPD im Reichstag, dass die neuen Machthaber durch Wohlverhalten nicht zu mäßigen waren. Die SPD-Fraktion, deren wichtigste Protagonisten inzwischen emigriert waren, stimmte am 17. Mai Hitlers Friedensresolution zu. Für einen kurzen Augenblick schien vieles so wie am 4. August 1914. Als der Reichstag die Vorlage des NS-Diktators einstimmig billigte, stand das ganze Haus applaudierend auf und sang einträchtig das Deutschlandlied. Doch dies half den Sozialdemokraten nicht, am Tag darauf ging die Verfolgung ihrer Aktivisten in unverminderter Brutalität weiter. Und am

VÖLKISCHER BEOBACHTER

Die Sozialdemokratische Partei Deutschlands verboten

Am 22. Juni 1933 wurde die
SPD vom nationalsozialistischen Innenminister Wilhelm
Frick verboten. Zwölf Jahre
– so lange wie unter dem
Bismarck'schen Sozialistengesetz – dauerte es, bis die
Sozialdemokraten wieder legal
zusammenkommen konnten.
Im Übrigen aber unterschied
sich die Unterdrückung im
Kaiserreich fundamental von
der im Nationalsozialismus.
Zwischen 1878 und 1890
saßen die wichtigsten Anführer
der Sozialdemokratie noch im
Parlament, zwischen 1933 und
1945 steckten sie in Konzentrationslagern oder mussten
emigrieren. Nach 1933 gab
es keinerlei rechtsstaatlichen
Schutz mehr.

22. Juni 1933 wurde die Sozialdemokratische Partei in Hitler-Deutschland
verboten.

Von nun an gewann unter den Sozialdemokraten wieder das Bedürfnis
nach Radikalität, nach einer scharfen Abgrenzung von allen bürgerlichen
Schichten, nach einem schroffen Bruch mit der kapitalistischen Gesellschaft, nach der befreienden sozialistischen Revolution die Oberhand. Im
Januar 1934 stellte der nach Prag exilierte Parteivorstand, die sogenannte
SOPADE, ein neues Programm vor, das sich wie eine Generalabrechnung
mit der eigenen reformistischen Vergangenheit – besonders seit November
1918 / 19 – las. Alles sollte jetzt anders werden; die Sozialdemokraten wollten
wieder entschiedene Revolutionäre sein, und dem bourgeoisen Feind kündigte man erbitterte Gegenwehr an. Die Formulierungen des Programms

92

waren nicht mehr so pathetisch und schwülstig wie in früheren Jahren, sie waren härter, rigider, entschlossener. «Im Kampf gegen die nationalsozialistische Diktatur», so begann das Manifest, «gibt es keinen Kompromiss, ist für Reformismus und Legalität keine Stätte. Die sozialdemokratische Taktik ist allein bestimmt durch das Ziel der Eroberung der Staatsmacht, ihrer Festigung und Behauptung zur Verwirklichung der sozialistischen Gesellschaft. Die Taktik bedient sich zum Sturz der Diktatur aller diesem Zweck dienenden Mittel. Der revolutionäre Kampf erfordert die revolutionäre Organisation. Die alte Form, der alte Apparat ist nicht mehr, und Versuche zu seiner Wiederbelebung entsprechen nicht den neuen Kampfbedingungen.» Und das Programm schloss mit dem Ausruf: «Es lebe die revolutionäre Sozialdemokratie, es lebe die Internationale!»

«Revolutionär» war bei den illegalen und emigrierten Sozialdemokraten also nun ein beliebtes Schlagwort. Aber es aufzuschreiben fiel leichter, als es in der Realität mit Inhalt zu füllen. Schließlich waren die Sozialdemokraten in ihrer Geschichte nie Revolutionäre gewesen. Sie hatten zwar viel von Revolution geredet und sich am Zauber dieses Begriffs, dieses Versprechens berauscht. Doch stets war es der Boden des Verfassungsstaates, auf dem sie standen, ordentlich, legal, Recht und Gesetz achtend. Ihre gesamte Organisation war zugeschnitten auf Versammlungen, Kundgebungen, Demonstrationen, Schulungen, Propagandafahrten, kurz: auf Öffentlichkeit; ihre Organisationskultur war immer eine öffentliche Kultur. Für Verschwörertum war sie nie gedacht und nie gemacht, selbst nicht in der Zeit des Sozialistengesetzes, die im Übrigen auch schon ein halbes Jahrhundert zurücklag. Die Sozialdemokraten mochten sich in Prag zwar revolutionäre Formeln in ihr Manifest schreiben, aber sie konnten keine revolutionäre Organisation werden. Sie hatten nicht die Struktur und die Erfahrung, auch nicht das nötige Personal und ganz sicher nicht das Unbekümmert-Hasardeurhafte, das für umstürzlerische Militanz wohl nötig ist. Als Ganzes jedenfalls konnte die traditionell massendemokratische SPD nicht in den revolutionären Untergrund wechseln.

Dazu waren noch am ehesten kleine, elitäre Kadergruppen fähig, von denen es seit den letzten Jahren der Weimarer Republik einige im Umfeld der Sozialdemokratie gab. Sie nannten sich «Rote Kämpfer», «Neu Beginnen» oder «Internationaler Sozialistischer Kampfbund». Bereits in der Zeit

Viele Sozialdemokraten, die zwischen 1933 und 1945 keinen aktiven Widerstand gegen die Nationalsozialisten leisten konnten, trafen sich in kleinen Kreisen, wahrten ihre Traditionen und hofften so, die Diktatur unversehrt zu überstehen. Schon eine rote Fahne zu den Zusammenkünften mitzunehmen – wie hier die früheren Magdeburger Jungsozialisten bei einer geheimen Maifeier am Ufer der Elbe –, erforderte Mut.

der Präsidialkabinette hatten sie damit begonnen, sich auf die Illegalität vorzubereiten, und mitunter sehr verschwörerisch getan. Natürlich war da eine Menge revolutionärer Romantik im Spiel, aber die linkssozialistischen Zirkel hatten nach dem 30. Januar 1933 immerhin die Strukturen, die man benötigte, um in einer Diktatur aus dem Untergrund heraus agieren zu können. Und ihre Aktivisten waren meist in dem jugendlichen Alter, in dem man sein muss, um etwas wagen und riskieren zu können. In der Regel hatten sie noch keine Familien, für die sie Verantwortung hätten tragen und um die sie sich hätten sorgen müssen; die Bereitschaft zum aktiven Widerstand war eben auch eine Frage des Alters und der privaten Lebensumstände.

Doch selbst in den linkssozialistischen Kadergruppen ging es nicht sonderlich revolutionär zu; sie waren keine zu allem entschlossenen Umsturzorganisationen, hier wurden keine Anschläge geplant und keine

Sabotageakte verabredet. Die jugendlichen Linkssozialisten waren viel sozialdemokratischer, als sie glaubten. Sie setzten nicht auf Sprengstoff und Waffen, sondern auf Broschüren und Flugblätter. Der linkssozialistische und sozialdemokratische Widerstand in den ersten beiden Jahren des Nationalsozialismus war ein Widerstand der Worte, der Schrift. Die Sozialdemokraten vertrauten unverdrossen auf die Macht der Aufklärung und des besseren Arguments, nicht auf Gewalt.

Insofern war der sozialdemokratische Widerstand trotz der Revolutionspostulate im Prager SOPADE-Manifest traditionell, weimarianisch. Nur war er, gezwungenermaßen, stärker binnenzentriert, da die meisten Broschüren lediglich unter den verlässlichen Aktivisten und Funktionären zirkulierten, etwa 200 000 Leute im Deutschen Reich. Er richtete sich zuerst an die eigene Truppe, sollte ihren Zusammenhalt sichern und ihre Moral stärken. Schon das war gefährlich genug. Es war eben nicht die Zeit des Sozialistengesetzes, als Bismarck das Briefgeheimnis noch streng respektiert hatte, sondern die Zeit der Gestapo, die etwa zwei Jahre benötigte, um die sozialdemokratischen Verteilergruppen aufzuspüren, zu enttarnen und brutal zu zerschlagen. Danach unternahmen die Sozialdemokraten keinen neuen Versuch, organisiert Schriften im Land zu verbreiten. Die früheren Funktionäre beschränkten sich auf vorsichtige Kontakte vor Ort, zu alten Freunden und Genossen, bei Ausflügen, kleinen Geselligkeiten oder Familientreffen. Sie halfen sich untereinander und hielten sich wechselseitig auf dem Laufenden, verzichteten aber auf jede außerparlamentarische Aktion; sie warteten auf das Scheitern Hitlers. Nach 1935 war es jedenfalls vorbei damit, dass Sozialdemokraten regimekritische Plakate aufhängten oder Parolen an Fabrikschlote pinselten.

Das lag allerdings nicht nur an der Furcht vor der Gestapo. Die jungen Aktivisten der illegalen Sozialdemokratie hatten nun einfach nicht mehr die Zeit, ihre Aktionen so akribisch vorzubereiten und exakt aufeinander abzustimmen – die meisten von ihnen standen nämlich Mitte der dreißiger Jahre wieder in Lohn und Brot. Der frühe sozialistische Widerstand gegen den Nationalsozialismus hatte davon gelebt, dass es viele arbeitslose junge Menschen gab, die unzufrieden waren und über reichlich freie Zeit verfügten. 1935 / 36 nahm die Arbeitslosigkeit jedoch sehr stark ab, und 1938 klagte die deutsche Rüstungsindustrie sogar über Facharbeitermangel. Diese Ent-

Vielen Arbeitern, die 1934 für den Bau der Reichsautobahnen eingeteilt waren, wird der Hitlergruß nicht gefallen haben. Doch das Regime bemühte sich um die Arbeiterschaft, versuchte sie durch Gratifikationen und Prämien mit dem System zu versöhnen. Als sich die Konjunktur wegen der Rüstungsproduktion belebte – 1937 herrschte Vollbeschäftigung –, regte sich kaum noch Widerstand. Zwischen 1937 und 1941 war das Gros der Arbeiter nicht unzufrieden mit dem NS-System. Die sozialistischen Überzeugungen verblassten.

wicklung entzog dem sozialistischen Antifaschismus bis zu einem gewissen Grad den Boden.

Seit 1930, als die Nationalsozialisten ihren Stimmenanteil von 2,6 Prozent auf 18,3 Prozent hatten steigern können und zur zweitstärksten Fraktion im Reichstag wurden, seit dieser Zeit verkündeten die Sozialdemokraten, dass eine Regierung Hitler für die Arbeiter Ausbeutung, Knechtschaft und Versklavung bedeuten würde. 1936 aber glaubten wohl die wenigsten Arbeiter, dass es ihnen schlechter ging als etwa 1930, als die Sozialdemokraten noch an der Regierung beteiligt waren und die Gewerkschaften noch existierten. Das war ein ernstes Problem für die sozialdemokratische Widerstandsarbeit. Gerade junge Arbeiter, die in den späten zwanziger Jahren ihre Lehre abgeschlossen hatten, erinnerten sich nicht gern an ihre Lage in der Weimarer Republik. Die meisten hatten über Jahre keine Arbeit gefunden, alles schien damals aussichtslos, und die Gesellschaft war aus den Fugen geraten. 1936 dagegen herrschte für viele wieder Normalität, die jugendlichen Langzeitarbeitslosen fanden plötzlich Stellen, und in ihr Leben kehrte Ruhe und Stabilität zurück. Sie konnten zum ersten Mal ihre Zukunft planen, konnten heiraten, Kinder zeugen, Wohnungen einrichten. Hunderttausende junger Leute, die sich all das zuvor nicht getraut hatten, sahen für sich selbst nun eine Perspektive. Ohne Zweifel: In der Phase des Rüstungsbooms, zwischen 1936 und 1939, schöpfte die junge Generation der deutschen Arbeiterklasse wieder ein Stück Lebensmut, der ihr gegen Ende der Weimarer Republik abhanden gekommen war.

In den Jahren des Nationalsozialismus entfernten sich immer mehr junge Arbeiter von der Erfahrungswelt der alten Arbeiterbewegung. Das lag nicht nur am Verbot von SPD, KPD und Gewerkschaften, sondern auch daran, dass das Dritte Reich Arbeitern Chancen bot, die bis dahin nicht für sie existiert hatten. Lohnformen wurden stärker individualisiert und nach Leistung gestaffelt. Für Zusatzarbeiten, Sonderschichten, Überstunden und besondere Qualifikationen gab es Prämien, Gewinnbeteiligungen oder sonstiges Entgelt. Wer fleißig war, der konnte gut verdienen, das war der Eindruck, der sich bei den jungen Arbeitern verfestigte. Bei ihnen kam die Parole «Freie Bahn den Tüchtigen», die Mitte der dreißiger Jahre in Nazi-Deutschland ausgegeben wurde, gut an. Nie hatten die Arbeiter in Deutschland so viel Geld nach Hause gebracht wie in den Vorkriegsmonaten des Jahres 1939; selten zuvor hatten die Jungen so sehr die Hoffnung, durch individuellen Einsatz beruflich aufsteigen zu können.

Vor diesem Hintergrund verblassten die Solidaritätsnormen der klassischen Arbeiterbewegung; das war bereits ein erster Abschied von der alten SPD und von der alten Weimarer Klassengesellschaft. Hier begann etwas, das sich, unterbrochen durch den Zweiten Weltkrieg, im «Wirtschaftswunder» der jungen Bundesrepublik fortsetzte; ja, im Grunde hatte es schon früher angefangen, in den sogenannten «Goldenen Jahren» der Weimarer Republik, war dann aber von der Wirtschaftskrise 1929 erstickt worden. Es geht um den kulturellen Wandel, der zwischen 1924 und 1929 erkennbar wurde, von 1936 bis 1939 erneut mächtig auflebte und sich schließlich ab

Einwohner von Neapel begrüßen deutsche Urlauber, die mit der NS-Tourismusorganisation «Kraft durch Freude» (KdF) im Oktober 1937 Italien besuchen. KdF-Reisen waren billig und populär, auch bei den Arbeitern: 1938 nutzte jeder dritte von ihnen das Angebot. Die Fern- und Seereisen konnten sich zwar meist nur Angehörige der Mittelschichten leisten, doch für Fahrten an die Ost- und Nordseestrände oder in den Thüringer Wald reichte bei Arbeitern das Geld schon. Auch das versöhnte mit dem Regime. Und man gewöhnte sich an Urlaub und Tourismus. Die Freizeitgesellschaft zeichnete sich ab.

Mitte der fünfziger Jahre endgültig Bahn brach: der Wandel weg von den kollektiven und politischen Milieukulturen, hin zur individualistischen Freizeit- und Konsumgesellschaft.

Wichtig für die Freizeitgesellschaft war der Urlaub. Die Nationalsozialisten führten einen Mindesturlaub ein; der Urlaubsdurchschnitt lag in der zweiten Hälfte der dreißiger Jahre bei neun Tagen. Auch den Tourismus förderten die Nationalsozialisten kräftig, indem sie die Organisation «Kraft durch Freude» (KdF) ins Leben riefen. Deren Angebot nutzten 1939 immerhin 10,3 Millionen Menschen; jeder dritte Arbeiter nahm damals an einer KdF-Reise teil, die ihn zwar nicht nach Madeira, aber doch in die deutschen

Mittelgebirge oder an die Nord- und Ostseestrände führte. Das war ohne Zweifel eine neue Erfahrung für die Arbeiter in Deutschland. Im normalen Alltag änderte sich ebenfalls viel. Die Menschen in den Großstädten besuchten immer häufiger Kinos und Cafés oder amüsierten sich abends in den Tanzsälen. An den Wochenenden verzeichneten die Ausflugslokale Rekordbesuch. Das war natürlich oft auch eine Flucht vor der enervierenden nationalsozialistischen Propaganda. Aber so gewöhnten sich die Deutschen, die Arbeiter eingeschlossen, an eine neue Kultur des individuellen Konsums, der Zerstreuung und unpolitischen Geselligkeit, die leichter und unangestrengter war als die oft doch ernste, auch in der Freizeit immer noch auf Arbeit und Bildung ausgerichtete sozialdemokratische Arbeiterkultur früherer Jahrzehnte.

Eine wichtige Rolle spielte fortan das Radio. Zwar hatte es den Rundfunk schon in Weimarer Zeiten gegeben, aber damals waren die teuren Geräte eigentlich nur für Angehörige der Mittelschichten erschwinglich, und die Sendungen konnten auch nicht überall in Deutschland empfangen werden. Erst die serielle Produktion des «Volksempfängers» nach 1933 brachte das Medium in die Arbeiterfamilien. Das aber änderte das Freizeitverhalten der Arbeiter gewaltig; viele verbrachten nun die Abende und den Sonntag im Familienkreis, hockten sich mit Frau und Kindern in die Küche, um gemeinsam Radio zu hören. Die Treffen mit den Betriebskollegen in der angestammten Kneipe verloren ihre Selbstverständlichkeit. Das war ein bedeutsamer Wandel gegenüber der Arbeiterkultur in Weimar: Nicht die Straße, die Nachbarschaft, die Gastwirtschaft, das Volkshaus und der Arbeiterverein bildeten den Mittelpunkt der Freizeit, sondern die eigenen vier Wände, die eigene Familie. Das Arbeiterleben wurde im Lauf der dreißiger Jahre privater; die Wohnstube ersetzte mehr und mehr das Milieu.

Nach Stalingrad, nach der Kriegswende, als dann auch auf deutsche Städte Bomben fielen, verstärkte sich der Rückzug ins Private noch. Diesmal allerdings war es oft ein Rückzug aus der nationalsozialistischen Gesellschaft, denn das alte Misstrauen der Arbeiter gegen Hitler und das ganze braune Gesindel kehrte wieder. Die Sozialdemokraten, dachten viele, hatten mit ihrer düsteren Prophezeiung, dass Hitler Krieg und Verderben bringen würde, doch recht gehabt. Aber zugleich war die Flucht ins Private

In den Jahren der Weimarer Republik war das Radio vor allem bei Großstädtern und im Mittelstand verbreitet, kaum bei Landbewohnern oder Arbeitern. Das änderte sich nach 1933 mit der seriellen Produktion des «Volksempfängers», die die Nationalsozialisten nicht zuletzt zu Propagandazwecken förderten. 1939 besaßen rund zwei Drittel aller deutschen Haushalte ein Radio, und im Krieg stieg die Zahl noch weiter an. Durch das Radio änderte sich das Freizeitverhalten der Arbeiter nachhaltig. Sie verbrachten ihren Feierabend nun immer häufiger zu Hause mit der Familie vor dem Rundfunkgerät und seltener im Kreis der Kollegen, in der Kneipe oder im Verein. Das Radio entkollektivierte das Arbeitermilieu.

auch bereits eine Flucht aus der Kollektivität überhaupt, aus den großen politischen Ansprüchen und Massenappellen.

Am Ende des Dritten Reichs war das sozialistische Milieu jedenfalls im Kern beschädigt. Die Nationalsozialisten hatten das Verbindungsstück zwischen den sozialdemokratischen Eliten und den oft eher unpolitischen Arbeitern zerstört: das Vereinssystem. Der Verein war die entscheidende Ressource für die kulturelle und politische Entwicklung der Arbeiterbewegung. Mit dem Verbot der Arbeitervereine verlor das sozialdemokratische Milieu sein Fundament, ja sein Herz, lockerte sich vor allem die Bindung zwischen Elite und Basis.

Es gab auch erhebliche Erfahrungsunterschiede: Anders als viele Arbeiter, die die Vorkriegszeit als eine Zeit des wirtschaftlichen Aufstiegs und der sozialen Integration erfuhren, erlebten die ehemaligen Funktionäre und Führer der Sozialdemokratie die Jahre des Nationalsozialismus als einen

Es wurde viel getanzt in den Jahren vor dem Zweiten Weltkrieg. Man war froh, die düstere Zeit der großen ökonomischen Depression ab 1929 hinter sich gelassen zu haben. Und man war froh, nicht immer nur strammstehen, im Gleichschritt marschieren oder Propagandareden anhören zu müssen. Tanzen war ein Ventil. Das konnte nach Art des «Wandervogels» sein, wie auf diesem Bild, es konnte aber auch mondäner, ja fast «amerikanisch» zugehen, besonders in den Großstädten. Bars und Tanzschuppen hatten in den späten dreißiger Jahren großen Zulauf.

einzigen sozialen Abstieg; sie wurden gedemütigt, verfolgt und eingeschüchtert. Ihre hauptamtlichen Posten als Redakteure, Parlamentsabgeordnete, Stadträte oder Genossenschaftsverwalter hatten sie verloren, nun mussten sie sich häufig als Hausierer oder Hilfsarbeiter durchschlagen. Und fortwährend mit der Angst leben, dass die Gestapo plötzlich vor der Tür stand, sie mitnahm, verhöhnte und folterte, vielleicht gar tötete. Für die ehemaligen Parteiaktivisten waren das traumatische Jahre, und ihr Hass auf das Bürgertum und die kapitalistische Gesellschaft nahm nach 1933 stetig zu. Schon der ständige Druck von außen sorgte dafür, dass sie ganz und gar Sozialisten des klassischen Milieus blieben.

Im früheren «Fußvolk» des Milieus dagegen entwickelten sich die Dinge in eine andere Richtung. Es war nach 1933 ökonomisch und sozial nicht weiter abgestürzt. Im Gegenteil, für viele Arbeiter waren die Vorkriegsjahre Jahre der materiellen Stabilisierung, ja oft standen sie sich wirtschaftlich sogar besser. Es war unverkennbar, dass das Regime zwar die früheren sozialdemokratischen Eliten aus der «Volksgemeinschaft» ausgrenzte, gleichzeitig aber um die Zustimmung der gewerblichen Arbeitermassen buhlte.

Vor allem der Sport erwies sich als ein Mittel der Integration. Zwar waren die bisherigen Organisationen der Arbeitersportler im Frühjahr 1933 verboten worden, aber wer nun einmal gern Fußball spielte, Leichtathletik trieb, turnte oder schwamm, ging nach kurzem Zögern in einen sogenannten bürgerlichen Verein. Doch so bürgerlich waren die Vereine oft gar nicht, denn auch hier – besonders in Fußballvereinen im DFB – dominierten Arbeiter oder Angestellte, die sich allerdings für Politik nicht sonderlich interessierten. In diesen Vereinen hieß man die Arbeitersportler nach 1933 willkommen, zumal dann, wenn sie gute Leistungen brachten. Die Arbeiter aus dem früheren sozialdemokratischen Milieu gewöhnten sich an ihre neuen Vereine, sahen in ihnen mit der Zeit eine neue Heimat; die früheren Klassen-, Milieu- und Weltanschauungsgrenzen verwischten sich so allmählich. An der Basis des alten Milieus wurde der antibürgerliche Affekt immer schwächer.

Das galt gewiss für die Jüngeren mehr als für die Älteren. Den über Dreißigjährigen fiel es sehr viel schwerer, in die lange bekämpften Vereine des Klassenfeindes einzutreten. Und sie taten es auch nur in wenigen Fällen. Zudem waren sie nicht sonderlich gefragt, da ihre beste Zeit als aktive Sportler bereits vorbei war. Aber im Großen und Ganzen hingen die Alten einfach mehr an ihren früheren Organisationen, waren treuer und loyaler als die Jüngeren.

Nun hatten die ganz Jungen in der industriellen Arbeiterschaft die Kultur und das Organisationswesen des sozialdemokratischen Milieus auch gar nicht mehr richtig kennengelernt. Wer 1918, 1919 oder 1920 geboren wurde, der war 1932 einfach noch zu jung, um beispielsweise an der Arbeiterbildung beteiligt gewesen zu sein. Im Gegenteil, diese Geburtsjahrgänge wurden entscheidend vom Nationalsozialismus geprägt; ihre Lehre schlossen sie in der Anfangsphase des Dritten Reiches ab, und von da an gerieten sie für mehr als ein Jahrzehnt in eine männerbündische Soldatengemeinschaft. Erst mussten sie zum Reichsarbeitsdienst, dann hatten sie der 1936 wiedereingeführten allgemeinen Wehrpflicht nachzukommen, ab 1939 kämpften sie an den verschiedenen Kriegsfronten, und zuletzt, nach 1945, folgte oft genug die Gefangenschaft. Als die Angehörigen dieser Generation mit etwa dreißig Jahren nach Deutschland zurückkehrten, waren sie müde und erschöpft. Sie strebten nach privater Ruhe und Wohlstand, nicht aber nach einer neuen Ideologie oder politischer Polarisierung. In dieser Generation – der Kohorte Helmut Schmidts – sollte sich der altmarxistische Milieusozialismus am wenigsten restaurieren; sie wurde zum Sockel der langjährigen CDU-Herrschaft in der Bundesrepublik Deutschland.

8. In der SBZ:
Das Debakel des Milieus

Am stärksten war der Milieusozialismus seit jeher in Sachsen, Thüringen und im Raum Magdeburg gewesen. Hier gab es bis 1933 die mit Abstand meisten Arbeitervereine in Deutschland, hier hatten die Freizeitorganisationen der sozialistischen Arbeiterbewegung rund 70 Prozent ihres Grundbesitzes. In Leipzig, Groß-Ottersleben und Chemnitz fand man die großen Bundesschulen und Bundeshäuser der Arbeiterturner, Arbeiterathleten und Arbeitersamariter; im Schloss Tinz nahe Gera drillten die Sozialdemokraten und freien Gewerkschaften ihre Nachwuchskader. Kurz, Mitteldeutschland war im Kaiserreich und in der Weimarer Republik das Zentrum der sozialistischen Arbeiterkultur. Zwischen Magdeburg, Dresden und Jena war die Sozialdemokratie stärker im Milieu verankert als überall sonst im Reich, und das machte die mitteldeutsche SPD bis 1933 zur Speerspitze der nationalen Partei.

Nach 1945 aber trug nicht zuletzt dieses Milieu zum Untergang der Sozialdemokratie in der Sowjetischen Besatzungszone Deutschlands (SBZ) bei. Denn es war, wie gezeigt, nicht rein sozialdemokratisch, sondern ein Einheitsmilieu des Sozialismus, das Anhänger der KPD ebenso wie Anhänger der SPD umschloss. Es schlug im Alltag eine Brücke zwischen Sozialdemokraten und Kommunisten, zwischen denen es sonst tiefgreifende politische Differenzen gab. Die Abgeordneten der KPD und der SPD mochten sich im Dresdner Landtag gegenseitig als «Lumpen» oder «Verräter» beschimpfen, in den sächsischen Gemeinden aber spielten Kommunisten und Sozialdemokraten in demselben Verein Fußball, im Arbeiterchor sangen sie zusammen klassenkämpferische Lieder, sie skandierten dieselben Parolen und redeten sich untereinander als «Genosse» an. Auch die Distanz zum Bürgertum und seiner Kultur einte die beiden Gruppen; sie waren fixiert

Im September 1945 demonstrieren Arbeiter und Bauern in der SBZ für die Aufteilung eines Rittergutes. Die Forderung nach einer Bodenreform verband SPD und KPD, und diese Schnittstelle nutzten Walter Ulbricht und Wilhelm Pieck für die Bildung der SED. Otto Grotewohl, der Sprecher der Ost-SPD, erklärte 1945: «Die politische Seite der Bodenreform ist die Beseitigung des verderblichen Einflusses der Junker auf die Geschicke Deutschlands. Durch Jahrhunderte war der Großgrundbesitz der Träger der Reaktion. Aus ihren Reihen stammten zahlreiche Offiziere, Beamte, Minister und Höflinge. Sie waren die Feinde jeder freiheitlichen Entwicklung in Deutschland.» Dem hätten damals wohl auch die meisten Sozialdemokraten im Westen zugestimmt.

auf die eigene Klasse und auf das gemeinsame Ziel: den Sozialismus. Das Vereinswesen jedenfalls hielt die Anhänger von KPD und SPD – trotz aller politischen Auseinandersetzungen – bis zu einem gewissen Grad zusammen. Und genau daran konnten die Architekten der Einheitspartei in der SBZ 1945 / 46 anknüpfen.

Zu diesen Architekten gehörten auch die Sozialdemokraten. Nach dem Zweiten Weltkrieg propagierten sie im industriellen Mitteldeutschland ausdrücklich die «Einheit der Arbeiterklasse» – und das sogar mit weit größerem Eifer als die zunächst eher zurückhaltenden Kommunisten. In den Landeshauptstädten von Thüringen und Sachsen wollten die Sozialdemokraten anfangs gar nicht erst ihre alte Partei neu gründen, sondern gleich die einheitliche Partei der Arbeiterklasse. Doch dabei machten die Kommunisten nicht mit. In Dresden konstituierte sich die SPD allein deshalb, weil die Kommunisten die Sozialdemokraten dazu gedrängt hatten. Und auf den Landesparteitagen der ostzonalen SPD im Oktober 1945 ernteten alle Redner, die den «Bruderpakt» mit den Kommunisten feierten, stürmischen Beifall der Delegierten. Es war nicht das russische Militär, das dies erzwang; die Sozialdemokraten der Region strebten die Einheit der Linksparteien bis in den frühen Herbst 1945 aus freien Stücken an.

Die Kommunisten hatten bei den mitteldeutschen Sozialdemokraten vor allem durch die Art und Weise, wie sie auf die nationalsozialistische Diktatur reagiert hatten, an Wertschätzung gewonnen. Auf aktiven Widerstand hatten die Sozialdemokraten weitgehend verzichtet; ihnen war es darum gegangen, die Diktatur einigermaßen unversehrt zu überstehen und die Gesinnung im engsten Kreis wachzuhalten. Sie waren realistisch und einfach zu erfahren, um von auf Schornsteinen gemalten Parolen den Sturz eines totalitären Regimes zu erwarten, das zudem viel Rückhalt im Volk besaß. Die Kommunisten, meist sehr viel jünger als die Sozialdemokraten, hatten dennoch Kopf und Kragen riskiert – und Zehntausende von ihnen wurden im Konzentrationslager ermordet. Dieser Mut beeindruckte die Sozialdemokraten. Vor 1933 hatten sie die Kommunisten oft nicht sonderlich ernst genommen, waren genervt vom Verbalradikalismus, der Schlagwortpolitik, den großmäuligen Phrasen der KPD. Unter der NS-Diktatur aber hatten die Kommunisten bewiesen, dass sie nicht nur Sprüche klopfen konnten, sondern, wenn es darauf ankam, auch danach handelten. Als im Frühjahr 1945 die ausgemergelten Kommunisten aus den Konzentrationslagern zurückkehrten, nahmen die Sozialdemokraten die früheren schwarzen Schafe ein wenig schuldbewusst wieder in die sozialistische Familie auf. Sie waren jetzt nicht mehr «Kozis», sondern gute Genossen, Brüder im sozialistischen Geiste. Auch das war Humus für die Einheitspartei.

Natürlich hatten die mitteldeutschen Sozialdemokraten, die sich im Sommer 1945 für eine Einheitspartei der Arbeiterbewegung aussprachen, nicht die trübe Realität der späteren SED-Diktatur vor Augen. Vielmehr hatten sie

rückwärtsgewandte, sentimentale Beweggründe, wünschten sie sich doch
die Sozialdemokratie des Kaiserreichs zurück, als die Arbeiterbewegung
noch parteipolitisch geschlossen und voller Optimismus war. Weimar und
die Spaltung der Arbeiterbewegung sollten ungeschehen gemacht werden;
denn diese Zeit stand für schwere Niederlagen, gerade der Sozialdemokraten in Sachsen und Thüringen, die nach 1918 schlimmere Rückschläge
erlitten hatten als ihre Parteifreunde im übrigen Deutschland. Die neue
sozialistische Einheitspartei, wie sie den Sozialdemokraten 1945 vor-
schwebte, sollte die alte Partei August Bebels sein, gewiss nicht die Walter
Ulbrichts.

Im Herbst 1945 schlug allerdings bei vielen Sozialdemokraten die Stimmung um, und am Jahresende war die anfängliche Begeisterung für eine Einheitspartei dann plötzlich abhanden gekommen. In den Ortsvereinen und Landesleitungen der SPD häuften sich die Beschwerden über die Praktiken der Kommunisten und des sowjetischen Militärs; das alte Misstrauen der Sozialdemokraten gegen die KPD und ihre Agitprop-Tricks kehrte zurück. Es ging ganz offensichtlich nicht fair zu, denn die sowjetischen Besatzer hatten die Kommunisten – anders als die Sozialdemokraten – mit einem riesigen hauptamtlichen Parteiapparat ausgestattet. Der SPD fehlten die besoldeten Funktionäre, während die KPD ihre Berufsrevolutionäre noch in das entlegenste Dorf schicken konnte. Die Sozialdemokraten hatten nicht genügend Papier für ihre Publikationen, die Kommunisten dagegen schon. Vor allem durfte die SPD ihre früheren Suborganisationen nicht neu etablieren. Deren beträchtlicher Besitz, den die Nationalsozialisten 1933 konfisziert hatten, wurde ihnen nicht zurückgegeben. Das verbitterte die mitteldeutschen Sozialdemokraten, und die Demontagepolitik der Russen tat ein Übriges.

Doch jetzt, Anfang 1946, steuerte plötzlich die Leitung der Kommunistischen Partei mit aller Macht und Eile die Einheitspartei an. Sie hatte die KPD mittlerweile hinreichend konsolidiert, ihre strategische Vorgehensweise festgelegt und diese auch dem letzten Kader vermittelt. Die Kommunisten machten Druck, von oben durch die Kommandantur, von unten durch die Betriebe. Dort hatten sich seit Ende 1945 auf ihr Drängen hin sozialdemokratische Betriebsorganisationen gebildet, ein der Tradition der SPD eher fremdes Strukturelement. Die meisten Mitglieder der Betriebsgruppen gehörten der SPD erst seit kurzem an, und mit diesen politischen Neulingen hatten die Kommunisten leichtes Spiel. In den ersten Wochen des Jahres 1946 traten sie mit vorbereiteten Resolutionen zur «Einheit der Arbeiterklasse» an die sozialdemokratischen Gruppen heran; entweder wollten sie mit ihnen gemeinsam an die Öffentlichkeit gehen oder den Zusammenschluss schon auf Betriebsebene vollziehen. Kaum ein sozialdemokratischer Funktionär widersetzte sich. Sie waren viel zu unerfahren, um sich den Kommunisten entgegenzustellen, und nicht selten sympathisierten sie ohnehin mit dem «Einheitsgedanken».

Einige alte sozialdemokratische Arbeiter dagegen reagierten empört auf diese Ereignisse. Es missfiel ihnen, wie im Januar und Februar 1946 die Resolutionen durch die Betriebsversammlungen gepeitscht wurden. Offensichtlich war alles von langer Hand geplant. Als die unbeholfenen Redner die vorbereiteten Texte heruntergeleiert, manchmal gar stockend vom Blatt abgelesen hatten, folgte danach sofort die Abstimmung. Das aber kannten die Sozialdemokraten nicht aus ihrer Partei, in der es trotz aller Disziplin immer auch Raum für offene Debatten, für Widerspruch und Opposition gab.

Das Fatale war nun, dass die Arbeiter, die die Fusion mit der KPD ablehnten, mit jenen Parteiführern, die ebenso dachten wie sie, nicht zusammenkamen. Die Einheitsgegner an der Basis fanden kein Sprachrohr bei den Einheitsgegnern an der Spitze, wo der Unmut hätte verstärkt und gar in eine oppositionelle Bewegung gelenkt werden können. Denn das war das Dilemma der Skeptiker in den sozialdemokratischen Vorständen: In kleinen Zirkeln gestanden sie sich ihre wachsende Abneigung gegen die Kommunisten ein und versicherten sich wechselseitig ihre Treue zu den alten sozialdemokratischen Zielen; auch in einem größeren Kreis von Genossen, die sich untereinander gut kannten, wagten sie einmal ein offenes Wort. In der Öffentlichkeit aber, etwa auf Parteiversammlungen oder bei Massenkundgebungen, mussten sie sich als Befürworter der Einheit geben. Sie konnten wohl die Einheitsparolen etwas gebremster vortragen, durften noch vorsichtig Fragen zum Verfahren und zum Tempo der Fusion stellen, aber mehr Spielraum besaßen sie nicht. Hätten sie den Plänen offen widersprochen, wären sie mit Sicherheit von den Kommandanturen abgesetzt, wahrscheinlich sogar verhaftet worden. Und einigen Sozialdemokraten geschah genau dies. Die Gegner der Einheit konnten ihren Widerstand nicht organisieren, keine Strukturen aufbauen, für ihre Position nicht öffentlich werben. Infolgedessen wusste das Gros der SPD-Mitglieder nicht, wie skeptisch viele ihrer Parteiführer nun die KPD betrachteten.

Aber diese Skepsis wurde keineswegs von allen leitenden Sozialdemokraten in der SBZ geteilt. Die meisten Landesvorsitzenden befürworteten nach wie vor unbeirrt einen Zusammenschluss mit den Kommunisten. Und sie hatten nicht wenige Anhänger in der Partei. Besonders die Parteichefs in Thüringen und Sachsen, Heinrich Hoffmann und Otto Buchwitz, schienen in die Geschichtsbücher als Begründer der «Einheit der Arbeiterklasse» eingehen zu wollen. Sie waren es dann auch, die die anfangs noch zögernden Berliner Zentralinstanzen um Otto Grotewohl in den Zusammenschluss mit der KPD trieben. Auf energischen Widerstand stießen sie dabei nicht; die Sozialdemokraten votierten auf ihren Parteitagen in der SBZ geschlossen für die Sozialistische Einheitspartei Deutschlands. Im Frühjahr 1946 verabschiedeten sie sich im Osten Deutschlands still und im Ganzen recht ruhmlos für mehr als vierzig Jahre von der politischen Bühne. Ihre Anhängerschaft trug diese Entscheidung zunächst durchaus mit: Im Herbst 1946, als in der sowjetischen Zone noch halbwegs freie Kommunal-, Kreistags- und Landtagswahlen stattfanden, stimmte die Wählerstruktur der SED im Großen und Ganzen mit der von SPD und KPD am Ende der Weimarer Republik überein.

Warum, fragt man sich, haben sich die Sozialdemokraten der Vereinigung mit den Kommunisten am Ende nicht doch verweigert? Warum haben die Delegierten der letzten Parteitage die Einigungsresolutionen passieren lassen, und warum haben die Stammwähler der SPD anfangs auch der SED ihre Stimme gegeben? Hier dürfte wohl mehreres zusammengekommen sein. Zum einen die traditionelle «Parteidisziplin», die in der Geschichte der Sozialdemokratie ein hoher, nachgerade ethisch verpflichtender Wert war. Eine Partei, die immer wieder vom Staat und von den Mächtigen verfolgt wurde, musste fest zusammenhalten und durfte sich keine individualistischen Kapriolen leisten. Es war feste sozialdemokratische Überzeugung, dass man die Order der Parteiführung ab einem gewissen Punkt geschlossen zu befolgen hat. Und da die Parteiführungen der SBZ seit Februar 1946 für eine zügige Vereinigung von Sozialdemokraten und Kommunisten plädierten, stellten die Mitglieder, als abgestimmt wurde, ihre Bedenken und Sorgen eben zurück. Die Parteiräson wog schwerer als der Zweifel des Einzelnen.

Zum anderen hofften die Sozialdemokraten, in der neuen Einheitspartei die Oberhand über die Kommunisten gewinnen zu können, schließlich hatte die SPD deutlich mehr Mitglieder als die KPD. Wie die meisten Deutschen damals rechneten sie damit, dass ihr in vier Zonen zerrissenes Land bald wieder politisch zusammengefügt sein würde. Dann aber, ohne die Protektion durch die sowjetische Besatzungsmacht, hätten die Kommunisten rasch an Einfluss verloren. Dass der Eiserne Vorhang heruntergehen

Wilhelm Pieck (1876–1960) und Otto Grotewohl (1894–1964) reichen sich auf dem Vereinigungs-
parteitag der SPD und der KPD am 21. April 1946 die Hände. Damit war das Schicksal der Ost-SPD
besiegelt: Sie ging in der SED auf. Grotewohl, von 1925 bis 1933 sozialdemokratischer Reichstagsabgeordneter, wurde Mitvorsitzender der SED und im Oktober 1949 Ministerpräsident der DDR.

und das Land über Jahrzehnte geteilt sein würde, dass sich die SED zu einer
totalitären Partei in einem separaten Staatsgebilde entwickeln würde – all
das war für die Menschen 1946 keineswegs absehbar. Für sie stellte sich die
Situation, stellten sich die politischen Spielräume sehr viel offener dar.

Die im April 1946 gegründete SED war zunächst kein leninistischer Mono-
lith. Anfangs schienen die Sozialdemokraten in dieser Partei durchaus
ihren Platz finden zu können; vom Ortsverein aufwärts waren alle Vor-
standsposten paritätisch zwischen den beiden Parteien aufgeteilt. Auch das
ursprüngliche Organisationsstatut der SED berücksichtigte sowohl sozialdemokratische als auch kommunistische Vorstellungen. Ohnehin gaben
beide Gruppen in manchen Fragen der Politik ähnliche Antworten: Sie
setzten sich für eine umfassende Bodenreform ein, wollten die Justiz, den
Staatsapparat, die Schulen von ehemaligen Nationalsozialisten gesäubert

sehen, sie steuerten eine grundlegende Reform des Gesundheitswesens an und hielten viel von der staatlichen Verfügung über die Produktionsmittel.

Die fundamentalen Differenzen, die es ebenfalls gab, unterschätzten die innerhalb der SPD in Deutschland am weitesten links stehenden mitteldeutschen Sozialdemokraten bis 1946. Über den antidemokratischen, illiberalen, in der Konsequenz totalitären Charakter der kommunistischen Bewegung sahen die Sozialdemokraten in den alten Industrierevieren der sowjetischen Besatzungszone großzügig hinweg. Wichtiger waren ihnen die gemeinsame soziale Herkunft aus der industriellen Arbeiterschaft und der gemeinsame Bezug auf den «Sozialismus». Insofern sagten die in den Jahren 1945 / 46 gemachten Fehler auch etwas über das historische Debakel der im Kaiserreich entstandenen, über die Weimarer Republik und den Nationalsozialismus hinwegtradierten proletarisch-sozialistischen Weltanschauung marxistischen Ursprungs. Denn in dieser Weltanschauung zählten die republikanische Staatsordnung, die liberalen Freiheitsrechte, die bürgerlichen Tugenden, die individuelle Autonomie, der Pluralismus und die Initiative freier Unternehmer nur wenig. Sie verklärte die industrielle Arbeiterklasse bis ins Irrationale, gab vor, die Gesetzmäßigkeiten der Geschichte dechiffriert zu haben, und behauptete, den Weg zur Lösung sämtlicher gesellschaftlichen Konflikte zu kennen. Das alles führte zu Dogmatismus und Verblendung und damit eben auch in die SED.

Milieu und Weltanschauung griffen jedenfalls so ineinander, dass vielen Sozialdemokraten der Schritt in die neue Einheitspartei nicht unmöglich schien. Die Symbole und die Sprache des alten sozialistischen Arbeitermilieus erleichterten es den Kommunisten 1946, die Gemeinsamkeiten von SPD und KPD in den Vordergrund zu stellen. Die klassenkämpferische Rhetorik, die Massenkundgebungen, die roten Fahnen, die revolutionären Lieder – all das vermittelte inmitten der neuen realsozialistischen Gesellschaft ein Gefühl der historischen Kontinuität, ließ viele an die Zeit vor 1933 denken. Damit beruhigte sich mancher Sozialdemokrat und richtete sich ein im Staate Ulbrichts.

In der Folgezeit starb im früheren industriellen Mitteldeutschland das alte sozialdemokratische Milieu, also gerade dort, wo es einst doch so hoch entwickelt gewesen war; es ließ sich in den SED-Jahren einfach nicht erhalten. Die Bedingungen für eine Tradierung sozialdemokratischer Einstel-

Parteitag der SPD in der Noch-DDR im Juni 1990. Die Sozialdemokraten im Osten unterschieden sich von denen im Westen: Sie waren jünger und kamen vielfach aus naturwissenschaftlichen Berufen. Pfarrer hatten die Partei gegründet, aber Ingenieure und Techniker dominierten. Zusammen bildeten sie eine «Allianz von Physikern und Metaphysikern», wie es seinerzeit in der ostdeutschen SPD selbstironisch hieß.

lungen waren sogar noch schlechter als unter dem Nationalsozialismus. Als Hitler die Macht hatte, sah sich die sozialdemokratische Funktionärselite als Ganze gesellschaftlich und politisch ausgegrenzt; Spitzel und Überläufer gab es in dieser recht homogenen Gruppe kaum, und im Familienbeziehungsweise engeren Freundeskreis fielen offene Worte über die neuen Machthaber. Man hielt zusammen, und es war – aufgrund des ständigen äußeren Drucks – verhältnismäßig leicht, die Gruppenidentität zu wahren.

Die Dinge in der Ostzone lagen anders; seit den frühen fünfziger Jahren war hier solidargemeinschaftliches Resistenzverhalten alter Sozialdemokraten geradezu unmöglich. Denn die Gruppe war politisch nicht mehr homogen; jetzt standen die Spitzel in den eigenen Reihen, es konnte – dies war gut möglich – der eigene Bruder sein. Wenn sich 1935 eine traditionell sozialdemokratische Familie zu einer größeren Geburtstagsfeier traf, durfte man davon ausgehen, dass alle Anwesenden ähnlich über das Regime dachten und man eine freimütige Äußerung über dieses riskieren konnte. Ein alter, der Partei treu ergebener Sozialdemokrat derselben Familie konnte das 1951 keineswegs mehr tun. Der Neffe mochte ein begeisterter, vielleicht gar fanatischer FDJ-Funktionär sein, der «wachsam» dem «Sozialdemokratismus» und den «Agenten des Imperialismus» nachspürte. Der Bruder schwor womöglich auf die SED, war vielleicht Parteisekretär und bekannte sich voller Überschwang zur Deutschen Demokratischen Republik. Vom Schwager wusste man, dass er irgendwie mit der Staatssicherheit zu tun hatte. Also war es klüger von den alten Sozialdemokraten, ihre politischen Überzeugungen der Weimarer Jahre selbst im Freundeskreis und in der Familie nicht mehr kundzutun, sie zumindest sehr viel vorsichtiger zu äußern. So makaber es klingen mag: Die nationalsozialistischen Verhältnisse waren für die Weitergabe sozialdemokratischer Traditionen ungleich günstiger als die einheitssozialistischen – und das hing keineswegs nur mit dem längeren Bestand der DDR zusammen.

Die verschiedenen sozialdemokratischen Traditionselemente und Ausdrucksformen ließen sich im SED-Staat allerdings auch schlecht für widerständiges Verhalten fruchtbar machen, denn oft gehörten sie – wie die roten Fahnen oder der Genossenkult – gleichermaßen zum Selbstbild der SED. Treue Sozialdemokraten konnten sich von den verhassten Herrschenden nicht einfach durch die alten identitätsstiftenden Symbole ihrer früheren Partei abgrenzen, denn die SED griff schließlich auf dieselben Symbole zurück und hatte damit den Sozialdemokraten gewissermaßen die Sprache genommen. Der kulturelle Habitus der alten Sozialdemokratie war dem der SED zu ähnlich, um als Bezugspunkt alternativer Orientierungen dienen und unter den Bedingungen der roten Diktatur fortexistieren zu können.

Allerdings hatte eine stattliche Zahl der früheren SPD-Anhänger ohnehin nicht daran gedacht, sich dem SED-Sozialismus zu verweigern. Zwar pflegen Sozialdemokraten gern diesen Geschichtsmythos und empören sich über die systemloyalen Blockparteien. Doch ganz berechtigt ist das nicht. Passten sich die Mitglieder der bürgerlichen Parteien seit den späten vierziger Jahren mehrheitlich im Block an, so taten dies die früheren Sozialdemokraten nach 1946 größtenteils in der SED. Auch gegen die Umwandlung der SED in eine kommunistische Kaderpartei formierte sich keine breite sozialdemokratische Fronde. Gewiss, einige frühere Sozialdemokraten bildeten konspirative Diskussionszirkel, hielten Kontakt zum Ost-Büro der westdeutschen SPD, wofür ihnen Haft, Deportation oder auch der Tod drohte. Aber eine riesige Zahl war das nicht; in «innerer Emigration» lebten sicher mehr.

Und ein großer Teil arrangierte sich eben mit den Verhältnissen, nutzte die sozialen Aufstiegsmöglichkeiten, die sich Arbeitern in der SBZ und der frühen DDR in historisch einzigartiger Weise boten. Binnen weniger Monate wurden aus ehemaligen sozialdemokratischen Facharbeitern Werkleiter, Lehrer, Staatsanwälte, Richter, Abteilungsleiter, Ingenieure, Parteisekretäre. Die Sozialgruppe, aus der sich das Funktionärskorps der sozialdemokratischen Arbeiterbewegung stets rekrutiert hatte, löste sich durch den rasanten gesellschaftlichen Aufstieg weitgehend auf. Die berufliche Emanzipation integrierte viele ehemalige Sozialdemokraten in die Gesellschaft der DDR; sie standen überwiegend nicht an der Spitze von Partei und Staat, waren wohl auch keine übereifrigen Marxisten-Leninisten, aber sie gehörten zum System.

Als sich 1989 wieder eine Sozialdemokratie in der DDR gründete, existierten keine Traditionen mehr, an die sie hätte anknüpfen können. Es war nichts mehr vorhanden von dem, was die SPD früher im industriellen Mitteldeutschland stark gemacht hatte: eine freigewerkschaftlich organisierte und klassenbewusste Arbeiterschaft, die Volkshäuser und Arbeitervereine, ein demokratisch-sozialistisches Arbeiterbildungswesen. Daher gab es kein Zurück in das Jahr 1946 oder gar in das Jahr 1932. Die SPD musste im Osten eine neue Partei sein und werden, sie konnte sich nicht im Arbeitermilieu rekonstruieren. So war es das protestantische Pfarrhaus, in dem die einst so kirchenkritische Sozialdemokratie wieder entstand; das Pfarrhaus wurde zum Symbol für ihren historischen Neuanfang zwischen Wismar und Sonneberg, zwischen Zittau und Eisenach.

9. Die Adenauer-Republik:
Erneut im Abseits

Im Westen nahm die Geschichte bekanntlich einen ganz anderen Verlauf. Hier war die SPD nie im gleichen Maße im Milieu verankert, und die Führungsspitze der Partei gerierte sich strikt antikommunistisch. Zwar arbeiteten Sozialdemokraten und Kommunisten in den ersten Wochen nach Kriegsende mitunter in sogenannten Antifaschistischen Ausschüssen zusammen, aber dabei ging es überwiegend um die Bewältigung der zahlreichen Alltagsprobleme in den Trümmerstädten. Außerdem hatten die Sozialdemokraten es im Westen nicht mit einer kommunistischen Besatzungsmacht zu tun: Sie waren weder der kommunistischen Versuchung noch dem kommunistischen Druck ausgesetzt. Eine sozialistische Einheitspartei stand auf dem Gebiet der späteren Bundesrepublik nicht ernsthaft zur Debatte.

Milieu und Traditionalismus konnten den Sozialdemokraten hier also nicht zum Verhängnis werden, und doch fiel es ihnen schwer, alte Formeln zu überdenken, neue Entwicklungen aufzugreifen, vom Rand in das Zentrum der Gesellschaft vorzudringen und dadurch zusätzliche Wählerschichten zu gewinnen. Ihre Traditionen hatten den Sozialdemokraten in Zeiten der Bedrängnis oft geholfen; in Zeiten neuer gesellschaftlicher Möglichkeiten aber waren sie eine Belastung. Freilich hätte die SPD im Frühjahr 1945 gar nicht völlig neu beginnen können. Sie musste auf die Vorkriegsstruktur, die alte Funktionärsriege und die früheren Mitglieder zurückgreifen, weil es nach zwölf Jahren NS-Diktatur schon personell keine Alternative gab: Die Angehörigen der jungen, vom Nationalsozialismus geprägten Generation waren für einen solchen Neuanfang weder politisch reif genug noch überhaupt willens dazu. Nach 1945 begegneten sie jeder Politik skeptisch; für ein Engagement in der Partei ließen sie sich kaum gewinnen.

Er

wies uns den Weg

Seine Lehre ist unsere Lehre

Karl Marx

SOZIALDEMOKRATISCHE
PARTEI DEUTSCHLANDS

Auch nach dem Zweiten Weltkrieg orientierten sich die Sozialdemokraten zunächst noch an Karl Marx. Doch mit der Wende zum Godesberger Programm 1959 taten sie so, als sei in Europa der demokratische Sozialismus allein «in christlicher Ethik, im Humanismus und in der klassischen Philosophie verwurzelt». Die eigene marxistische Vergangenheit hatte man erfolgreich verdrängt – bis die Juso-Rebellen sie in den späten Sechzigern wiederentdeckten, wenn auch nur vorübergehend. Denn die Neue Mitte wartete schon.

Die Weimarer Generation dagegen war im Mai 1945 sofort zur Stelle. Sie knüpfte dort an, wo sie im Januar 1933 aufgehört hatte. Die alten sozialdemokratischen Kassierer klopften nur wenige Tage nach Kriegsende wieder an die Türen der alten Parteifreunde, sammelten die Beiträge ein und drückten einen Stempel in die blassroten Parteibücher, in denen sich noch der Text des Heidelberger Programms von 1925 fand. Es war, als wäre die Zeit stehengeblieben. Die Sozialdemokraten holten ihre roten Fahnen aus den Verstecken, trafen sich in den gewohnten Ortsvereinen mit den alten Genossen und sangen gerührt die vertrauten Lieder. Und wie früher ging es zuallererst um die Organisation. Schon nach wenigen Monaten stand der Apparat; die Parteistrukturen waren wiederhergestellt und die Mitglieder akkurat erfasst: 700 000 zählten die Sozialdemokraten im Westen Deutschlands Ende 1946 in ihren Reihen, immerhin fast ein Fünftel mehr als auf demselben Gebiet gegen Ende der Weimarer Republik. Beim Wiederaufbau der Partei führten die organisatorisch bewährten Funktionäre der zwanziger Jahre auf allen Ebenen das Kommando. Auch im Parteivorstand, der erst in Hannover, dann in Bonn residierte, saßen Leute, die ihre wichtigsten politischen Erfahrungen zwei Jahrzehnte zuvor in der Zentrale der Weimarer SPD, in der Berliner Lindenstraße, gesammelt hatten: der Parteikassierer Alfred Nau etwa, die Frauenreferentin Herta Gotthelf, der Pressesprecher Fritz Heine oder der stellvertretende Parteivorsitzende Erich Ollenhauer.

Ein echter Neuanfang also war es nicht, als die Sozialdemokraten 1945 politisch wieder aktiv wurden. Und doch sah man bald auch einige neue Gesichter in ihren Reihen, darunter Parteimitglieder, die von Biographie und Habitus her eigentlich nicht so recht in die proletarische Traditionstruppe passten. Sie fanden in der bundesdeutschen SPD überraschend schnell einen Platz, erhielten wichtige Funktionen und machten eine beachtliche Karriere. Carlo Schmid ist da zu nennen, auch Adolf Arndt, sicher Karl Schiller. Und mit Herbert Wehner stieg bald ein Mann in der Parteihierarchie auf, der ebenfalls nicht in der reformistischen Arbeiterbewegung groß geworden war, sondern erst nach vielen Irrwegen als exponierter kommunistischer Kader zur Sozialdemokratie gefunden hatte. Schließlich kehrten auch viele der Linkssozialisten, die sich in den letzten Weimarer Jahren oft voll Wut und Empörung von der SPD getrennt hatten, nach 1945 zur Partei zurück, darunter Willy Brandt, Willi Eichler und Waldemar von Knoeringen.

In der SPD fanden sich demnach nicht nur die Funktionäre des alten Apparats, sondern auch dessen schärfste Kritiker, die am Ende der Weimarer Republik ebenso vehement wie vergeblich gegen die Phantasielosigkeit und die Erstarrung der sozialdemokratischen Parteiorganisation angerannt waren. Nach 1945 setzten sie ihre Politik im Innern der Sozialdemokratie fort; sie wollten die SPD aus ihrem Organisationsphlegma herausreißen und in die politische Aktivität, in den entschlossenen Kampf um die Macht zwingen. Die Stunde dieser innerparteilichen Strömung schlug zwar erst sehr viel später, aber ihre Existenz zeigt doch, dass in der Restaurationsphase der Weimarer Traditionskompanie bereits neue sozialdemokratische Entwicklungen keimten.

Bis 1957 allerdings dominierte die alte SPD mit ihrem eingeschliffenen

Das reichte Sozialdemokraten in den Nachkriegsjahren noch für ihren Wahlkampf: Fahrräder, zurechtgeschnittener Karton, Kordel und die Buchstaben «S», «P» und «D». Von Spin-Doktoren, Marketingfirmen, Political Consultants, Events und Negativ-Campaining ahnte man nichts. Das waren noch schöne Zeiten für Mitglieder, Aktivisten und Funktionäre. Sie alle waren wichtig, hatten ihre Aufgabe und – offenkundig – eine Menge Spaß. Vorbei, das alles.

Reflex, sich nach Rückschlägen in den Schmollwinkel zu verkriechen, sich dann erst recht für die Partei der besseren Menschen zu halten und mit dem ganzen Rest der Gesellschaft zu hadern. Ebendas geschah auch 1949, nach den ersten Wahlen zum Deutschen Bundestag. Dabei war die Niederlage der SPD keineswegs vernichtend ausgefallen. Mit 29,2 Prozent erzielte sie in etwa das Ergebnis von 1928, ein besonders gutes Jahr für die Partei. Die CDU lag nur um 1,8 Prozentpunkte darüber, das war jedenfalls noch kein Mandat für einen langjährigen und unumstrittenen CDU-Staat. Und doch zeigten sich die Sozialdemokraten bitter enttäuscht. Sie versuchten erst gar nicht, sich an den nachfolgenden Koalitionsverhandlungen zu beteiligen. Stattdessen lamentierte man über die unverständigen Wähler, insbesondere die vielen Arbeiter, die ihre Stimme nicht der SPD gegeben hatten; sie hätten damit gegen ihre «ureigensten sozialen Interessen» gehandelt, wie der SPD-Parteivorstand in den frühen fünfziger Jahren zu erklären nicht müde

Repräsentanten der alten Weimarer Sozialdemokratie auf dem SPD-Parteitag in Düsseldorf 1948. Von links nach rechts: Otto Braun, Carl Severing, Wilhelm Sollmann (1881–1951) und Paul Löbe (1875–1967). Sonderlich erwünscht waren sie hier nicht mehr, und Kurt Schumacher sah in ihnen vor allem Symbolfiguren des Scheiterns, der Niederlage der Sozialdemokratie.

wurde. Die Sozialdemokraten zogen sich zurück und warteten fatalistisch auf die große Krise der Erhard'schen Marktwirtschaft.

Überhaupt zeugte ihre Haltung in dieser Zeit von einem hohen Maß an Realitätsverweigerung. Nach 1948 begann eine in der deutschen Geschichte beispiellose Prosperitätsphase. Jahr für Jahr lag das Wirtschaftswachstum bei durchschnittlich neun Prozent, und die Reallöhne stiegen in historisch einzigartiger Weise – auch den Arbeitern ging es immer besser. Aber die Sozialdemokraten wollten das alles nicht wahrhaben. Es war, als lebten sie in einem anderen Land. Das Wirtschaftswunder war für sie nur ein «angebliches»; die Armen sahen sie in immer größeres Elend stürzen; eine baldige furchtbare Krise hielten sie für unvermeidlich. Unverdrossen machten sie sich bis 1952 für die Sozialisierung der Schlüsselindustrien stark, und 1953, im Jahr der zweiten Bundestagswahlen, steigerte sich ihre Presse in eine regelrechte Angsthysterie. Wer seine Informationen allein aus den Blättern

der SPD bezog, musste den Eindruck gewinnen, eine neue Verfolgungs-
und Terrorisierungswelle der reaktionären Staatsmacht gegen die aufrech-
ten Sozialdemokraten stehe unmittelbar bevor. Im März 1953 verstieg sich
der Pressechef der SPD, Fritz Heine, in einem Zeitungsartikel sogar zu der
Behauptung, die «Vernichtung und Ausrottung» der freiheitlichen Arbeiterbewegung sei absehbar, sollte es der Union nach den nächsten Wahlen noch
einmal gelingen, für weitere vier Jahre die Bundesregierung zu stellen.

So hatten die Sozialdemokraten sich wieder einmal selbst aus der realen
Politik katapultiert und von der Gesellschaft abgekapselt. Das trug nicht
dazu bei, die SPD attraktiver zu machen. Zwischen 1948 und 1954 verlor sie
gut 300 000 Mitglieder, und der verbleibende Rest drohte zu vergreisen:
Statistischen Untersuchungen zufolge waren damals nur drei Prozent der
SPD-Mitglieder unter 25 Jahre, lediglich ein Drittel von ihnen hatte das 45.
Lebensjahr noch nicht überschritten. Den Sozialdemokraten mangelte
es an Vitalität, an Phantasie, ja an Lust auf Politik; auf bundespolitischer
Ebene stand ihre Partei isoliert da, ohne jeden Mitstreiter.

Für die neuerliche politische Einsamkeit der SPD trug besonders Kurt
Schumacher die Verantwortung. Er hatte gleich nach dem Krieg seinen
Führungsanspruch geltend gemacht und die Reorganisation der Partei
entscheidend vorangetrieben; im Mai 1946 wurde er dann offiziell zum
Vorsitzenden gewählt. Nach Lassalle hatte niemand mehr die Arbeiterbewegung so eindeutig, fast herrisch dominiert und politisch festgelegt wie
er. Dabei hätte am Vorabend des Nationalsozialismus wohl kaum jemand
vorhersehen können, dass ausgerechnet Schumacher nach dem Ende der
Diktatur eine solche Führungsrolle übernehmen würde. Damals gehörte
er lediglich zur zweiten oder gar dritten Garnitur der Partei. Er war Redak-
teur bei der SPD-Lokalzeitung «Schwäbische Tagwacht» in Stuttgart, also
in der sozialdemokratischen Provinz – kaum ein geeignetes Sprungbrett für
herausragende Führungskräfte.

Schumacher war – wie Lassalle – ein Intellektueller, ein begabter Schreiber
und fesselnder Redner. Zusammen mit Theodor Haubach und Carlo Mierendorff gehörte er zur kleinen Gruppe der um 1895 geborenen sozialdemokratischen Akademiker, die, geprägt nicht zuletzt durch die Fronterlebnisse
im Ersten Weltkrieg, ein anderes Politikverständnis entwickelt hatten als die
Sozialdemokraten der Wilhelminischen Ära. Die Generation Schumachers

Kurt Schumacher (1895–1952) auf dem Frankfurter Römer im Sommer 1946. Schumacher hatte Widerstand gegen die Nationalsozialisten geleistet; von den erlittenen Misshandlungen erholte er sich auch gesundheitlich nie. Aus der Leidenserfahrung leitete er nach dem Krieg für sich und seine Partei einen moralischen Führungsanspruch ab. Viele Menschen faszinierte er, ebenso viele schreckte er aber auch durch seine aggressive Rhetorik und sein oft autoritäres Auftreten ab.

argumentierte nicht ökonomisch-deterministisch, sondern war aktivistisch, militant – und zutiefst autoritär. In den zwanziger Jahren kam sie in der SPD noch nicht recht zum Zuge, drang jedenfalls nicht in die Führungsspitze vor. Erst in den frühen dreißiger Jahren gelangten einige der jungen Sozialdemokraten in den Reichstag, wo sie meist als Hinterbänkler ausharren mussten. Auch Schumacher zählte dazu; er hielt im Plenum nur eine einzige Rede, die allerdings erregte viel Aufsehen, weil er in einer Antwort auf Goebbels die nationalsozialistische Agitation voller Verachtung als «dauernden Appell an den inneren Schweinehund im Menschen» brandmarkte.

Im Übrigen war Schumacher bei den Sozialdemokraten im Reich nicht besonders bekannt. Und doch wurde er nach 1945 für sieben Jahre der unbestrittene, von vielen Parteimitgliedern beinahe kultisch verehrte Anführer der SPD. Wie ist das zu erklären? Zunächst einmal war seine Generation einfach an der Reihe. Von den alten Parteiführern in der Berliner Parteizen-

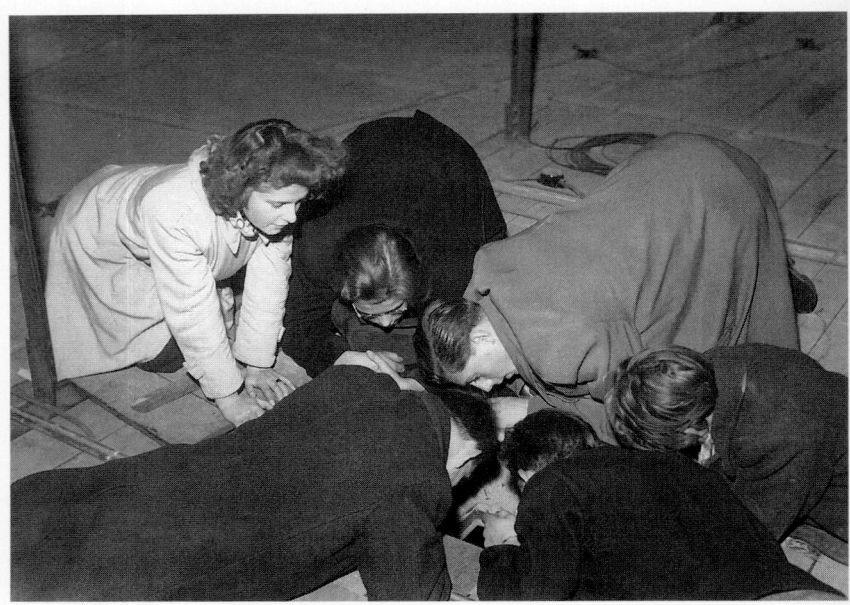

Kundgebung mit Kurt Schumacher in Berlin-Neukölln, Herbst 1946. Die Veranstaltung war völlig überfüllt, mehrere tausend Menschen fanden keinen Einlass. Einige Bewunderer des sozialdemokratischen Parteichefs schafften es immerhin, seine Rede durch ein Loch im Dachboden zu verfolgen.

trale und der Reichstagsfraktion der Weimarer Republik lebten die meisten nicht mehr, so Otto Wels, Hans Vogel und Rudolf Breitscheid. Andere, wie etwa Carl Severing, galten als diskreditiert, weil sie 1932/33 der politischen Rechten nicht entschlossen genug entgegengetreten waren. Und der Führungsnachwuchs aus der Sozialistischen Arbeiterjugend war 1945 noch zu jung. Es blieb also nur die Frontkämpfergeneration des Ersten Weltkriegs. Aus der Perspektive der Weimarer Jahre betrachtet, hätten andere Sozialdemokraten dieser Generation, beispielsweise Theodor Haubach oder Carlo Mierendorff, Kurt Schumacher wahrscheinlich den Rang abgelaufen: Sie hatten vor 1933 erheblich bessere überregionale Kontakte, waren in ihrer Partei bekannter, angesehener, auch sehr viel aktiver als der vor der NS-Zeit noch etwas bohemienhaft wirkende Schumacher. Doch Mierendorff kam 1943 bei einem Bombenangriff um, und Haubach wurde noch im Januar 1945 von den Nationalsozialisten hingerichtet.

Allerdings war Schumacher nach dem Krieg durchaus nicht mehr zweite Wahl. Von Beginn an galt er als charismatischer Führer der Sozialdemokratie, und die Quelle seines Charismas war das Leid. Fast zehn Jahre lang hatte er unter dem Nationalsozialismus in Zuchthäusern und Konzentrationslagern gelitten. Das ganze Martyrium jener Zeit hatte ihn gezeichnet; sein Körper schien nur noch aus Haut und Knochen zu bestehen, seine Gesichtsmuskeln zuckten, wenn er redete. 1948 musste ihm – der bereits im Ersten Weltkrieg einen Arm verloren hatte – ein Bein amputiert werden. Mit seinem geschundenen Körper und seiner kraftvollen Rhetorik versinnbildlichte Schumacher gleichsam das sozialdemokratische Sendungsbewusstsein, das durch Terror und Verfolgung nicht hatte gebrochen werden können. Er hatte sich zwischen 1933 und 1945 nicht gebeugt, trotz aller Schmerzen und Erniedrigungen, und daraus leitete er nun den Anspruch ab, nicht nur die Partei, sondern die Nation zu führen. Und indem sich die SPD-Mitglieder rückhaltlos mit dieser Lichtgestalt identifizierten, wurden auch sie zu besseren Menschen, zu unbeugsamen Widerstandskämpfern, zu den Trägern des Lichts gegen die Mächte der Finsternis. Deshalb widersprachen ihm vor allem diejenigen nicht, die unter den Nationalsozialisten unbehelligt geblieben und keiner Prüfung ausgesetzt waren.

Nun hätte die Tatsache, dass nach 1945 ein Charismatiker an ihrer Spitze stand, durchaus günstig für die Sozialdemokraten sein können. In der Weimarer Republik hatte die Partei schließlich darunter gelitten, dass es in ihrer Führung zu viele Bürokraten und zu wenige Menschen mit Ausstrahlung und rhetorischem Pathos gab; auf dieses Defizit hatte Schumacher selbst schon früh hingewiesen. Er war kein dogmatischer Marxist, kein politischer Fatalist oder orthodoxer Organisationsfetischist. Er wollte keine restaurierte Weimarer SPD, sondern eine wirklich neue, eine aktive, schwungvolle SPD, die weit über ihr altes Milieu hinausgreifen und sich zu einer Volkspartei entwickeln sollte. Ihm war klar, wie wichtig auch die Mittelschichten für die Sozialdemokraten waren, und er hielt nichts von kanonisierten weltanschaulichen Letztbegründungen, ermunterte vielmehr eigensinnige Linkssozialisten und Neorevisionisten, ihre Vorschläge für eine Parteireform zu Papier zu bringen. Ganz anders als etwa Otto Wels oder Hermann Müller, die beiden eher biederen Parteiführer der Weimarer Jahre, entsprach Schumacher dem Typus des klassischen Intellektuellen; in Diskussionen kanzelte er seine Gegner mit klirrendem Sarkasmus und bitterböser Ironie ab: Er war die Danton-Gestalt, die der Weimarer SPD gefehlt hatte. Und es ging ihm um die Macht, vor der sich viele Sozialdemokraten scheuten.

Aber es musste schon die ganze Macht sein. Nur das zählte für Schumacher. Mit seiner kompromisslosen Haltung manövrierte er die Sozialdemokratie in der Bundespolitik fast vollständig ins Abseits. Nicht nur in diesem Punkt ähnelte er Bebel, der ebenfalls immer alles – den ganzen Sozialismus, nicht das reformistische Linsengericht – wollte und am Ende wenig bekam. Beide waren charismatische Führer und große Redner, die das scharf kontrastierende Schwarz-Weiß, die schroffe Einteilung in Gut und Böse schätzten: hier die demokratische Arbeiterbewegung, dort das klerikal-reaktionäre Bürgertum. So verprellten sie die Mittelschichten, die doch zumindest Schumacher eigentlich erreichen wollte. Wer nicht zur SPD gehörte, war eher verschreckt und abgestoßen vom fiebrigen Eifer, der oft aus ihren herausgeschleuderten Sätzen sprach. Darin übertraf Schumacher Bebel sogar noch; mit kreischender Stimme agitierte er seine Zuhörer. Auch sozialdemokratische Emigranten wie Willy Brandt, die nach 1933 eine gedämpftere und tolerantere politische Kultur kennengelernt hatten, taten sich nach 1945 schwer mit der Lautstärke, der militärischen Diktion und dem aggressiven Nationalismus seiner Reden; in den späten vierziger und frühen fünfziger Jahren verfehlte Schumacher den Ton der Zeit, den sein Gegenspieler Konrad Adenauer so zielsicher traf. Dieser bot den ausgelaugten, müden Deutschen patriarchalisch Entlastung; er ließ ihnen den Rückzug in die Familie, das Apolitische, während Schumacher das erschöpfte Volk wieder für den politischen Kampf mobilisieren wollte. Adenauer sprach die Mehrheit an, die ihn denn auch wählte, während Schumacher und die SPD sich immer stärker in eine Minderheitenposition verrannten – störrisch, uneinsichtig, verbohrt.

Nur wenige Sozialdemokraten wagten es, Schumacher in den Weg zu treten und ihn zur politischen Korrektur zu mahnen. Einer von ihnen, der Abgeordnete Werner Jacobi, beschwerte sich nach der Bundestagswahl 1949 bitter bei seinem Parteivorsitzenden: «Lieber Kurt, außer mir sind wohl noch einige Genossen der Meinung, dass uns deine Reden im Wahlkampf gut und gerne fünfzehn Mandate gekostet haben.» Solche Kritik beeindruckte Schumacher nicht. Er reagierte darauf – gerade in seinen letzten

Max Brauer (1887–1973), Bürgermeister von Hamburg, und Wilhelm Kaisen (1887–1979), Bürgermeister von Bremen, im Gespräch. Die beiden regierten, sie mussten also pragmatisch handeln und auf Koalitionspartner Rücksicht nehmen, konnten sich oppositionellen Trotz nicht leisten. Das brachte sie immer wieder in Konflikt mit der sozialdemokratischen Parteizentrale, vor allem mit Kurt Schumacher, aber auch mit Erich Ollenhauer und der Bundestagsfraktion. Brauer, Kaisen und Ernst Reuter, Georg August Zinn, Hinrich Wilhelm Kopf und Willy Brandt sind Beispiele dafür, dass sich die SPD in der frühen Bonner Republik nicht nur mit der Oppositionsrolle begnügte, sondern auf Länderebene durchaus kraftvolle Regierungspolitik betrieb.

Lebensjahren – nur noch galliger und trat noch autoritärer auf. Politische Führer, so sagt man, sollten ein Schicksal haben. Schumacher hatte vielleicht ein zu schweres Schicksal ertragen müssen; es hatte ihn hart und vor allem unflexibel gemacht, und dadurch führte er die SPD bundespolitisch ganz und gar in die Sackgasse, konterkarierte er seinen eigenen Erneuerungsanspruch für die Partei. Weit und breit gab es für sie keinen Koalitionspartner. Im Grunde hatte Schumacher alle Weichen falsch gestellt.

Nach Schumachers Tod im Jahre 1952 trat Erich Ollenhauer seine Nachfolge als Parteivorsitzender an. Wenn Schumacher August Bebel glich, so

Erich Ollenhauer (1901–1963) auf dem SPD-Parteitag in Bad Godesberg 1959. Ein fesselnder Redner war Ollenhauer nicht, ihm fehlte das Feuer Schumachers. Aber die sozialdemokratischen Parteisoldaten vertrauten «Erich», und viele von ihnen hatten wie er in Weimarer Zeiten das blaue Hemd der Sozialistischen Arbeiterjugend getragen. Die politische Leistung Ollenhauers bestand darin, dass er die Traditionalisten bei der Stange hielt, als die Reformer die Oberhand in der SPD gewannen.

erinnerte Erich Ollenhauer an Otto Wels. Erneut also löste der Typus des Parteisekretärs den Typus des Volkstribuns ab. Doch damit trennte sich die SPD nicht von der fatalen politischen Hinterlassenschaft des ersten Nachkriegsvorsitzenden. Denn Ollenhauer hatte sich stets als treuer Gehilfe Schumachers verstanden, der dessen politische Vorgaben organisatorisch umsetzte. Charakterlich freilich waren beide denkbar verschieden: Mit seinem ausgleichenden, mäßigenden Wesen gelang es Ollenhauer, die Gräben wieder zuzuschütten, die der ungestüme Schumacher mit seiner rhetorischen Radikalität aufgerissen hatte; Ollenhauer war ein großer Versöhner, auch im Innern seiner Partei.

Politisch jedoch war er der Epigone Schumachers. Er ging keine eigenen Wege und vermied jede Abweichung von der Linie seines Vorgängers. Ollenhauer bewunderte Schumacher, der über all das verfügte, was ihm selbst fehlte: Leidenschaft, Sendungsbewusstsein, Feuer. Er war kein politischer Anführer im eigentlichen Sinne, sondern lediglich der oberste Funktionär seiner Partei. Sie, die Partei, ihre Organisationen und ihre Grundsätze – das war seine Welt. In ihr war er groß geworden, ihr hatte er alles zu verdanken. Ollenhauer stand für die Werte der klassischen sozialistischen Arbeiterbewegung, mit ihm an der Spitze war die SPD zu Beginn der fünfziger Jahre weniger bundesdeutsch als noch einmal, ein letztes Mal, weimarianisch.

Ollenhauer, aufgewachsen in einem sozialdemokratischen Elternhaus in der SPD-Hochburg Magdeburg, begann seine Karriere als Volontär bei der lokalen Parteizeitung «Volksstimme». Mit zwanzig Jahren siedelte er nach Berlin um, wo er als besonders fleißiger Jugendfunktionär die Stelle eines hauptamtlichen Redakteurs beim zentralen Vorstand der Sozialistischen Arbeiterjugend erhalten hatte. Dann, 1928, stieg er zum Reichsvorsitzenden des SPD-Nachwuchsverbandes auf. Dort beeindruckte er durch seine exzellenten organisatorischen Fähigkeiten. Im Umfeld von Otto Wels wurde man auf ihn aufmerksam, weil er stets loyal den jeweiligen Parteikurs vertrat und Oppositionsneigungen nicht viel Raum im sozialistischen Jugendverband ließ. Ebendas war charakteristisch für Ollenhauer: Ihm fehlte jeder Sinn für radikale Strömungen, für politische Emotionalität, für utopische Sehnsüchte. Die jugendbewegte Romantik, wie sie in den frühen zwanziger Jahren verbreitet war, lag ihm ebenso fern wie militante Klassenkampfparolen, die Anfang der dreißiger Jahre unter jungen Sozialdemokraten grassierten. Er hielt sich an die bewährten Überlieferungen und die jahrzehntelang erprobten Strukturen der Arbeiterbewegung mit ihrer verbindlichen Weltanschauung und effizienten Organisation, ihren verlässlichen Funktionären und disziplinierten Mitgliedern.

In dieser Welt hatte Ollenhauer sich – ohne großen oder gar brennenden Ehrgeiz – Stufe für Stufe nach oben gearbeitet. Und von dieser Traditionsorganisation wurde er mehr als zehn Jahre lang ganz selbstverständlich als Vorsitzender getragen, obwohl er außerhalb der SPD kaum Wirkung entfalten konnte. Seine Führungsposition in den fünfziger Jahren stützte sich auf die Binnenkräfte der Organisation; niemand war mit der Struktur der Partei, ihrer Psyche, ihren Riten und Dogmen besser vertraut als er. Vor allem aber kannte er ihre Funktionäre so gut wie kein anderer. Mit ihnen war er seit sei-

Die Rettung: CDU

Antikommunismus und Antisozialismus erwiesen sich als das historisch stärkste Bindemittel der CDU: Nur durch sie konnte die Union in den fünfziger Jahren zur Sammelpartei der bürgerlich-konfessionellen Schichten werden. Adenauer nutzte die Angst des westdeutschen Bürgertums vor der «roten Gefahr» gezielt, um sich eine Mehrheit für seine zunächst keineswegs unumstrittene Deutschlandpolitik zu sichern. Polarisierung war eine entscheidende Führungstechnik des ersten Bundeskanzlers, und die Sozialdemokraten hatten dem nichts entgegenzusetzen. Solange der Antisozialismus in der Gesellschaft auf Resonanz stieß, blieb die SPD politisch in der Defensive.

ner Zeit als Chef der Sozialistischen Arbeiterjugend auf Schulungskursen, Reichskonferenzen, Bezirkstagungen, in Zeltlagern und auf Reichsjugendtagen zusammengekommen und lebenslang befreundet. Das Blauhemd der Sozialistischen Arbeiterjugend verband sie alle.

Die SPD-Parteisekretäre der fünfziger Jahre und ihr Vorsitzender hatten also eine gemeinsame Biographie und dieselbe Mentalität. Schumacher hatten die Parteisekretäre bewundert, verehrt, aber auch gefürchtet. Eine solche Distanz zwischen dem Mittelbau der Partei und ihrem ersten Mann existierte in der Ära Ollenhauer nicht mehr. Die sozialdemokratischen Funktionäre erkannten sich im Parteivorsitzenden wieder wie in einem Spiegel. Das sicherte Ollenhauer trotz allen Spotts, der in der Öffentlichkeit über seine mangelnde Ausstrahlung laut wurde, den SPD-Vorsitz bis zu seinem Tod.

Gleichzeitig verhinderte diese Nähe von Organisationsbasis und -leitung eine kraftvolle politische Führung. Wer politisch führen will, muss Entwicklungen vorausspüren und vorwegnehmen können, muss seine Partei mitreißen und in entscheidenden Momenten vorneweg stürmen. Das lag Ollenhauer nicht; er wollte die Partei nach dem Tod seines charismatischen Vorgängers zusammenhalten und dessen Erbe getreulich verwalten. Außerhalb des eigenen Milieus war die SPD deshalb unbeweglich, während Adenauer in den fünfziger Jahren seine Union von der Milieupartei des Katholizismus zur Sammelpartei des bürgerlichen Lagers umwandelte und der SPD immer weiter davonlief. Die Sozialdemokraten wären dadurch eigentlich gefordert gewesen, sich aus ihren Stellungen herauszuwagen und ebenfalls auf neues soziales und kulturelles Terrain vorzudringen. Sie hätten die Weimarer Republik mental, politisch und organisatorisch endlich hinter sich lassen müssen, um in der neuen Bundesrepublik anzukommen, doch für diese Aufgabe war Ollenhauer nicht der richtige Mann; er wirkte eher wie ein mäßig begabter Dozent des sozialistischen Volksbildungswesens. Kurz: Ollenhauer war langweilig. Außerdem fehlte ihm die Lust zu attackieren, die Fähigkeit, den politischen Gegner bedenkenlos zu jagen, zu verhöhnen, ihn zu denunzieren und zu verunglimpfen. Schon deshalb war ihm der darin skrupellose Adenauer haushoch überlegen. Ollenhauer glaubte nicht, dass das deutsche Volk auf ihn wartete. Damit hatte er zweifellos recht, aber ebendeshalb taugte er nur mäßig als politischer Anführer; es trug dazu bei, dass die SPD Mitte der fünfziger Jahre stagnierte und nicht herauskam aus dem «Turm» der 30-Prozent-Partei.

In den Jahren unter Ollenhauer betrieb die SPD zu viel Nabelschau, statt Politik zu machen. Sie war in dieser Zeit – etwas überspitzt formuliert – zu sehr Parteiorganisation als Selbstzweck und zu wenig Wählerverein. An ihrer Spitze stand der geschäftsführende Vorstand, das «Büro», wie es damals hieß. Mit Ausnahme des Parteivorsitzenden und seines Stellvertreters, die ein Bundestagsmandat hatten, waren die Mitglieder dieses Vorstands ausschließlich für die Organisationsbelange der Partei da. Sie konzentrierten sich ganz und gar auf deren Innenleben; sie kommunizierten ständig mit

Kurt Schumacher und das «Büro», die besoldeten Parteivorstandsmitglieder: Egon Franke (1913–1995), zuständig für die Organisation; Erich Ollenhauer (1901–1963), stellvertretender Parteichef; Fritz Heine (geboren 1904), Presse- und Propagandachef; und Alfred Nau (1906–1983), Leiter der Finanzen und Verwaltung (von links nach rechts). Eines galt für sie alle: Die Partei war ihr Leben.

den eigenen Funktionären und Aktivisten und vergaßen darüber immer mehr die Wähler außerhalb der engen Räume der Bonner «Baracke». Eisern reklamierte das «Büro» den Primat der Partei, auch gegenüber der Bundestagsfraktion, die sich den Anordnungen des Parteivorstands zu fügen hatte. Die christdemokratische Konkurrenz orientierte sich derweil als Kanzlerwahlverein überwiegend an der Stimmung innerhalb der Bevölkerung und vergrößerte von Wahl zu Wahl den Abstand zur Sozialdemokratie. 1953 erzielte die Union die absolute Mehrheit der Mandate, 1957 auch die der Stimmen, während die SPD die 30-Prozent-Schwelle partout nicht deutlich überschreiten konnte.

Immerhin gingen von den Wahlniederlagen Impulse für die sozialdemokratische Erneuerung aus, zumindest aber setzten sie erregte Diskussionen über die Strategie der Partei in Gang. Das begann gleich nach den Bundestagswahlen 1953. Die Sozialdemokraten hatten 0,4 Prozentpunkte verloren; die Union feierte einen steilen Anstieg ihres Stimmenanteils um 14,2 Prozentpunkte – nie wieder gelang einer Partei bei Bundestagswahlen auch nur ansatzweise ein ähnlich kräftiger Stimmenzuwachs. Nach einer solchen Niederlage konnte die SPD nicht einfach achselzuckend zur Tagesordnung zurückkehren und weiter stoisch auf den sozialistischen Fortschritt vertrauen. Irgendetwas lief ersichtlich falsch, und darüber musste gesprochen werden.

So meldeten sich beispielsweise die Kommunalpolitiker in der SPD zu Wort, besonders aus den Hansestädten und aus Berlin, Wilhelm Kaisen etwa, der Regierende Bürgermeister in Bremen, und vor allem Ernst Reuter. Die Kommunalpolitiker standen seit 1945 in praktischer Verantwortung, waren Tag für Tag zu Kompromissen gezwungen, steckten sie doch häufig in schwierigen Koalitionen. Unter Schumacher hatten sie sich daher schwer mit dessen schroffem Fundamentalismus und rigidem Oppositionskurs getan. Überdies mochten Reuter und Schumacher sich nicht. Aber auch mit Ollenhauers maßvollem Traditionalismus konnte Reuter nicht viel anfangen. Er wollte heraus aus dem «Turm» der Traditionskompanie, wollte neue Wähler- und Mitgliederschichten an die SPD heranführen, die Partei der Macht näherbringen.

Ganz ähnliche Forderungen brachten einige der neuen Sozialdemokraten bürgerlicher Herkunft vor. Für sie war die Arbeiterbewegung nie Heimat, nie letzter Lebenssinn gewesen. Daher wirkte vieles an der Kultur des Sozialismus auf sie fremd, überflüssig, ja wie anachronistische Folklore. Die alten und über Generationen hinweg überlieferten Symbole der Arbeiterbewegung empfanden sie eher als Zeichen der Abschottung, mit denen Menschen, die nicht von Beginn an dazugehörten, auf Abstand gehalten wurden. Aus eigener Anschauung und Erfahrung wussten diese neuen Parteimitglieder, dass sich das deutsche Bürgertum vor der Anrede «Genosse»

Ernst Reuter (1889–1953), von 1947 bis 1953 Bürgermeister von Berlin, und Kurt Schumacher mochten sich nicht. Schumacher nannte Reuter verächtlich den «Präfekten von Berlin». Reuter war «westlicher» eingestellt als Schumacher, und er musste es sein, da der nichtkommunistische Teil Berlins auf den Schutz der Westmächte angewiesen war. Reuter konnte auf ein wechselvolles Leben zurückblicken. In jungen Jahren führender Kommunist, war er gegen Ende der Weimarer Republik – in Magdeburg – einer der wenigen Oberbürgermeister, die die SPD damals in Großstädten stellte. Die Nationalsozialisten schickten ihn ins Konzentrationslager. 1935 floh er in die Türkei und wurde dort Professor für Kommunalwissenschaften. 1946 kehrte er nach Deutschland zurück, nach Berlin.

grauste und dass es sich vor den martialischen roten Fahnen und militanten Klassenkampfgesängen fürchtete. Für die akademisch gebildeten Bürger in der SPD war all das meist lästiger Ballast, den die Sozialdemokraten abwerfen mussten, wollten sie erfolgreich sein.

In der SPD des Jahres 1953 plädierten der Pastor Heinrich Albertz und der Professor Carlo Schmid am vehementesten für diesen neuen Kurs. Aber noch konnten sie sich nicht durchsetzen. Eine Partei mit einer hundertjährigen Geschichte entledigt sich nicht einfach mit einem Schlag wichtiger Traditionen. Ein solcher Prozess dauert Jahre. Denn was für Albertz und Schmid lediglich Sentimentalitäten waren, bedeutete für die Mehrheit der Mitglieder, zumindest der Aktivisten, Lebenssinn und -inhalt. Fritz Heine etwa, der von den Reformern am heftigsten attackierte Mann im Bonner «Büro», begriff das abfällige Gerede vom «Turm» gar nicht. Für ihn war der «30-Prozent-Turm», in dem sich die Sozialdemokraten in den fünf-

Der Wirtschaftsminister Ludwig Erhard und sein Klassiker «Wohlstand für alle» im Jahre 1957. Ihren großen Sieg bei den damaligen Bundestagswahlen hatte die Union nicht zuletzt der Popularität von Erhard zu verdanken, dem Vater des «Wirtschaftswunders». Die Sozialdemokraten konnten da nicht viel entgegensetzen: Sozialisierung, Lenkung und Planung – das alles hatte längst nicht den Zauber und Charme der Formel «Wohlstand für alle».

ziger Jahren befanden, keineswegs ein Gefängnis, sondern vielmehr «Symbol einer starken Bastion in einer feindlichen Umwelt». Nicht viel anders dachte Erich Ollenhauer, der mit Heine eng befreundet war. Auch er wollte keinen radikalen Bruch mit traditionellen Ausdrucksmitteln der Partei. Auf einer Gedenkfeier im November 1953 erklärte er: «Eine sozialdemokratische Partei ohne das Symbol der roten Fahne wäre eine Partei ohne Herz. Die Partei ohne die Lieder und Kampfgesänge, die uns in neunzig Jahren ans Herz gewachsen sind und die vielleicht und hoffentlich morgen durch neue, zeitgerechte ergänzt werden, ohne das kameradschaftliche ‹Du› und ohne die verbindende und verpflichtende Anrede ‹Genosse› würde eine Partei ohne Blut sein.»

Ein halbes Jahr lang tobte der Symbolstreit in der SPD. Dann gaben die Reformer auf. 1953 war die SPD noch nicht zu einem Bruch mit der eigenen Vergangenheit bereit, dazu musste das parlamentarische Elend der Partei

Nach den Bundestagswahlen 1957 betrachtet der SPD-Vorsitzende Erich Ollenhauer traurig die Zahlen aus den verschiedenen Wahlkreisen. Der Gegner, die Adenauer-Union, hatte einen gewaltigen Sieg errungen und als erste Partei in der deutschen Parlamentsgeschichte die absolute Mehrheit der Stimmen gewonnen. Die SPD erzielte nur deprimierende 31,8 Prozent, fast 20 Prozentpunkte weniger als die Christdemokraten. Doch kostete Ollenhauer dies nicht das Amt, wie es spätestens seit den achtziger Jahren wohl der Fall gewesen wäre. Die Sozialdemokraten wussten, dass Ollenhauer nicht «ankam», er wirkte viel zu brav und bieder. Aber Loyalität und Solidarität – auch eine störrische Resistenz gegen die Kommentare in der «bürgerlichen» Presse – waren damals noch wichtig in der SPD, und so blieb er bis zu seinem Tod Parteichef.

noch größer werden. 1957 war es so weit. Die Union erhielt bei den Bundestagswahlen mehr als 50 Prozent der Stimmen – ein in der deutschen Parlamentsgeschichte einmaliges Ergebnis – und stand fast 20 Prozentpunkte vor den gänzlich abgehängten Sozialdemokraten. Das Debakel der SPD war so eindeutig und deprimierend, dass es nun nicht mehr nur einige Außenseiter und Randfiguren, sondern die ganze Partei, auch den letzten Traditionalisten erschütterte.

Diese Niederlage war deshalb umso schmerzlicher, als es den Ausweg, den die SPD über viele Jahrzehnte gegangen war, in der zweiten Hälfte der fünfziger Jahre nicht mehr gab. Früher hatten sich die Sozialdemokraten nach politischen Niederlagen in die Wagenburg ihres Milieus zurückgezogen und

Trost in der Liturgie des sozialistischen Zukunftsglaubens gefunden. Doch 1957 existierte zwischen Konstanz und Kiel kein intaktes System von Arbeiterfreizeit- und Kulturverbänden mehr, das den Sozialdemokraten eine alternative Lebensgemeinschaft und eine sozialistische Gegenkultur hätte bieten können. Im Westen Deutschlands war dieses Organisationswesen ohnehin nie so stark ausgebildet wie in der früheren industriellen Mitte des untergegangenen Deutschen Reiches. Auch zog es die jungen Leute, die in der Zeit des Nationalsozialismus aufgewachsen waren, nicht in eine ihnen aufgrund ihrer Biographie eher unverständliche proletarische Sonderkultur. Und Kurt Schumacher hatte eine solche Eigenkultur nach 1945 ebenfalls für überflüssig gehalten, da er fest damit rechnete, dass der Sozialismus in Deutschland künftig das vorherrschende Gesellschaftsmodell und kein randständiges Phänomen sein würde. Insofern war die SPD in den fünfziger Jahren im Grunde schon keine echte Milieupartei mehr, sondern nur noch eine Partei mit zäh verfestigten Milieumentalitäten.

Das alte Milieu als umfassende Gegenkultur basierte auf ungebrochener sozialdemokratischer Siegesgewissheit, auf dem Idealismus und dem Sendungsbewusstsein seiner Aktivisten. Die zahlreichen Niederlagen, die die Arbeiterbewegung zwischen den frühen zwanziger und späten fünfziger Jahren erleben musste, hatten diesen gleichsam religiösen Kern des Milieus aber endgültig zerbrochen: In den Fünfzigern konnte niemand mehr ernsthaft an einen zwangsläufigen, quasi natürlichen Siegeszug des Sozialismus glauben. Und so war die Erinnerung an den Milieusozialismus in diesen für die SPD so düsteren Jahren in der Tat nur noch Sentimentalität, Trotz, wehmütige Rückschau. Nach dem verheerenden Bundestagswahlergebnis von 1957 musste die SPD nun endlich eine politische Partei werden und Wahlen gewinnen, da sie Lebensgemeinschaft und Kulturbewegung nicht mehr sein konnte.

10. Übergangszeit: Abschied von der Traditionskompanie

Nach der katastrophalen Wahlniederlage 1957 gingen die Reformer entschlossen gegen die alte Weimarer Traditionskompanie im Bonner Parteivorstand vor. Die Gruppe der Neuerer hatte sich seit 1953 erheblich erweitert, und sie war innerhalb der Partei zu einem Machtfaktor geworden. Ihr gehörten mittlerweile viele Oberbürgermeister und einige Ministerpräsidenten an, die bei Wahlen eindrucksvolle Erfolge erzielt hatten, während die Bundespartei stagnierte. Auch zahlreiche Bundestagsabgeordnete waren es einfach leid, von der Parteibürokratie in der Bonner «Baracke» ständig am Gängelband geführt und immer nur auf die Oppositionsrolle festgelegt zu werden – sie waren hungrig nach der Macht. Hinzu kamen die gesamtdeutsch orientierten Protestanten, die 1957 zur SPD übergetreten waren; aus ihren Reihen sollten später mit Gustav Heinemann und Johannes Rau die beiden sozialdemokratischen Bundespräsidenten hervorgehen. Und eine Kerntruppe der Reformer bildeten nach wie vor die früheren Rebellen aus der Sozialistischen Arbeiterjugend der Weimarer Republik. Sie waren inzwischen in der Parteihierarchie aufgestiegen, hatten dabei aber ihr Ziel, den sozialdemokratischen Attentismus aufzubrechen, nicht aus den Augen verloren.

Der erste Erfolg dieser politisch und biographisch alles andere als homogenen Gruppe war die Neubesetzung der Fraktionsführung im Herbst 1957. Erich Ollenhauer wurden nun drei stellvertretende Fraktionsvorsitzende zur Seite gestellt, die alle darauf hinarbeiteten, die Partei aus ihrer traditionslastigen Erstarrung zu lösen: Carlo Schmid, Fritz Erler und Herbert Wehner. Der ehemalige Kommunist Wehner war von nun an für einige Jahre der starke Mann in der deutschen Sozialdemokratie, viele sahen in ihm den eigentlichen Lenker und Leiter der Partei. Bei ihm fanden die fast schon verzagten Sozialdemokraten das, was sie an Erich Ollenhauer so schmerzlich vermissten: Energie, Gerissenheit, rednerische Kraft und eisernen Machtwillen.

Der entscheidende Durchbruch gelang den Reformern auf dem Stuttgarter Parteitag 1958. Gegen den erbitterten Widerstand des Parteivorsitzenden Erich Ollenhauer und des mächtigen Parteikassierers Alfred Nau schaffte die Delegiertenmehrheit die Institution des geschäftsführenden Parteivorstandes ab. Das bedeutete das Ende des ungeliebten «Büros»; ein langer Traditionsstrang der sozialistischen Arbeiterbewegung in Deutschland war damit durchtrennt. Nun verlagerte sich der politische Einfluss von der Parteizentrale in die Bundestagsfraktion. An die Stelle des alten geschäftsführenden Vorstandes trat ein neues, aus elf Personen bestehendes Präsidium, das sich überwiegend aus prominenten Bundestagsabgeordneten zusammensetzte und zum Führungszentrum in der SPD wurde. Das war nicht nur der Abschied vom Primat der Parteiorganisation, sondern auch von einer in Deutschland lange prägenden obrigkeitsstaatlichen Tradition – der Entmündigung der Volksvertretung und ihrer Fraktionen –, die ihren Ursprung im Bismarck'schen Konstitutionalismus hatte.

Doch die Reformer hätten sich nicht so leicht durchsetzen können, wenn sie nicht massiv von den Medien unterstützt worden wären. Der Siegeszug der Mediengesellschaft über die sozialdemokratische Gremienkultur begann nicht erst im März 1998 mit der Inthronisierung des Fernseh- und Zeitungsfavoriten Gerhard Schröder als Kanzlerkandidat der SPD. Bereits in den späten fünfziger Jahren nahmen die Medien, wenn auch noch nicht so stark, Einfluss auf die inneren Entscheidungsprozesse der Sozialdemokratie. Damit ging ein Stück sozialdemokratischer Geschichte zu Ende; ein Kernbestand sozialdemokratischen Selbstbewusstseins und Leistungsvermögens war verloren: die Fähigkeit zur autonomen Organisation und Willensbildung. In der Unabhängigkeit vom Rest der Gesellschaft hatte stets Glanz und Elend dieser Partei gelegen; sie war frei und widerborstig, gleichzeitig jedoch politisch isoliert. So hatte denn der Verlust der Autonomie am Ende der Zeit des Milieus und zu Beginn der Mediengesellschaft für die Sozialdemokratie neben einigen guten viele problematische Seiten.

In etlichen Zeitungen hatte man über Monate Tag für Tag lesen können,

Der Pressechef der SPD, Fritz Heine, 1956 in seinem Büro in der Bonner «Baracke». Seit 1953 war er die Zielscheibe der Reformer in der SPD, die ihn als Mann eines anachronistischen Parteiapparats sahen, einer phantasielosen, unmodernen Propagandatechnik, eines überholten Parteimarxismus. 1958, auf dem Stuttgarter Parteitag, flog Heine, der 1940 in Marseille mehreren hundert Menschen die Flucht vor den Nationalsozialisten ermöglicht hatte, aus dem Parteivorstand. Das wurde zum Symbol des sozialdemokratischen Wandels.

dass an der Misere der Sozialdemokraten einzig der «Apparat» schuld sei, die Bonner «Bürokraten» und «SPD-Beamten» in der «Parteizentrale». Dem sozialdemokratischen Pressechef Fritz Heine wurde dabei die Rolle des Schurken zugewiesen; Heine galt als die Inkarnation des starrsinnigen, verknöcherten Funktionärs. Noch einige Jahre zuvor hätten solche Artikel die Sozialdemokraten kaum berührt, ja sie wären von großen Teilen der Partei nicht einmal bemerkt worden. Aber diese Zeiten waren für immer vorbei. Von nun an wurden die Kommentare auch der «bürgerlichen Presse» für die SPD wichtig, zumal in den fünfziger Jahren das große Zeitungssterben in der sozialdemokratischen Presselandschaft stattgefunden hatte. Der

Niedergang der parteieigenen Kommunikationsorgane unterminierte die Autonomie der SPD zusätzlich.

Dadurch veränderte sich die Sozialdemokratie gewaltig. Bislang waren die Sozialdemokraten immer stolz gewesen auf ihre Organisation, ihre Funktionäre, ihre Besoldeten. In dieser Hinsicht hatten sie schließlich alle anderen Parteien übertroffen, den ganzen bürgerlichen Honoratiorenklüngel, der ohne Struktur und Disziplin agierte. Doch jetzt bekam das, was sie so lange geschätzt hatten, einen schalen Beigeschmack. Es gehörte plötzlich zum guten Ton, sich über Funktionäre und Parteibürokraten lustig zu machen, sie als fad, öde und langweilig hinzustellen und als Vertreter einer Welt von vorgestern zu verspotten. Den Sozialdemokraten wurde ihr eigenes Funktionärswesen peinlich. Wer in der Politik ganz nach oben kommen wollte, musste sich fortan vom Durchschnitt der Funktionärs- und Gremienwelt abheben, musste sich bemühen, weniger grau und spießig zu wirken, dafür moderner, farbiger und interessanter. Auch das begann schon 1958, und es verstärkte sich noch in den Jahren 1959 / 60, als die neuen Drahtzieher der Partei sich auf die Suche nach einem Kanzlerkandidaten machten, der in die Welt der Medien hineinpasste.

Mit Erich Ollenhauer jedenfalls konnte man in bunten Reportagen keinen Blumentopf gewinnen. Er wirkte spröde, pedantisch, bieder und brav. Er war, so hieß es sogar in der SPD, «schwer verkäuflich». Dieses Kriterium hatte bei den Sozialdemokraten bis dahin nie eine Rolle gespielt, aber das änderte sich nun: Die sozialdemokratischen Königsmacher schauten sich nach einem Kandidaten um, der jung, dynamisch und modern auftrat, der eine gute Figur im Fernsehen machte und «telegen» war, wie man jetzt sagte. So kamen sie auf Willy Brandt, den jungen Regierenden Bürgermeister von Berlin. Den meisten Aktivisten in der SPD gefiel das keineswegs; sie mochten Brandt nicht, hielten ihn für einen Dandy, einen Leichtfuß. Außerdem fehlte ihm der rechte Stallgeruch, das angestrengt Sozialdemokratische. Auf den Parteitagen 1954 und 1956 ließen sie ihn bei den Wahlen zum Parteivorstand ungerührt durchfallen. Aber das störte die kühlen Machtstrategen in der SPD, allen voran Herbert Wehner, nicht. Auch Wehner hatte keine hohe Meinung von der politischen Substanz Brandts, doch er hoffte, ihn umso leichter steuern zu können. Im Übrigen konnten sich die Sozialdemokraten

Willy Brandt und sein Idol John F. Kennedy. In den frühen sechziger Jahren versuchte Brandt, den Stil des jungen amerikanischen Präsidenten nachzuahmen. Das kam anfangs nicht schlecht an, wurde dann aber zunehmend Gegenstand von Spott und Häme. Brandt musste sich erst von der aufgesetzten Kennedy-Pose lösen, um sein eigenes Charisma zu entfalten.

nur mit Brandt als Kanzlerkandidat eine Chance ausrechnen: Kein SPD-Politiker kam im Fernsehen, das immer wichtiger wurde, so gut an wie er. Außerdem hatte die Springer-Presse einen Narren an ihm gefressen. Sie machte ihn zum deutschen Kennedy, und Brandt nahm diese Rolle dankbar an; ständig versuchte er, den jugendlichen amerikanischen Präsidenten zu imitieren.

Willy Brandt war der erste Medienkanzlerkandidat in Deutschland. Er öffnete den Medien seine Privatsphäre, ließ sich mit seinen Kindern, natür-

Im März 1958 streikten in Berlin Teile des öffentlichen Dienstes. Auch der Fahrer des Regierenden Bürgermeisters hatte die Arbeit niedergelegt, und so ließ sich Willy Brandt von seiner Frau Rut im privaten VW Käfer zum Rathaus Schöneberg bringen. Zum Abschied ein nettes Lächeln. Das gab ein schönes Foto für die Presse und gefiel auch Lesern, die sich für Politik nicht sonderlich interessierten. Das wiederum konnte sich bei Wahlen auszahlen. Kurzum, Brandt war zweifellos ein moderner Politiker.

lich mit seiner schönen Frau und selbst beim Nassrasieren im Badezimmer fotografieren. Die alten Funktionäre der Arbeiterbewegung empörten sich über einen solchen Verstoß gegen das sozialistische Ethos. Überhaupt war ihnen Brandt zu rechts, zu amerikafreundlich, zu sehr stand er für eine Große Koalition mit den verhassten Bürgerlichen. Aber als gute Parteisoldaten fügten sie sich der Parteidisziplin; widerwillig akzeptierten sie die neue Strategie von Brandt und Wehner, so wie sie 1959 das Godesberger Programm hatten hinnehmen müssen.

Der Wandel der SPD in den späten fünfziger und frühen sechziger Jahren war also ebenso gründlich wie umfassend: Die Sozialdemokraten reformierten ihre Organisationsstruktur, sie hoben einen Medienkanzlerkandidaten auf den Schild, und mit «Godesberg» machten sie darüber hinaus auch programmatisch deutlich, dass für sie die Zeit von Marxismus und Klassenkampf, von kühnen Sozialisierungspostulaten und starren sozialistischen Endzielen vorbei war. Bei dieser Programmreform waren zwar nicht die gleichen Personen am Werk wie bei der Organisationsreform, doch wieder kamen die Neuerer vorwiegend aus der früheren sozialistischen Jugendopposition der Weimarer Republik. Die «philosophische» Neuorientierung des Godesberger Programms etwa – fort von letzten und einzigen Wahrheiten, hin zu pluralistisch fundierten Grundwerten – hatte Willi Eichler betrieben, der vor 1933 eine kleine linkssozialistische Sekte leitete, nachdem ihn die SPD 1926 ausgeschlossen hatte. Und die neue, marktwirtschaftliche Lesart des sozialdemokratischen Programms ging maßgeblich auf Heinrich Deist zurück, der in den zwanziger Jahren ein führender Kopf des neorevisionistischen Hofgeismar-Kreises der Jungsozialisten war. Gut dreißig Jahre also hatten die jungoppositionellen Kräfte in der SPD gebraucht, bis sie sich – natürlich mittlerweile reifer geworden – endlich durchsetzen konnten. Insofern war der Wandel der SPD in der Zeit von 1958 bis 1960 kein reiner Neuanfang, denn es kamen darin Entwicklungen und Lernprozesse zum Abschluss, die in den frühen zwanziger Jahren ihren Ausgang genommen hatten. Man sieht daran, wie mühsam und langwierig es ist, große Parteien, die eine übermächtige Geschichte haben, zu verändern. Das hat natürlich gute wie schlechte Seiten. Einerseits verschwinden solche Parteien nicht gleich von der politischen Bühne, wenn die Moden wechseln, die Medien scharfe Attacken reiten oder Wahlen verloren gehen. Andererseits jedoch lernen sie nur langsam, sind schwerfällig und neigen dazu, auf alten Positionen auszuharren, statt rechtzeitig den Ort zu wechseln und sich auf Neues einzulassen.

So war denn 1959 noch ein Kraftakt erforderlich, um das Godesberger Programm durch die Abstimmung des SPD-Parteitags zu bringen. Schließlich brach das Programm mit einer Menge liebgewonnener Einstellungen, bei vielen Sozialdemokraten mit lebenslangen, ganz selbstverständlichen Grundüberzeugungen. Zunächst blieb der Argwohn der Delegierten eher

Erich Ollenhauer und Herbert Wehner, der formelle und der wirkliche Chef der SPD. 1958 war die Macht des alten Weimarer Organisationsapparats im Parteivorstand gebrochen, und damit hatte Ollenhauer seine Basis verloren. Er blieb zwar bis zu seinem Tod Vorsitzender, aber der eigentliche Parteiführer war nun Herbert Wehner. Wehner besaß das, was die Sozialdemokraten bei dem sanften, ehrlichen Ollenhauer vermissten: Härte, Machtwillen und rhetorische Glut.

unterschwellig. In der Frage der Religion aber wäre es fast zu einem Eklat gekommen, der die Verabschiedung des Godesberger Programms beinahe noch hätte gefährden können. Die sozialdemokratischen Aktivisten waren überwiegend erklärte Gegner der Kirche, oft bekennende Mitglieder von Freidenkerorganisationen. Immer schon hatten sie gegen die «Pfaffen» und für den Sozialismus gekämpft, der das religiöse Opium für das ausgebeutete Volk überflüssig machen sollte. Auch im Bonner Staat waren die «Schwarzen» – die Bischöfe, Pfarrer und Vikare – weiterhin ihre Gegner, die Prätorianergarde des bösen Konrad Adenauer. Plötzlich sollte sich das alles ändern.

Der außerordentliche SPD-Parteitag in Bad Godesberg vom 13. bis 15. November 1959 markiert die große programmatische Wende in der Geschichte der sozialdemokratischen Arbeiterbewegung. Seither ist die SPD auch offiziell Volkspartei, seither schwört sie nicht mehr auf Proletariat und Marxismus, sondern auf Grundwerte und Pluralismus. Und für den Bereich Wirtschaft fanden die Programmschreiber das Motto: «Wettbewerb soweit wie möglich – Planung soweit wie nötig!»

Das Godesberger Programm sah vor, die Kirchen als Partner anzuerkennen, ihren besonderen Auftrag zu achten, ihnen gar Schutz zuzusichern. Dem Gros der Delegierten ging das zu weit. Die meisten von ihnen grollten ohnehin, weil die Partei auf eine zentrale Forderung – die Verstaatlichung der Produktionsmittel – verzichten sollte, für die man als Sozialist immer eingetreten war, um das Chaos und die Krisenhaftigkeit der kapitalistischen Produktion zu überwinden.

Für viele der altgedienten Parteisoldaten war das schon eine verkehrte, eine verrückte Welt, die sich ihnen da in dem bürgerlichen Kurort nahe Bonn bot. Doch sie vertrauten Ollenhauer. Erich, wie sie ihn nannten, stand hinter dem Programm, also musste es alles in allem seine Richtigkeit damit haben. Letztlich stimmten sie dafür, weil Erich es ihnen empfahl. Ohne Ollenhauer, den obersten der Traditionalisten, hätte paradoxerweise die Reform der SPD nicht reibungslos zu Ende gebracht werden können. Zu seinem Traditionalismus gehörte eben auch die Loyalität. Und da Ollenhauer erkannte, dass die neuen Männer um ihn herum die Parteireform wollten, beteiligte er sich daran, indem er die Neuerungen den Kritikern gegenüber legitimierte und die verunsicherten, oft empörten Altsozialdemokraten beruhigte, mancherorts sogar vom Aufruhr abhielt. Entsprechend förderte er 1959 / 60 die Kanzlerkandidatur von Willy Brandt, und nach Herbert Wehners überraschender Bundestagsrede vom 30. Juni 1960, mit der sich die SPD an die Außenpolitik der Bundesregierung anpasste, gelang es Ollenhauer – wenn auch mit großer Mühe –, die Unruhe in der Partei zu dämpfen.

Zur Verabschiedung des Godesberger Programms hat Ollenhauer sogar mehr beigetragen als ausgesprochene Parteireformer wie Brandt, Erler, Wehner oder Helmut Schmidt, denen es am liebsten gewesen wäre, man hätte die schwer kalkulierbare Programmdebatte vertagt oder ganz ausfallen lassen. Ollenhauer dagegen verschaffte den programmatischen Revisionisten um Deist und Eichler den nötigen Raum, um ihren Entwurf vorzustellen, und verteidigte diesen gegenüber der skeptischen Basis. So trug er entscheidend dazu bei, die Sozialdemokratie zu reformieren, ohne dass traditionalistische Teile der SPD sich querstellten oder in die Resignation getrieben wurden. Auch das war von jeher typisch für die deutschen Sozialdemokraten: Ihnen gelang die Reform der eigenen Partei und Bewegung am besten, wenn sie sich dabei auf Traditionen stützen konnten.

11. Die sechziger Jahre: «Beste CDU aller Zeiten»

In der ersten Hälfte der sechziger Jahre machte die neue Führung Tabula rasa, zerschnitt auch noch die letzten Traditionsstränge. Nichts sollte mehr an die alte Zeit, an die ohnmächtigen und tristen Oppositionsjahre erinnern. Genau hundert Jahre lang war die deutsche Sozialdemokratie eine der traditionsbewusstesten Parteien überhaupt in Europa gewesen. Kaum eine andere Partei hatte so viele Mythen und Legenden, Erinnerungen und Erzählungen, Helden und Märtyrer, kurz: eine solch gewichtige Vergangenheit; hatte eine vergleichbare Alltagskultur entwickelt und eine ähnliche Alternativwelt aufgebaut. Und kaum eine andere europäische Partei rückte in den sechziger Jahren von ihrer eigenen Geschichte so entschieden ab wie die SPD; die alten sozialistischen Ansprüche und die proletarische Sonderkultur standen ihr nun im Wege.

In diesen Jahren zwischen Mauerbau und Studentenrevolte strebten die Parteiführer entschlossen die Macht an. Auf das Godesberger Programm griffen sie dabei nicht zurück, es spielte – anders, als gemeinhin angenommen – in der Partei schon wenige Wochen nach seiner Verabschiedung keine Rolle mehr. Die Reformer mochten es nicht, ihnen war darin immer noch zu viel von Grundwerten, von einer neuen und besseren Ordnung der Gesellschaft die Rede, und sie sorgten dafür, dass die SPD «realistisch» wurde und allen «ideologischen Flausen» abschwor. Das war eine mindestens ebenso scharfe Zäsur wie die Organisationsreform 1958, denn die Partei hatte stets von der Spannung gelebt, die zwischen ihren hehren Visionen und ihrem nüchternen Realismus bestand, zwischen dem Konzept einer sozialistischen Zukunftsgesellschaft und der Wirklichkeit des bürgerlichen Staates, zwischen dem, was war, und dem, wie es eigentlich sein sollte. Hieraus hatten die Sozialdemokraten ihre Energie gezogen, ihren Impetus, auch ihren

Konrad Adenauer, Bundeskanzler von 1949 bis 1963 und der große, überlegene Gegenspieler der Sozialdemokraten, war in der Wahl der Mittel, mit denen er die SPD politisch klein zu halten versuchte, nicht zimperlich. Die Sozialdemokraten litten unter seinen Denunziationen, empörten sich und waren beleidigt. Wahrscheinlich konnte nur ein Mann wie Herbert Wehner – an kaltem Machtinstinkt dem «Alten» durchaus ebenbürtig – sie aus der Schmollecke herausscheuchen, um in den «CDU-Staat» einzudringen.

moralischen Ernst. Eine SPD, die dieses Spannungsverhältnis ad acta legen und sich ganz dem Hier und Jetzt zuwenden wollte, war eine SPD, die sich von ihren Wurzeln löste.

Die neue Spitze versuchte eine Partei zu formen, die Lust auf Macht und nicht auf oppositionelle Rechthaberei hatte. Selbst in der Opposition sollte die SPD nicht mehr Opposition sein, nicht unzufrieden wirken, sondern optimistisch und staatsmännisch. Die Bürger würden das schätzen, das jedenfalls war die feste Überzeugung der neuen SPD-Führungscrew, die ihren politischen Gegnern keine Anknüpfungspunkte mehr für ihre erfolgsträchtigen antisozialistischen Kampagnen liefern wollte. Daher entledigte sie sich aller alten sozialistischen Symbole und Programmpunkte. Auf dem Parteitag 1964 sprach mit Willy Brandt erstmals ein Parteivorsitzender die

Delegierten nicht mehr mit «Genossen» an, sondern nur noch schlicht mit: «Liebe Freunde, liebe Anwesenden, liebe Delegierte». Das war schon ein Stück Kulturrevolution, was sich da in der SPD ereignete.

Die Sozialdemokraten wollten der Union den ersten politischen Platz in der Republik streitig machen, indem sie sich ihr anverwandelten, nicht indem sie Differenzen herausstellten und auf Konfrontationskurs gingen. Die SPD präsentierte sich als bessere Ausgabe der CDU, nicht als grundsätzliche Alternative. Sie übernahm die Begriffe und die Kernbotschaften des Rivalen, enteignete ihn gewissermaßen thematisch. Sie befürwortete jetzt die NATO, das westliche Bündnis und die Marktwirtschaft, und sie propagierte ebenso eifrig wie kurz zuvor noch die Christdemokraten die «Volksaktie». «Wir machen es nicht ganz anders, aber wir machen es besser», dieses Motto brachte die damalige SPD-Strategie auf den Punkt.

Mitte der sechziger Jahre nannten die Sozialdemokraten ihre Partei denn auch oft ein wenig spöttisch – aber nicht ohne jeden Stolz – «die beste CDU aller Zeiten». Und der oberste sozialdemokratische Christdemokrat war der seit 1964 amtierende Parteivorsitzende Willy Brandt. Er trat als der große Rhetoriker der «Gemeinsamkeiten» in der Republik auf, als der Propagandist des «Wir-sitzen-alle-in-einem-Boot». Nichts sollte mehr an die alte Partei erinnern, die grämlich abseits stand, missvergnügt die gesellschaftliche Entwicklung in der Republik benörgelte und rechthaberisch auf den Sozialismus pochte. Die SPD kopierte die CDU – mit einem Unterschied allerdings: Sie wollte die Union an Frische, Dynamik und vor allem an Modernität klar übertreffen.

Modernität war überhaupt die sozialdemokratische Zauberformel schlechthin in jenen Jahren des großen Abschieds von der Traditionskompanie. Die Sozialdemokratie modellierte sich als die moderne Partei der Fachleute und Experten, die im Gegensatz zu den Konservativen die Aufgaben der Zukunft erkannt hatte und lösen würde. Sie versprach, den Bildungsnotstand zu beheben und den technischen Fortschritt zu beschleunigen, den wissenschaftlichen Nachwuchs zu fördern und die Infrastruktur zeitgemäß auszubauen und umzugestalten. Als die Partei der optimistischen Technokratie ging die SPD auf Stimmenfang bei den neuen Mittelschichten, denen diese Attitüde bestens gefiel. Den Begriff und Wertekatalog des «demokratischen Sozialismus» hatten die Parteistrategen hierzu nicht gebraucht, im Gegenteil als hemmend und belastend empfunden, hatten ihn in der Öffentlichkeit daher streng gemieden, am Ende der sechziger Jahre beinahe selbst vergessen. Nach einem Jahrhundert der ideologischen Überfrachtung war das Selbstverständnis der sozialdemokratischen Wortführer während der frühen Sechziger in das andere Extrem umgeschlagen – die Politik der SPD hatte ihre ideelle Grundierung verloren.

Der Wandel der SPD war beträchtlich. Eisern vorangetrieben hatte ihn das sogenannte Triumvirat an der Spitze der Partei: Willy Brandt, Fritz Erler und Herbert Wehner. Dabei gingen die drei arbeitsteilig vor. Jeder hatte seine spezifische Funktion, seinen bestimmten Adressaten, sein besonderes Profil. Willy Brandt übernahm die Rolle des medienwirksamen Repräsentanten der jungen, fortschrittlichen, modernen und ideologiefreien SPD, die auf Zugewinne in den neuen Mittelschichten zielte. Der rhetorisch geschliffene Fritz Erler beeindruckte als Vorsitzender der Bundestagsfraktion durch hohe Sachkompetenz. Und Herbert Wehner schließlich legte und stabilisierte die Fundamente der Machtstrategie. Er war der Dompteur der Partei, der die SPD disziplinierte, sie kommandierte, ihr den neuen Kurs nachgerade einprügelte. Brandts Wahl zum Parteivorsitzenden war durchaus nicht unumstritten, denn in weiten Kreisen der SPD galt Fritz Erler als der klügere, fleißigere und beständigere Politiker. Aber eine ernsthafte Chance hatte Erler nicht. Denn schließlich war das Zeitalter der elektronischen und visuellen Medien bereits angebrochen, und im Fernsehen kam Erler nicht recht an, er wirkte zu spröde, immer ein wenig besserwisserisch, von unterkühlter Intellektualität und abschreckender Humorlosigkeit. Erler war schwer zu popularisieren, und daher musste er hinter Brandt zurückstehen.

Ohnehin galt Herbert Wehner als der eigentliche, der faktische Chef der deutschen Sozialdemokraten – und das schon seit 1958. Mit extrem autoritären Methoden, die die Sozialisation und Ausbildung als Kader in der stalinistischen KPD verrieten, und mit Hilfe von etwa zwei Dutzend ihm bedingungslos ergebenen Parteisekretären erstickte Wehner jeden ernsthaften Widerstand gegen den neuen politischen Weg der SPD. Die Wehner'sche Führung löste sich kühl, unsentimental, mitunter brutal von allen Axiomen und Zielsetzungen der Schumacher-SPD, aber eine nennenswerte Opposition artikulierte sich auf Parteitagen in der ersten Hälfte der sechzi-

In den sechziger Jahren sprach man noch nicht von der Troika, sondern vom Triumvirat: Fritz Erler, Herbert Wehner, Willy Brandt. Gemeinsam führten sie die SPD, und jeder hatte seine Rolle: Wehner disziplinierte die Partei, Erler dirigierte die Bundestagsfraktion, und Brandt war der Kanzlerkandidat für das Volk.

ger Jahre nicht: Innerparteiliche Frondeure wurden vom Wehner-Apparat schon im Vorfeld kaltgestellt. Auf den Parteitagen selbst schrie Wehner die wenigen Kritiker, die noch übrig geblieben waren, persönlich nieder. Hier tobte und geiferte er, spie Gift und Galle, verletzte und erniedrigte all jene, die anders dachten als er.

Die Partei fürchtete ihn und seine abgründigen Gemeinheiten, aber sie bewunderte ihn auch. Schließlich war es ihm wie wohl nie zuvor einem Volksvertreter in Deutschland gelungen, mit einer einzigen Parlamentsrede – derjenigen vom 30. Juni 1960, als er für die SPD die Westpolitik der Adenauer-Regierung anerkannte – die innenpolitische Konstellation jäh zu verändern und die Opposition aus einem bis dahin schier hoffnungslosen Abseits herauszuboxen. Und niemandem, weder seinem Parteivorsitzenden noch seinem Kanzlerkandidaten, hatte Wehner vorher auch nur ein Sterbenswörtchen verraten. So machte er es immer: Er dachte für sich allein, entschied für sich allein und erwartete dann, dass alle sofort und gehorsam parierten. Es hat in der sozialdemokratischen Geschichte selten, wahrscheinlich nie einen Mann gegeben, der seine Partei so rüde und rücksichtslos zur Macht trieb wie Wehner. Dabei trat er auf wie ein Agitator auf der Straßenbarrikade, wie ein Tribun der proletarischen Umwälzung. Dieser klassenkämpferische Habitus riss Gewerkschafter und sozialistische Traditionalisten mit, als Wehner die SPD aus der Schmollecke der linken Milieupartei an die Seite der Union in der Bonner Koalition schubste.

Seine radikale Rhetorik, seine taktischen Winkelzüge und die straffe, zentralistische Beherrschung des Parteiapparats machten Wehner bis Mitte der sechziger Jahre zum wirklichen Führer der SPD. Offiziell jedoch konnte er nicht der erste Mann der Partei werden, schon seiner dubiosen, keineswegs harmlosen kommunistischen Vergangenheit wegen. Wehner war ein Wählerschreck. Wähler aber sind nun einmal wichtig, um an die Macht zu kommen. Wehners Weg war nicht mit Wehner selbst an der Spitze gangbar. Für diese Position hatte die Wehner-Truppe eben Willy Brandt erkoren und den Regierenden Bürgermeister 1960 zum Kanzlerkandidaten gemacht. Die Partei war lange Jahre nicht sonderlich begeistert von «Smiling Willy», wie Brandt von seinen durchaus nicht wenigen Gegnern verächtlich genannt wurde. Im Grunde war Brandt der Partei gegen ihren Willen aufgepfropft worden. Er brauchte drei Anläufe, um 1958 dann in den Vorstand gewählt zu werden. Auch als ihn der Hannoveraner Parteitag zum Kanzlerkandidaten kürte, gaben ihm die Delegierten bei den gleichzeitigen Wahlen zum Parteivorstand so wenige Stimmen, dass er lediglich auf dem 21. Platz landete, weit hinter Kandidaten, die außerhalb der SPD kaum jemand kannte. Immerhin profitierten die Sozialdemokraten im Wahlkampf 1961 von der jugendlichen Frische, mit der Brandt die SPD von der Partei des greisen und allmählich doch etwas starrsinnig operierenden Konrad Adenauer abheben konnte. Mit dem Kanzlerkandidaten Brandt steigerten die Sozialdemokraten ihren Stimmenanteil um beachtliche 4,4 Prozentpunkte. Die Union verlor 4,9 Prozentpunkte und dadurch die bisherige absolute Mehrheit von Stimmen und Mandaten.

Herbert Wehner, wie man ihn als Redner in Erinnerung hat: zornig und aggressiv. Wehners Wutausbrüche waren gefürchtet, bei politischen Gegnern wie bei Freunden. Selbst hartgesottene Journalisten gingen geduckt zu Pressegesprächen mit ihm. Doch konnte Wehner auch anders sein: hilfsbereit, einfühlsam, sogar geduldig. Er liebte Blumen, Gedichte und Musik. Wehner hatte Schlimmes erlebt, war auch an schlimmen Dingen beteiligt gewesen. Er war ein zerrissener, schwieriger, gewiss auch schwer leidender Mensch.

Und doch blieb die Distanz zwischen der SPD und ihrem Spitzenkandidaten weiter bestehen. Die meisten Sozialdemokraten hatten gemischte Gefühle, waren nicht wirklich begeistert von ihrem neuen ersten Mann. Auch bei den Wählern kam Brandt 1964/65 nicht mehr so gut an wie noch am Anfang des Jahrzehnts. Als 1965 der Bundestagswahlkampf begann, war Brandt eher Belastung als Zugpferd; die Zustimmungswerte für den Spitzenkandidaten der SPD lagen jedenfalls hinter denen seiner Partei. Selbst von den sozialdemokratischen Anhängern war nur gut ein Drittel der Überzeugung, dass Brandt einen fähigen Kanzler abgeben würde. Im Sommer 1965 zirkulierte eine Studie, die deutlich machte, dass die Wähler bei Brandt politische Substanz vermissten; sie dachten, er sei bloß von anderen auf-

Willy Brandt lässt sich kumpelhaft mit Bauarbeitern fotografieren. Gern wird er das nicht gemacht haben, er war kein Kumpeltyp. Die Journalistin Wiebke Bruhns notierte 1972: «Brandt hat ein großes Herz für kleine Leute. Aber er wollte sie um Gottes willen nicht um sich haben.»

gebaut und werde von außen gesteuert. Tatsächlich war Brandt nicht nur der erste Medienkanzlerkandidat, sondern auch der erste Public-Relations-Kanzleraspirant in Deutschland. Wie kein anderer Politiker zuvor war er von Beratern, die dabei demoskopischen Vorgaben folgten, in alle möglichen Rollen hineingesteckt worden, ob sie nun zu ihm passten oder nicht. Und genau das kostete ihn fast die politische Karriere. Denn er wirkte unecht, marionettenhaft, ja verkrampft.

1965 erlebte Brandt, wohin es führen kann, wenn Politiker sich zu sehr auf professionelle Imageberater verlassen, zu sehr in Rollen verfallen und um alles in der Welt ankommen wollen. Sie ruinieren sich dann, verlieren ihre Würde und Autorität. Und gewinnen tun sie auch nicht: Am Abend der Bundestagswahlen ließ sich Ludwig Erhard als Sieger feiern, da die CDU einen Stimmenzuwachs von 2,3 Prozentpunkten verbuchen konnte; Brandt dagegen schien am Ende zu sein, ein Mann ohne Fortune, trotz Zugewinnen der ewige Verlierer. Brandt wollte aufgeben, nicht wieder in der ersten Reihe kämpfen, und kurz nach den Wahlen erklärte er denn auch, für eine Kanzlerkandidatur künftig nicht mehr zur Verfügung zu stehen.

Das war die Wende in Brandts Karriere, erst jetzt begann sein Aufstieg zum großen, charismatischen, von seinen Anhängern glühend verehrten Parteiführer. Das war paradox genug: Brandt wurde zum anerkannten Vorsitzenden seiner Partei, als er um Anerkennung gar nicht mehr buhlte; er wurde am Ende Regierungschef, obwohl ihn sein Ehrgeiz nicht mehr dazu trieb. Brandt hatte sich nach den schweren Depressionen, unter denen er 1965 litt, von allen übersteigerten Erwartungen frei gemacht und das Gefühl gewonnen, nichts mehr werden zu müssen, den Deutschen nichts mehr beweisen zu müssen. Das machte ihn ruhiger, gelassener, souveräner; er war er selbst, nicht irgendein fremdgesteuerter politischer Schauspieler, nicht bloß die deutsche Kopie des John F. Kennedy. Er ließ nun keine Fotografen mehr in seine Schlafgemächer und Badezimmer, lächelte nicht mehr alle und jeden gekünstelt an, um dadurch Sympathien für sich zu erheischen. Er wirkte verschlossen und distanziert, aber strahlte dabei den inneren Gleichmut desjenigen aus, der sich seiner Sache sicher ist. Jetzt erst nahmen ihn die Funktionäre seiner Partei ernst, jetzt erst beeindruckte er die Journalisten wirklich. Brandt gelang in dem Moment der Durchbruch, als er nicht mehr der Medienliebling sein mochte.

Nun fand er zu der politischen Größe, an die man sich heute noch erinnert. Und er war dadurch auch endlich gefeit gegen die politischen Schachzüge Herbert Wehners, besaß eigene Autorität und Kraft. Es ist bemerkenswert, dass die beiden Schlachtrosse der SPD der sechziger Jahre, eben Brandt und Wehner, sich in dieser Zeit nicht groß um die Gunst der Medien scherten. Wehner war ruppig, höhnisch und einschüchternd wie eh und je, und Brandt hatte einfach keine Lust mehr, den Journalisten zu schmeicheln und nach dem Mund zu reden. Aber das schadete den beiden keineswegs, vielmehr brachte es ihnen den Respekt der Medienvertreter ein.

Zudem hatte Willy Brandt seine politische Mission gefunden, an die er unbeirrt glaubte und mit der er seine Partei mobilisieren konnte: Er avancierte zum kühnen Vorreiter einer neuen Deutschland- und Ostpolitik. Die betrieb er ab 1966 ähnlich zielstrebig und entschlossen wie Konrad Adenauer in den frühen fünfziger Jahren seine Westpolitik, und sie wurde zur

Darüber wurde oft geredet und gemunkelt: Brandt trank gern ein Glas, und er liebte schöne Frauen. Aber leicht hatten die es nicht mit ihm. Er war verschlossen; etwas Einsames umgab ihn.

Quelle seiner Führungskraft, seines Charismas. Mit dem außenpolitischen Vorstoß brachte er nun endlich auch die Parteiaktivisten der mittleren und unteren Ebene hinter sich, die in der zweiten Hälfte der sechziger Jahre, von der taktischen Anpassung ihrer Führungsleute an die CDU zermürbt, nach einer scharfen sozialdemokratischen Alternative nachgerade dürsteten. Brandt lieferte ihnen jetzt das, was sie begehrten; mit seinen deutschland- und außenpolitischen Plänen konnten sie sich identifizieren und von der ungeliebten Union kämpferisch absetzen. Auch in der Großen Koalition verfolgte Brandt, der als Erster vorsichtig von einer Anerkennung der Oder-Neiße-Grenze sprach, seine Linie weiter und geriet darüber in Streit mit Bundeskanzler Kiesinger. Das sozialdemokratische Profil war dadurch schärfer als in den Oppositionsjahren, was die Position von Brandt in seiner Partei nur festigte. Er war nun der gefeierte Held der sozialdemokratischen Funktionäre und Parteitagsdelegierten.

Brandts Projekt deckte sich mit den friedenspolitischen Sehnsüchten der Parteibasis; reale Außenpolitik und sozialdemokratische Entspannungsvisionen fielen selten genug zusammen. In den späten sechziger und frühen siebziger Jahren war dies aber der Fall, und es sollte eine ganze Generation prägen. Brandt nannte die SPD nun «Partei des Friedens». Das nahmen die Funktionäre begierig auf, das stand in guter sozialdemokratischer Tradition und entsprach ihrem Selbstbild als Kämpfer für Frieden und Fortschritt. Das, kurzum, war die glasklare, die ersehnte Abgrenzung von den anderen, den Konservativen und Deutschnationalen, den militärischen Scharfmachern und kalten Kriegern.

So war die Stimmung an der Basis der SPD. In der zweiten Hälfte der sechziger Jahre zeigte sich, dass große Teile des sozialdemokratischen Fußvolkes den Marsch der Parteiführung in die politische Mitte und an die Seite der großen bürgerlichen Partei zwar hingenommen und zähneknirschend mitgemacht hatten, aber darüber alles andere als erfreut waren. Der Wandel der SPD war von oben dirigiert und zu abrupt in seinem kompletten Bruch mit Symbolen, Metaphern und Programmen der klassischen Arbeiterbewegung. Nicht jeder Sozialdemokrat hatte den strategischen Plan der neuen SPD-Führung begriffen, hatte verstanden, wieso Brandt dauernd von «Gemeinsamkeiten» sprach, Wehner einen Narren an Heinrich Lübke gefressen zu haben schien und Erler Bundeswehr und NATO so schätzte, weshalb man nicht mehr kritisch von Kapitalismus reden durfte, sondern zustimmend von der Marktwirtschaft sprechen musste, warum man, um alles in der Welt, ausgerechnet mit der sich christlich nennenden Partei zusammengehen sollte, die einen doch zwanzig Jahre lang gedemütigt, angeschwärzt, verunglimpft und verhöhnt hatte.

Bis 1966 hielt die sozialdemokratische Basis still, diszipliniert, wie sie es nun einmal gelernt hatte. Dann aber rebellierte sie, hatte genug von der schamhaften Verleugnung alles Sozialistischen. Die Sozialdemokraten wollten wieder rot sein dürfen. Das kam durchaus überraschend, denn alle Welt redete Mitte der sechziger Jahre vom Ende der Ideologien, und die SPD schien dafür ja das beste Beispiel zu sein. Auf dem Karlsruher Parteitag 1964 waren kaum noch Spuren der sozialistischen Vergangenheit zu entdecken: Es gab keine roten Fahnen mehr, keine proletarischen und internationalistischen Schlachtgesänge; man traf kaum noch auf «Genossen»,

Herbert Wehner, Willy Brandt und Fritz Erler gratulieren Heinrich Lübke am 14. Oktober 1964 zum 70. Geburtstag. Gut drei Monate zuvor hatten sie seine Wiederwahl zum Bundespräsidenten gesichert. Aus rein taktischem Kalkül, denn Lübke galt als Befürworter eines Regierungsbündnisses von Union und SPD. Wehner störte sich daher nicht im Geringsten an den rhetorischen Entgleisungen Lübkes, die durchaus dem Ansehen des Amtes schadeten. Ihm ging es um den Zugang zur Macht, und so hat er Lübke, wie Arnulf Baring formuliert, «gehegt und gepflegt, ihn liebenswürdig umgarnt, ja eingewickelt, ihm nämlich mündlich und schriftlich dick geschmeichelt».

sondern begegnete «Parteifreunden». So waren sich denn auch alle klugen politischen Kommentatoren, feinsinnigen Feuilletonisten und belesenen Sozialwissenschaftler einig, dass man unzweifelhaft und unwiderruflich in ein entideologisiertes Zeitalter eingetreten sei.

Doch dann, wie aus heiterem Himmel, kehrten die Weltanschauungen und großen Erzählungen zurück – um 1966 schon, und nicht zuerst an den Universitäten, sondern bei den gerade erst mit harter Hand von den ideologischen Lasten befreiten Sozialdemokraten. Plötzlich war auf dem Dortmunder Parteitag wieder ständig, trotzig und stolz von «Genossen» die Rede. Der Begriff des «Sozialismus» erfuhr eine Renaissance. Kritik an den

Parteiführern regte sich, und mit einem Mal ließ sich niemand mehr die autoritäre Kommandostruktur von Herbert Wehner gefallen. Es galt nun wieder als «chic in der SPD, links zu sein», wie damals ein Parteivorstandsmitglied halb belustigt, halb resigniert bemerkte. Der linke Flügel, der in der ersten Hälfte der sechziger Jahre nur noch ein jämmerliches Kümmerdasein gefristet hatte, gewann binnen weniger Monate an Zulauf, Selbstbewusstsein und innerparteilichem Gewicht. Und es wurde wieder heftig gestritten in der Partei, die zwischen 1958 und 1965 unter der Peitsche des strengen und bärbeißigen Wehner ein Ausbund an Disziplin und Geschlossenheit gewesen war. Die alte, für die SPD so charakteristische Spannung zwischen Gegenwartsorientierung und Zukunftsvision, Realpolitik und Utopie, Opposition und Anpassung kehrte zurück. Die SPD historisierte sich gleichsam, schien wieder stärker bei sich zu sein, während die Jahre zwischen Godesberg und Großer Koalition nun wie ein kurzer Irrtum, wie eine bizarre Episode in der Parteigeschichte wirkten. Noch heute wissen die Sozialdemokraten bezeichnenderweise nicht recht etwas anzufangen mit diesem durchaus wesentlichen Abschnitt ihrer Historie, obwohl sie ihm mittlerweile im Grunde wieder ganz nahe sind.

Doch es war nicht einfach die alte SPD, die sich zwischen 1966 und 1969 zurückmeldete, sondern schon eine neue Konstellation. Durch die Organisationsreform 1958 / 59 war die Partei zur Volkspartei und somit heterogener und vielschichtiger geworden; sie erhielt nun nicht nur Zulauf aus bürgerlichen Schichten, auch der radikale Protest der Studenten wurde in sie hineingetragen. Das machte die Partei komplexer und schwerer von oben zu steuern. Diesen Tribut musste die SPD entrichten, weil sie Volkspartei sein und mehrheitsfähig werden wollte.

Für Willy Brandts politische Karriere war das alles von Vorteil, denn die Partei brauchte nun dringend eine Klammer, benötigte den großen Integrator an der Spitze. Das aber konnte 1966 allein Brandt sein: Nur er hatte Zugang zu den verschiedenen Flügeln, Altersgruppen und politischen Kulturen. Zwar war er seit seinen Berliner Jahren ein Mann der Rechten, der gouvernementalen Sozialdemokraten, aber aufgrund seiner ostpolitischen Offensive galt er nun als Hoffnungsträger des neulinken Flügels, und die jungen Rebellen in der SPD erwarteten viel von ihm. Brandt hatte in seiner Jugend selbst erfahren, wie der utopische Überschuss des linken Sozialis-

An der großen Demonstration gegen den Vietnamkrieg am 18. Februar 1968 in Berlin nahmen auch Sozialdemokraten teil, darunter Mitglieder des Landesvorstands der Partei. Die Stadt erschrak angesichts der roten Fahnen und Bilder von Luxemburg und Liebknecht, Lenin und Trotzki, Ho Chi Minh und Che Guevara. Die Berliner SPD war ebenfalls empört und schloss die protestierenden Vorstandsmitglieder (vorübergehend) aus. Aber «1968» veränderte dann rasch auch die SPD, die Partei ideologisierte sich wieder, und der linke Flügel gewann beträchtlich an Einfluss.

mus hin und wieder das Augenmaß beeinträchtigen konnte, und ihm war daher nicht fremd, was nun auf die SPD zukam; er reagierte verständnisvoll und zeigte Geduld mit den Kohorten des Protests. Er war der richtige Mann zur richtigen Zeit am richtigen Platz.

Helmut Schmidt, den 1965 / 66 schon manche Leitartikler als Nachfolger Brandts ausgerufen hatten, fehlte diese Integrationsfähigkeit. Er stand lediglich für *eine* Kultur, für *eine* politische Richtung, für *eine* Generation; die Jahrgänge, die nach ihm kamen, und Menschen, die in der Politik ihre Emotionen nicht jederzeit unter Kontrolle hatten, verstand er nicht. Das machte Schmidt in der Zeit des Generationenkonflikts und der kulturellen Umbrüche deutlich schwächer als Brandt. Und je schwerer der Ausgleich zwischen den innerparteilichen Gruppen herzustellen war, desto mehr festigte sich die Führungsposition Brandts; er hatte sich nun völlig vom Einfluss Herbert Wehners befreit. Kurzum, Brandts Führungskraft basierte in den späten sechziger Jahren auf seiner ostpolitischen Mission, die die Mitglieder begeistert unterstützten, auf seiner Fähigkeit, zwischen den verschiedenen Flügeln und Generationen zu vermitteln; und sicher auch auf seiner Stellung als Außenminister der Bundesregierung in der Großen Koalition.

Dabei hatte Brandt diese Koalition gar nicht gewollt. «Macht sie eben ohne mich», soll er im Herbst 1966 den Befürwortern des Bündnisses schnippisch gesagt haben. Und als man ihm klargemacht hatte, dass er als Parteivorsitzender nicht einfach draußen bleiben konnte, wenn Sozialdemokraten erstmals an einer Bundesregierung beteiligt wären, da liebäugelte er zunächst mit dem Gesundheitsministerium. Auch das Ministerium für Forschung war ihm recht oder das für Verkehr. Brandt musste in das Amt des Außenministers gedrängt werden, was Herbert Wehner verächtlich registrierte und nie vergessen sollte. Von da an spätestens – und nicht erst 1974 – hielt er Brandt für einen Mann, der gern lau badete. Tatsächlich erkannte Wehner die strategische Bedeutung, die die Große Koalition für die Zukunft der Sozialdemokraten hatte, weit klarer als Brandt. In der bundesdeutschen Gesellschaft hegte man auch in den sechziger Jahren noch viel Argwohn gegen die SPD, und gerade deshalb war das Signal so wichtig, dass die große Partei des Bürgertums, die bisherige Staatspartei gewissermaßen, die Sozialdemokraten als regierungsfähige Partner anerkannte und ins Kabinett holte. Von einer solchen Position aus konnte man dann weiterplanen, zusätzliche Ansprüche stellen, neue Optionen eröffnen. So zumindest rechnete Wehner.

Und seine Rechnung ging auf. Die Beteiligung an der Großen Koalition war für die Sozialdemokraten machtpolitisch gewiss wichtiger als alle innerparteilichen Organisations- und Programmreformen. Hier konnten sie beweisen, dass sie keine finsteren Klassenkämpfer und radikalen Verstaatlicher privaten Eigentums waren, sondern seriöse, kompetente und solide Politiker. Zudem hatten sie Glück: Sie wurden just in dem Moment für die Regierungsbildung gebraucht, als der wirtschaftspolitische Mythos der Christdemokraten und ihres Kanzlers Ludwig Erhard zerbrach. Ebendieser Mythos hatte der SPD lange schwer zu schaffen gemacht und sie während der fünfziger Jahre zur natürlichen Oppositionspartei werden lassen, die CDU dagegen zur natürlichen Regierungspartei.

Doch damit war es vorbei, als die CDU unter Erhard, dem großen Helden des Wirtschaftswunders, 1966 in eine ökonomische Rezession schlitterte und im Regierungsbündnis mit der FDP aus der Bredouille nicht mehr herausfand. Jetzt wurden – was zuvor niemand für möglich gehalten hätte – die Sozialdemokraten zum Retter in der Not. Die Krise war nicht sonderlich schwer, aber das Land durch die Erinnerung an Weimar doch außerordentlich beunruhigt. So brauchte man jemanden, der Optimismus ausstrahlte, als Experte auftrat und überhaupt das Gefühl vermittelte, alle ökonomischen Probleme seien mit den Mitteln moderner staatlicher Politik gut und zügig zu lösen. Karl Schiller war dafür der richtige Mann; er war eloquent, selbstbewusst, zweifelte keine Sekunde an seinen überragenden Fähigkeiten, trat bestimmt und mitunter auch etwas arrogant auf. Vor allem kreierte er immer wieder neue und schillernde Begriffe wie «Globalsteuerung», «magisches Viereck» oder «konzertierte Aktion». Das faszinierte auch das einfache Publikum, zumal es sich um regelrechte Zauberformeln modernen Krisenmanagements zu handeln schien. Denn nur ein Jahr nachdem Schiller in sein Amt gekommen war, erholte sich die Wirtschaft, setzte gar ein Boom mit kräftigen Wachstumsraten ein. Die Kassen des Bundes, der Länder und Gemeinden füllten sich wieder, und die Arbeitslosigkeit war kein Thema mehr.

Karl Schiller war 1968 / 69 für die SPD das, was Ludwig Erhard in den Zeiten des Wirtschaftswunders für die Union gewesen war. Und Willy Brandt hatte, wie gesagt, in der Außenpolitik jene führende Rolle übernommen, die einst Konrad Adenauer zugefallen war. Die Sozialdemokraten profitierten ungeheuer von der Großen Koalition; 1966 hatten sie sich die beiden Ressorts gegriffen, denen die Union ihren Ruf als «natürliche Regierungspartei» in der bundesdeutschen Wohlstandsgesellschaft verdankte: eben das Außen- und das Wirtschaftsministerium. Insofern vollzog sich der Machtwechsel in der Bundesrepublik nicht erst 1969, sondern zu einem guten Teil bereits 1966.

So sah sich Karl Schiller wohl auch selbst am liebsten: als Supermann der deutschen (Wirtschafts-)Politik. Schiller war äußerst selbstbewusst, eine Diva, egozentrisch und schwierig – aber eben auch ein brillanter Ökonom. In der sozialliberalen Regierung leitete er seit Mai 1971 das Wirtschafts- und das Finanzministerium, war also «Superminister». Dennoch wurde er nicht glücklich, denn die ausgabefreudigen Sozialdemokraten hörten nicht auf ihn. Im Juli 1972 trat er zurück.

Mit Bildung der Großen Koalition nahmen etliche sozialdemokratische Programmpunkte plötzlich politische Gestalt an. Und zuallererst lag das daran, dass das neue Regierungsbündnis ein Bündnis der Sozialpolitiker war. Sozialpolitik beschränkte sich nun nicht mehr auf Fürsorge, Linderung von Not und Schutzmaßnahmen im Fall von Krankheit, Alter, Invalidität. Seit der Regierungsbeteiligung der Sozialdemokraten verstand man sie als ambitionierte Gesellschaftspolitik, die auf die Minderung von Klassenunterschieden und Einkommensdifferenzen zielte, als ein wichtiges Instrument zur Herstellung sozialer Gerechtigkeit. Doch die Sozialpolitiker beeinflussten auch die Bildungs-, Kultur-, Justiz- und Entwicklungsressorts, die ebenfalls für die Teilhabe aller Menschen an den wichtigsten Gütern der Gesellschaft Sorge zu tragen hatten.

Der Staat bekam damit eine neue Rolle zugewiesen. Er sollte jetzt selbstbewusst intervenieren, die Gesellschaft mitformen, auch regulierend in die Wirtschaft eingreifen, um Krisen zu entschärfen, und Verständigung

Das Kabinett der Großen Koalition tagt im Garten des Palais Schaumburg, 6. Juli 1967. Mit deren Bildung 1966 waren die von Adenauer noch stigmatisierten Sozialdemokraten erstmals in der bundesdeutschen Geschichte an der Macht beteiligt. Das war vor allem das Werk Herbert Wehners, der zäh und systematisch auf diese Koalition hingearbeitet hatte. Am Ende, 1969, konnte die SPD eine positive Bilanz der Regierungszeit ziehen: Ihr Wirtschaftsminister, Karl Schiller, glänzte, ihr Parteivorsitzender, Willy Brandt, hatte als Außenminister endlich Profil gewonnen und das Kabinett tiefgreifende Reformgesetze verabschiedet. Und dennoch: Die Sozialdemokraten haben die Große Koalition nie geliebt.

zwischen den großen gesellschaftlichen Gruppen erzielen. Der Staat sollte aktiv sein, gestalten und vor allem eines: planen. Planung war der Schlüsselbegriff der späten sechziger Jahre. Damals schien der Neoliberalismus, schienen die Gegner von Staat und Planung historische Auslaufmodelle zu sein – rückwärtsgewandt, unzeitgemäß, unmodern. Nur wenige zweifelten an der Rationalität und Effizienz von Bürokratien, Planungsabteilungen und wissenschaftlichen Beratungsstäben; nur wenige hielten den Staat für einen unbeweglichen und entschieden zu teuren Moloch und wollten öffentliches Eigentum lieber heute als morgen privatisieren.

Die Jahre der Großen Koalition waren also im Grunde goldene Jahre für die SPD. Sozialdemokratischer ging es in Deutschland selten zu. Und doch haderten die Sozialdemokraten mehrheitlich mit dem Bündnis. Für sie war die gemeinsame Regierung mit den alten Feinden von der christlichen Union, das Kabinett der Notstandsgesetze, irgendwie eine Mesalliance, etwas, für das man sich schämen musste. Dieses Unbehagen hat sich bei ihnen bis heute gehalten. An die Große Koalition erinnern sie sich nicht gern, obwohl die SPD selten so viel erreicht hat wie damals, als sie erstmals den Bundespräsidenten stellte, erstmals mit einem Wirtschaftsminister glänzte und erstmals das Auswärtige Amt dirigierte; als sie den Grundstein für die Ost- und Entspannungspolitik legte und überdies weit in das Zentrum der Gesellschaft vordrang, ja die Partei der «neuen Mitte» in der bundesdeutschen Republik zu werden schien, mehr noch: mit ihrer Sozial- und Bildungspolitik selbst eine neue Mitte jenseits des alten Proletariats, der traditionellen Bourgeoisie und des klassischen Kleinbürgertums schuf.

12. Die sozialliberale Ära: Aufbruch und Enttäuschung

Mit dem Ende der Adenauer-Ära schien die Zeit der alten Mitte, des alten Bürgertums in Deutschland abgelaufen. Soziologisch jedenfalls war der Befund eindeutig: Die soziale Schicht des klassischen Bürgertums schwand. 1950 gehörten noch 28 Prozent der Erwerbstätigen zur Gruppe der Selbständigen und mithelfenden Angehörigen; am Ende der sozialliberalen Koalition war es nur noch gut die Hälfte davon. Am stärksten, nachgerade rasant geschrumpft war die Zahl der Bauern. Mindestens ein halbes Jahrhundert lang hatten sich in der Sozialdemokratie die klügsten Theoretiker und besten Strategen unablässig darüber Gedanken gemacht, wie sie die Bauern und Landarbeiter gewinnen könnten. Die SPD hatte dafür etliche Agrarprogramme diskutiert, angenommen und wieder verworfen; sie hatte auf zahlreichen Parteitagen über die Bauernfrage gestritten und sogar eigens Agrarkommissionen beim Vorstand angesiedelt. Das alles war verständlich, denn noch in den dreißiger Jahren gehörte der Landwirtschaftssektor zu den wichtigsten Bereichen der deutschen Gesellschaft; fast ein Drittel der Erwerbstätigen arbeitete damals dort. In den fünfziger und sechziger Jahren aber hatten immer mehr Bauern ihre Höfe aufgegeben. Die Anzahl der Landwirte war so weit zurückgegangen, dass es für die Sozialdemokraten nicht mehr lohnte, quälende Agrardebatten zu führen und über einen eigenen Agitationsstil für das bäuerliche Dorf nachzusinnen.

Zumal das Leben in den Dörfern in den sechziger und siebziger Jahren längst nicht mehr rückwärtsgewandt war wie noch in den zwanziger und dreißiger Jahren. Die Provinz hatte den Anschluss an die Moderne gefunden; die Unterschiede hinsichtlich Einkommen, Berufszugehörigkeit, Konsum- und Kleidungsverhalten, des Gebrauchs massenmedialer Angebote oder Bildungsabschlüsse waren zwischen Land- und Stadtbewohnern

Die elenden Wohnverhält-
nisse, unter denen die Arbeiter
mehr als ein Jahrhundert lang
zu leiden hatten, besserten
sich nach 1950. Allein 1953
entstanden 500 000 neue
Wohnungen. Sie waren nun
größer, hatten immer selbstverständlicher Bad und WC,
und an die Stelle der Wohn-
küche trat auch in Arbeiter-
haushalten das Wohnzimmer.
Immer greifbarer wurde der
Abschied von der alten Proletarität und der Beginn der
stärker nivellierten Arbeitnehmergesellschaft.

erheblich geringer geworden. Aus den Dörfern verschwanden die Mist-
haufen, das Vieh und die Ställe; ursprünglich autarker Bereich lang über-
lieferter Traditionen, wurden die Dörfer nun immer mehr zu Eigenheim-
ansiedlungen von Facharbeitern und Angestellten, die als Pendler in der
nächstgelegenen größeren Stadt ihrem Erwerb nachgingen. Die Provinz
entprovinzialisierte sich, sie war nicht länger nur Hort und Hochburg eines
unhinterfragten Traditionskonservatismus, der sich auf Kirche, Schützen-
verein und deutschnationalen Bauernverband stützte. Dies traf zwar bis zu
einem gewissen Grad auch noch während der Regierungszeit Brandts und
Schmidts zu, aber die sozialkulturellen Voraussetzungen des politischen
Konservatismus zerbröselten doch merklich. Das platte Land war nicht
mehr durchweg bäuerlich und provinziell, und das bot den Sozialdemokraten bessere Voraussetzungen, hier Fuß zu fassen, als sämtliche Agrar-

programme aus der Zeit des Kaiserreichs, der Weimarer Republik oder der frühen Bundesrepublik.

Noch wichtiger für die Sozialdemokraten war allerdings der Wandel im Angestelltenbereich während der sechziger Jahre. Ein beträchtlicher Teil der Angestellten hatte schon in den zwanziger und frühen dreißiger Jahren zu freigewerkschaftlichen und sozialdemokratischen Positionen gefunden. Aber die meisten von ihnen standen damals doch rechts, im Lager der extremen Nationalisten, und legten Wert darauf, sich von den Arbeitern abzugrenzen, materiell wie symbolisch. In den Sechzigern wurden diese Unterschiede durch gewerkschaftliche Tarifverträge und politische Entscheidungen bewusst nivelliert. Der traditionelle Arbeiter-Angestellten-Gegensatz schliff sich weitgehend – wenn auch keineswegs vollständig – ab, ohne dass die Angestellten gegen den Angleichungsprozess aufbegehrten und abermals antiproletarische Interessenorganisationen in Stellung brachten, wie sie es vor 1933 mit dem Deutschnationalen Handlungsgehilfen-Verband getan hatten. Die Angestellten lösten sich also aus dem ständischen Bündnis mit der alten Mittelschicht, das vom Ende des 19. bis zur Mitte des 20. Jahrhunderts gehalten hatte, und bildeten stattdessen zusammen mit Arbeitern und Teilen der Beamtenschaft die moderne Gruppe der Arbeitnehmer in der sich neu strukturierenden Mitte der Gesellschaft. Hier konnten die Sozialdemokraten leichter Einfluss gewinnen als in der antiproletarischen und antisozialistischen Festung der altbürgerlichen, ständischen Mitte, wie es sie im Bismarck-Reich und selbst noch in der Adenauer-Ära gegeben hatte.

Gleichzeitig löste sich ein Teil der altindustriellen Facharbeiterelite vom Proletariat, stieg auf und zählte fortan ebenfalls zur neuen Mitte. Dieser Aufstieg der sozialdemokratischen Facharbeiterelite aus der Facharbeiterschaft verdankte sich der Bildungsexpansion der sechziger und siebziger Jahre. Die Sozialdemokraten hatten die Bildungspolitik im Bund und in den Ländern kräftig vorangetrieben, und das veränderte nicht nur die Republik, sondern auch die SPD selbst. Keine andere Sozialgruppe hatte so lange auf die Erweiterung der Schul- und Bildungswege gewartet wie die gewerkschaftliche und sozialdemokratische Facharbeiterelite; seit jeher war diese Kerntruppe der Arbeiterbewegung ehrgeizig, bildungsbeflissen, aufstiegsorientiert. Aber sie war in der ganzen Zeit, von Bebel bis Ollenhauer, blockiert, da das Bürgertum seine Bildungsprivilegien verbissen verteidigte. Erst in der Adenauer-Ära fiel das bürgerliche Bildungsprivileg; die Regierungen bauten Schulen und Hochschulen aus, erweiterten und erleichterten den Zugang dorthin und beschlossen Unterstützungsleistungen für bedürftige Familien. Die Facharbeiter nutzten diese Emanzipationschance sofort und schickten ihre Kinder auf die Gymnasien und Universitäten. Ende der zwanziger Jahre kamen nur drei Prozent der deutschen Studenten aus Arbeiterfamilien; in der Spätphase der sozialliberalen Koalition waren es dagegen nahezu 20 Prozent. Viele Arbeiterkinder studierten auf Lehramt. Überhaupt strebten die meisten eine Beschäftigung im öffentlichen Dienst an; für die Arbeiterkinder der «Babyboom»-Generation und der ersten Phase der Bildungsexpansion war der öffentliche Dienst der Karriereweg schlechthin. Diese Pioniergruppe der neuen Mitte in der bundesdeutschen Gesellschaft war noch stark staatsorientiert und trug dadurch auch nicht unwesentlich zur Etatisierung der Sozialdemokratie bei.

Alles in allem jedenfalls hatte die alte Mitte in den sechziger Jahren an Bedeutung verloren. Im Zentrum der sozialen Schichtung hatte sich eine neue Mitte gebildet, die weniger besitzbürgerlich war, die sich als Teil einer breiten Arbeitnehmerbewegung begriff: Die Bundesrepublik war in der Zeit nach Adenauer und Erhard auf dem Weg in eine Arbeitnehmergesellschaft, und vieles sprach dafür, dass die SPD in ihr zur Mehrheitspartei avancieren würde. Damit schien die Sozialdemokratie gewissermaßen zu den Ursprüngen, zu den goldenen Jahrzehnten von Lassalle und Bebel zurückzukehren. Denn auch damals lagen die Sozialdemokraten im Trend der Zeit, profitierten vom sozialen Prozess und durften darauf hoffen, dass der unaufhaltsame gesellschaftliche Fortschritt dem Sozialismus und der Partei zum Sieg verhelfen werde. Die Entwicklung der Industriegesellschaft hatte ihnen seinerzeit fast von selbst immer mehr neue Mitglieder, Anhänger und Wähler zugeführt. Daher vertrauten die Sozialdemokraten in jenen Jahrzehnten bis zum Ersten Weltkrieg auf die Zukunft; sie dachten optimistisch, agierten zuversichtlich und selbstbewusst. Doch dann, nach 1914, kam die Zeit der Stagnation, der Rückschläge, der Niederlagen: Auf ein halbes Jahrhundert des schier unaufhaltsamen Aufstiegs folgte ein weiteres halbes Jahrhundert der schier aussichtslosen Depression. Nun aber, mit dem Beginn der Arbeitnehmergesellschaft Mitte der sechziger Jahre, deutete sich die nächste Wende, der neuerliche Anbruch eines schönen sozialdemokratischen halben Jahrhunderts, an.

1969 stellten die Sozialdemokraten nach fast vierzig Jahren wieder den Kanzler, und 1972 errangen sie mit 45,8 Prozent der Stimmen den größten Wahlsieg in ihrer Geschichte. Zum Regierungswechsel 1969 trug die neue Mitte aus Angestellten und Beamten entscheidend bei; bis 1965 hatte die Mehrheit der Beschäftigten im tertiären Sektor mit den Parteien des Bürgertums sympathisiert. Die Union war bei den Angestellten und Beamten bis dahin stets auf Werte über 50 Prozent gekommen. Als Held dieser Gruppe galt der Minister des Wirtschaftswunders, Ludwig Erhard. Aber Erhards Stern verglühte jäh, als 1966 die Rezession ausbrach. Mit einem Mal büßte die CDU ihren Nimbus als Partei der wirtschaftlichen Kompetenz bei den dienstleistenden Mittelschichten ein. Die neue Mittelschicht aber fand dann zur Zeit der Großen Koalition schnell einen neuen Star: den Wirtschaftsminister und Sozialdemokraten Karl Schiller. Schiller holte die neue Mitte in das Wählerlager der SPD, erweiterte es dadurch und schuf so die wesentliche Voraussetzung für den Wechsel im Bonner Kanzleramt von Kiesinger zu Brandt.

Den größten Zulauf aber konnte die SPD bei Erst- und Jungwählern verzeichnen. Auch bei den Frauen, die traditionell eher die bürgerlichen und konfessionellen Parteien in Deutschland unterstützten, holte sie auf, und zu Beginn der siebziger Jahre zog sie sogar mit den Christdemokraten gleich, die im weiblichen Elektorat lange um mehr als zehn Prozentpunkte vor den Sozialdemokraten gelegen hatten. Selbst bei Wählern mit höherer Schulbildung, einer bis dahin verlässlichen Klientel der bürgerlichen Parteien, kam die SPD, die klassische Partei der Volksschüler, nun an die Union heran.

«Mit uns zieht die neue Zeit» – das hatten die Sozialdemokraten in den Weimarer Jahren immer gern gesungen, aber damals wohl selbst nicht mehr daran geglaubt. In den späten sechziger und frühen siebziger Jahren schien die «neue Zeit» jedoch tatsächlich mit den Sozialdemokraten zu ziehen. Von skandinavischen Verhältnissen, von einer strukturellen Hegemonie der Sozialdemokraten auch in Deutschland war schon in einflussreichen Periodika und Magazinen die Rede. Die SPD stand offenbar mit den Kräften der Zukunft – der Jugend, den neuen Mittelschichten, den jungen Frauen – im Bunde, während die Union mit der sozialen Nachhut aus Bauern, Rentnern

und Katholiken der sozialdemokratischen Avantgarde hoffnungslos hinter-
herzuhinken schien – so wirkte es zumindest. Nur sehr aufmerksame Beobachter registrierten, dass es für den Regierungswechsel 1969, für die Parteien
der sozialliberalen Koalition bei den Bundestagswahlen keine Mehrheit der
Stimmen gegeben hatte; dass die SPD bei ihrem großen Wahlsieg 1972 zwar
weitere Arbeiterstimmen, besonders in katholischen Regionen, gewonnen
hatte, in den neuen Mittelschichten aber wieder erste Verluste, gerade in
den prosperierenden Gebieten, hinnehmen musste.

Doch das alles nahmen die Sozialdemokraten in der ersten Phase ihrer
Koalition mit der FDP nicht wahr. Namentlich für die jugendlichen Anhänger der SPD waren dies Jahre des Rausches, des Taumels, des atemlosen
politischen Tanzes; nicht umsonst bezeichnet das Gros der heutigen Parteiaktivisten die Zeit zwischen 1969 und 1972 als die glücklichste ihres
politischen Lebens. Es war für sie eine Zeit der Gärung, des Aufbruchs, des
Enthusiasmus. Nie fühlten sie sich so sehr im Recht wie damals, als Willy
Brandt Kanzler wurde. Nie hatten sie so wenig Zweifel an der Richtigkeit
ihres Engagements wie in den Monaten, als Staatssekretär Egon Bahr nach
Moskau und Kanzler Brandt nach Erfurt fuhr, als die Unionsparteien und
die Springer-Presse, als Vertriebenenverbände und Unternehmer die neue
Regierung aus dem Amt zu kippen versuchten. Nie wieder waren sie so fest
davon überzeugt, auf der richtigen Seite zu stehen: bei den politischen
Kräften der Entspannung, Völkerverständigung, Abrüstung, Demokratie,
Gerechtigkeit und Solidarität. Es war schon weniger Politik als religiöse
Stimmung; für diese zeigten sich die Sozialdemokraten seit jeher etwas
anfällig, hatten sie aber im 20. Jahrhundert lange nicht mehr verspürt. Nun
aber war für die sozialdemokratischen Aktivisten der Kairos gekommen,
der historische und politische Wendepunkt, die große Läuterung der Deutschen nach Jahrzehnten des geschichtlichen Unheils. Jetzt erst begann die
Republik eine wirkliche Demokratie zu werden; jetzt wollten die sozialdemokratischen Jünger des Fortschritts die Demokratisierung in alle Bereiche
der Gesellschaft tragen.

Der Bundeskanzler selbst hatte diese Stimmung mit seiner Regierungserklärung – «wir stehen nicht am Ende unserer Demokratie, wir fangen erst
richtig an» – angeheizt. Dabei war Willy Brandt durchaus kein schwärmeri-

scher Utopist, wie ihn seine Gegner manchmal etikettierten. Eher war er ein Skeptiker, ein Melancholiker, der in seinem Leben zu viele von Ideologien aufgerissene Abgründe gesehen hatte, um noch an irdische Paradiese oder von Natur aus gute Menschen zu glauben. Aber nach 1969 war er doch von der Mission erfüllt, die Deutschen mit den osteuropäischen Völkern zu versöhnen, den politischen Großkonflikt zwischen den Blöcken zu entschärfen und vielleicht irgendwann einmal durch eine neue Friedensordnung zu lösen. In der politischen Pfingstzeit der frühen siebziger Jahre wurde er durch die ostpolitischen Pläne, die er verfolgte, für Hunderttausende von jungen Leuten und für einen Großteil der bundesdeutschen Intellektuellen zu einer Art säkularisiertem Heiland. Er war für sie nicht einfach ein Bundeskanzler, der Außenpolitik betrieb; er war der große Friedensstifter und Völkerverbrüderer. Als Brandt im Oktober 1971 den Friedensnobelpreis verliehen bekam, verstärkte sich diese Aura noch, die er selbst nicht zuletzt durch seine christlichen Bekenntnis- und Versöhnungsgesten geschaffen hatte. Das hatte in den frühen siebziger Jahren eine ungeheure Wirkung; das drängte die christliche Union in jenen Jahren in die Defensive und verschaffte den Sozialdemokraten einen hohen moralischen Kredit – der ihnen in der damaligen Situation nutzte, sie später aber auch oft genug belastete.

Kein Tag war für die gleichsam sakrale Legitimation der sozialliberalen Politik so wichtig wie der 7. Dezember 1970. Er sollte bei vielen Intellektuellen und jungen linken Aktivisten einen tiefen Eindruck hinterlassen. Selbst wenn sie in späteren Jahren noch oft mit den Sozialdemokraten haderten – die Erinnerung an diesen grauen, nasskalten Dezembertag ließ sie, wenn es darauf ankam, doch immer wieder an der Seite der SPD stehen. Es gibt eben symbolische Handlungen, die mehr sind als kurzlebiges politisches Marketing, die eine gesellschaftliche Grundstimmung in wenigen Sekunden bündeln und auf diese Weise eine ganze Generation prägen können. Viele davon sind in der Geschichte nicht zu finden. An jenem Dezembertag in Warschau aber war ein solcher symbolischer Akt zu beobachten: Vor dem Denkmal für die Toten des Ghettoaufstandes legte Brandt einen Kranz nieder – und kniete plötzlich, für alle überraschend, auf dem nassen Granit nieder. Ausgerechnet Brandt, der Emigrant, den keine Schuld an den nationalsozialistischen Verbrechen traf, kniete für alle Deutschen, die mehrheitlich viel mehr Grund dazu gehabt hätten, es aber nicht taten.

«Am Abgrund der deutschen Geschichte und unter der Last der Millionen Ermordeten tat ich, was Menschen tun, wenn die Sprache versagt.» Willy Brandt

Brandt, der Unschuldige, nahm die Schuld auf sich und sühnte für das Volk. Den meisten Deutschen war das, wie Umfragen gleich darauf ergaben, allerdings nicht recht: Sie wollten einen deutschen Kanzler nicht in Polen knien sehen. Ebendas ließ die sakrale Demutshaltung Brandts besonders auf junge Intellektuelle, die sich ja in Opposition zum verachteten Justemilieu sahen, noch stärker wirken. Mit Brandt konnten sie sich identifizieren wie nie zuvor mit einem Bundeskanzler; er verkörperte für sie die Hoffnung auf eine bessere, anständigere Republik.

Für Brandt zogen die Intellektuellen denn auch in den Wahlkampf. 1969 gründeten der Schriftsteller Günter Grass, der Publizist Günter Gaus, der Historiker Eberhard Jäckel und die beiden Politologen Arnulf Baring und Kurt Sontheimer die Sozialdemokratische Wählerinitiative. Diese war ursprünglich als eine Schriftsteller- und Professorenvereinigung gedacht, weitete sich aber im Sommer 1969 schnell und überraschend zu einer Art

Hans-Joachim Kulenkampff und Peter Frankenfeld waren Ende der sechziger Jahre die bekanntesten Showmaster im deutschen Fernsehen. Der eine moderierte die Sendung «Einer wird gewinnen», der andere «Vergissmeinnicht». Auch sie riefen, wie viele andere Prominente, 1969 dazu auf, die SPD zu wählen.

Prominentenclub aus. Es galt plötzlich als chic unter Künstlern, die SPD zu unterstützen. Vor allem in den Münchner Filmkreisen gehörte es zum guten Ton. Nicht nur die Kommissare der populären Freitagabendkrimis wie Horst Tappert, der den «Derrick» mimte, und Siegfried Lowitz, der den «Alten» spielte, riefen dazu auf, die SPD zu wählen; auch Martin Benrath, Claus Biederstaedt und Gila von Weitershausen waren mit von der Partie. Als Fans der SPD gaben sich überdies die beiden ersten Showmaster des deutschen Fernsehens zu erkennen, die Herren Kulenkampff und Frankenfeld. Von der Fernsehmutti der Nation, Inge Meysel, die ebenfalls mitmachte, wusste man allerdings schon seit längerem, dass ihr Herz links schlug.

Doch 1969 war nur ein Auftakt. Das wirkliche Hoch der Sozialdemokratischen Wählerinitiative, für die sich vor allem Günter Grass monatelang abrackerte, kam erst 1972. Jetzt galt es unter bundesdeutschen Intellektuellen nahezu als «Muss», Sticker mit der Aufschrift «Willy wählen!» oder «Bürger für Brandt» für jedermann sichtbar zu tragen. Im Medien- und Filmgeschäft gab es nur wenige, die in den Herbstmonaten 1972 den Mut hatten, ohne eine Willy-Brandt-Plakette am Revers auf einer Party oder einem Empfang zu erscheinen. Man wollte ja nicht zu den «Konservativen» gehören. Das alles musste die Sozialdemokraten in Hochstimmung versetzen; sie mussten den Eindruck gewinnen, dass sie es nun endlich geschafft hatten: Die SPD war nicht mehr nur Partei der Arbeiter, auch schon nicht mehr lediglich Partei der neuen Mitte, sie war jetzt sogar Partei der Intellektuellen und der höheren Gesellschaft.

Es waren stürmische Jahre für die SPD, und an deren Ende war sie nicht mehr die gleiche Partei. Selten hatte sie sich im Innern so rasch und tiefgreifend verändert wie in der Zeit zwischen 1968 und 1972. Im Grunde hatte man vergleichbar rasante Wandlungen nur mit der USPD im Frühjahr 1919 erlebt. Vor allem die Wahljahre 1969 und 1972 waren Katalysatoren des Masseneintritts: 1969 gewann die SPD 100 000 neue Mitglieder hinzu; 1972 waren es gar 150 000. Zwischen 1968 und 1972 erhöhte sich die Zahl der Mitglieder um fast ein Drittel. Ende 1976 hatten exakt 1 022 191 Bundesdeutsche das nunmehr blaue Parteibuch der SPD; nie zuvor und nie danach in der Geschichte der Republik lag diese Zahl höher.

Vor allem verjüngte sich die SPD, die in den fünfziger Jahren noch hoffnungslos zu vergreisen gedroht hatte, in den frühen siebziger Jahren fundamental. Es traten jetzt viele der nach 1968 politisierten Teens und Twens – wie man sie damals nannte – ein. 1972 hatten fast zwei Drittel der neuen Mitglieder das 35. Lebensjahr noch nicht erreicht; ein Drittel aller Sozialdemokraten gehörte zur Altersgruppe der 16- bis 24-Jährigen. Gleichzeitig erhöhte sich der Akademikeranteil, denn die neuen jungen Leute bildeten die Kerngruppe der Bildungsexpansion in der Bundesrepublik. Die SPD war nicht nur einer der Motoren der Bildungsrevolution, sie war auch einer ihrer Adressaten; Mitte der siebziger Jahre lag der Anteil der Sozialdemokraten, die über Abitur und Hochschulabschluss verfügten, weit über dem Durchschnitt der Bevölkerung.

Die SPD entproletarisierte sich, der Anteil der Arbeiter an den Neueintritten sank im Lauf der Siebziger auf 28 Prozent. Das historische Subjekt des Sozialismus, um das die Partei und ihre Theoretiker so lange so viel Kult getrieben hatten, verlor mehr und mehr an Bedeutung. Immer wichtiger wurden jetzt Angestellte und vor allem Beamte; in keiner anderen Partei – die Grünen gab es ja noch nicht – spielten diese eine so große Rolle. Die SPD wurde in dem Jahrzehnt des Sozialliberalismus zur Partei des öffentlichen Dienstes, zur Partei der Lehrer und Sozialarbeiter. Für die Funktionäre galt das noch mehr als für die breite Mitgliedschaft: Auf Parteitagen und in Parlamenten dominierten die Sozialdemokraten aus den Gewerkschaften des öffentlichen Dienstes und der Erziehung und Wissenschaft. Sozialdemokraten aus der Industriegewerkschaft Metall oder der IG Bau, Steine, Erden waren dagegen in den Führungsgremien der Partei ab Mitte der siebziger Jahre nur noch selten zu finden.

Zwischen 1958 und 1961 hatte sich die SPD programmatisch, organisatorisch und symbolisch von ihrer Tradition als sozialistische Partei der Arbeiterbewegung verabschiedet. Aber soziologisch gesehen erfolgte dieser Abschied erst in den frühen Jahren der sozialliberalen Koalition. Jetzt erst wurde die SPD wirklich zu einer Volkspartei, deren Mitgliederzusammensetzung den sozialen Querschnitt der Bevölkerung abbildete. Doch hatte sich der Wandel außerordentlich rasch vollzogen und nicht als gezielt gesteuerter Prozess der behutsamen Veränderung. Das musste in der Partei zwangsläufig zu heftigen Turbulenzen führen.

Tatsächlich ging es dann ziemlich verrückt zu in der SPD. In der Partei, die doch gerade erst nach unendlich langer Zeit an die Regierung gekommen war, mit sich und der Welt eigentlich hätte zufrieden sein können, machte sich erneut eine fast schon spielerische Lust auf Opposition breit. Die SPD wurde in diesen Jahren Opfer einer merkwürdigen Dialektik: Sie modernisierte sich sozial – und kehrte dadurch ideologisch in die Vergangenheit zurück. Denn die neuen Mitglieder aus den neuen Schichten gebärdeten sich außerordentlich radikal.

Die Jungen unter ihnen hatten soeben den Marxismus wiederentdeckt. Viele Jahrzehnte hatte die SPD gebraucht, um sich vom Determinismus und der Scholastik des kautskyanischen Marxismus zu lösen, um überhaupt zur

Politik zu finden, um die Macht im Staat aktiv anzustreben, statt passiv auf die gesellschaftliche Entwicklung zu vertrauen. Nun war dem Marxismus in der Zeit der objektiven Ohnmacht der Sozialdemokratie und der politischen Unterdrückung noch eine verständliche, die Partei zweifellos stabilisierende Funktion zugekommen. Er hatte damals wohl auch Realität abgebildet und oft hellsichtig gedeutet. Doch der Marxismus der Jungen in den siebziger Jahren erklärte nichts mehr, war weder Produkt gesellschaftlicher Verhältnisse noch Instrument realistischer Analyse. Er war nur Provokation, die Jungen wollten die Alten – die «Spießer» – schockieren, war auch eine Art Geheimsprache, in der man sich untereinander verständigte und die die älteren Generationen einschüchtern sollte. Er war Imponiergehabe, elitärer Gestus, mitunter einfach Ausdruck spätpubertären Trotzes. Bei all den marxistischen Debatten, die die junge sozialdemokratische Linke in jenen Jahren führte, kam außer unendlich trostlosen Phrasen und schlecht geschriebenen Pamphleten nichts heraus; es gab keine scharfsinnige Analyse der bundesdeutschen Zustände, kein realistisches Konzept für einen entschlossenen, zielgenauen und zugleich mehrheitsfähigen Antikapitalismus. Und doch wurde das alles in den frühen Siebzigern ungemein rechthaberisch, mit hochfahrender Arroganz und abschreckender Humorlosigkeit vorgetragen.

Die Situation war schon bizarr und machte der sozialdemokratischen Führung das Leben schwer. Eigentlich hätte alles gut sein können: Die SPD war nach Jahrzehnten der politischen Ohnmacht endlich im Kabinett angekommen. Sie hatte wichtige Reformen durchgesetzt oder auf den Weg gebracht. Die Arbeiter in der bundesdeutschen Gesellschaft waren längst nicht mehr Proletariat. Sie waren materiell und sozial erheblich besser abgesichert als in früheren Zeiten; viele hatten es zu einem durchaus komfortablen Wohlstand gebracht, und ihre Kinder gingen oft auf höhere Schulen. Die Gesellschaft insgesamt hatte sich pluralisiert, war kulturell vielfältiger, toleranter, bunter, offener, kurz: liberaler geworden. In den mittleren und höheren Schichten gab es kaum noch deutschnationale Strömungen. Das Land war ziviler, demokratischer, sozialer geworden. So etwa kann man die Bundesrepublik der frühen siebziger Jahre beschreiben. Und die Sozialdemokraten hätten gut zur Mehrheitspartei dieser reformbereiten Bundesrepublik werden können.

Siegfried Lenz und Günter Grass geben Autogramme bei einer Kundgebung der Sozialdemokrati-schen Wählerinitiative 1976. Das große Jahr dieser Initiative war 1972, als sich Hunderte von Künst-lern, Sportlern, Wissenschaftlern, Intellektuellen und zahllose weitere Bürger öffentlich für Willy Brandt einsetzten. Es herrschte damals ein merkwürdiges Bekenntnisfieber. Grass war der eigent-liche Antreiber und der fleißigste Redner der Sozialdemokratischen Wählerinitiative. Allein 1972 warb er mit 129 Veranstaltungen für die SPD. Selbst trat er der Partei erst 1982 bei, verließ sie allerdings 1993 wegen ihrer Beschlüsse zum Asylgesetz wieder. Die Liebe zwischen Grass und der SPD ist groß, aber schwierig.

Doch die Wortführer der neuen, jungen Sozialdemokraten wollten davon nichts wissen. Sie redeten vielmehr von der «Ausbeutung der lohnabhän-gigen Massen», charakterisierten die Demokratie nun wieder verächtlich als «formal» oder «bürgerlich»; für sie war der Staat – auch der, an dessen Spitze nun die eigene Partei stand – schlicht ein Vollzugsorgan der Kapital-verwertungsinteressen. Im Übrigen spalteten sich die Jungen in mehrere Fraktionen auf, die aufeinander eindroschen und sich mit heiligem Eifer darüber stritten, wer denn die marxistischste von allen sei. Das war gewiss bizarr und grotesk, aber es war nicht ungewöhnlich für die sozialdemokra-tische Geschichte. Alle großen Sozialdemokraten sind in solchen innerpar-teilichen Religionskriegen gestählt worden: ob Lassalle oder Bebel, Brandt

Ein richtiger Bürgerschreck waren die Jusos – hier ein Gruppenfoto am Rande des SPD-Parteitags in Mannheim 1975 – Mitte der siebziger Jahre nicht mehr; schließlich kleidete man sich auch ordentlich. Ihr Selbstbewusstsein war groß in jener Zeit: Sie sahen sich als die neue SPD, als die Führungsfiguren des kommenden Jahrzehnts. Zwei der hier abgebildeten Jusos wurden später Bundesminister: Hans Eichel und Heidemarie Wieczorek-Zeul. Andere, wie Wolfgang Roth, der 1992 zur Europäischen Investitionsbank ging, gaben den Gedanken an eine Parteikarriere auf. Johano Strasser schreibt weiterhin Bücher und mahnt die Genossen.

oder auch – gerade eben in diesen frühen siebziger Jahren – Schröder, der damals stolz darauf war, zu den besonders entschiedenen Antirevisionisten unter den Jungsozialisten zu gehören. Offenkundig sind solche jugendlichen Exaltiertheiten und wüsten Diskussionsschlachten gar keine schlechte Schule für eine später erwachsene und reife politische Führung.

Aber in dem Moment, in dem es zu diesen wüsten Auseinandersetzungen kommt, machen sie einer Partei – besonders wenn sie regiert – doch schwer zu schaffen. Der plötzliche Einmarsch der langhaarigen Schüler und Studenten in die Partei der eher ein wenig kleinbürgerlichen Facharbeiter brachte die SPD aus dem seelischen Gleichgewicht, löste einen Generations- und

Kulturkampf aus. Darum nämlich ging es letztlich: Hier standen sich zwei Kohorten mit unterschiedlichen Lebensgeschichten und Erfahrungen gegenüber, die einander fremd waren und sich auch nicht verstehen wollten. Ihren Konflikt trugen sie im Stile eines politischen Flügelkampfes zwischen rechts und links aus, obwohl es doch im Kern um die Spannung zwischen verschiedenen Erfahrungswelten, Biographien und Kulturen ging. Am deutlichsten zeigte sich das in den Groß- und Universitätsstädten. München und Frankfurt wurden bundesweit beachtete abschreckende Beispiele. Auch hier war die SPD bis Ende der sechziger Jahre die Partei der Arbeiter und niederen Angestellten, eine Partei der «kleinen Leute» also. Auf den Ortsvereinsversammlungen der Kleine-Leute-SPD hatte man bislang ein kurzes Referat gehört, ein wenig diskutiert, auch ab und an über «die da oben» im Vorstand oder in der Bundestagsfraktion geschimpft, doch das alles ging maßvoll zu und endete gewöhnlich in trinkfreudiger Solidarität. Länger als bis 22 Uhr zog sich das eigentlich Politische nie hin; danach war man noch ein bisschen gesellig, spielte Karten und saß auf ein paar Bier zusammen.

Ab 1970 war es vorbei damit. Auf einmal kamen die jungen Leute, als geschlossene Gruppe meist, ein wenig schlampig gekleidet, dafür rhetorisch äußerst versiert. Sie stellten unentwegt Anträge zur Geschäftsordnung, von deren Existenz die Altgenossen bis dahin gar nichts gewusst hatten. Die Jungen redeten ununterbrochen, gebrauchten dabei ständig Fremdwörter, ließen an der eigenen Partei kein gutes Haar, höhnten und verletzten, stellten radikale Resolutionen und Entschließungen zur Abstimmung. Und sie hatten alle Zeit der Welt. Ortsvereinsversammlungen endeten nicht mehr um 22 Uhr, oft auch noch nicht um 23 Uhr, sondern nicht selten erst nach Mitternacht. Dann lagen die Arbeiter und Angestellten, die am nächsten Morgen zeitig aus den Federn mussten, längst im Bett, sodass die studierenden Neumitglieder, deren Proseminar erst am Nachmittag begann, die Mehrheitsverhältnisse – wie es damals in den Kreisen der jungen Linken triumphierend hieß – bequem «kippen» konnten. So eroberte in diesen Jahren die Generation Schröder, Scharping und Wieczorek-Zeul von unten her die Partei; so vertrieb sie einigermaßen herzlos die ältere Generation. Und so nutzte ihr auch das marxistische Kauderwelsch, das die artikulationsschwachen Gegner vergraulte und zudem die Ansprüche der eigenen Truppe in irgendeiner Weise politisch legitimierte.

Auf dem Bundeskongress der Jungsozialisten in Hofheim 1978 wurde Gerhard Schröder zum Vorsitzenden der Parteijugend gewählt. Auch als Juso war Schröder kein Träumer, kein schwärmerischer Visionär: die Haare strähnig, die Bierflasche in der Hand, doch schon mit scharfem, illusionslosem Blick. Aber natürlich redete er links, etwa wenn er über Kanzler Schmidt urteilte: «Der Kanzler verwaltet brillant. Leider entwickelt er keine Zukunftsperspektiven. Damit sägt er den Ast ab, auf dem die Zukunft der Sozialdemokratie sitzen sollte.»

Auf die Wähler aus der marktorientierten und beruflich aktiven neuen Mitte wirkten die ideologisch verbrämten Kultur- und Generationskämpfe innerhalb der SPD überaus abschreckend. So gefestigt war ihr Vertrauen in die Partei nun doch noch nicht; schließlich war es gar nicht lange her, dass diese von Klassenkämpfen und Sozialismus geredet hatte. Und jetzt fingen die jungen Aktivisten plötzlich erneut damit an. Als die SPD 1970 abermals über die Lenkung unternehmerischer Investitionen nachzudenken begann, als sie auf ihrem Parteitag im November 1971 kühne Steuersätze beschloss, die jedem auch nur halbwegs Besserverdienenden Angst einjagen mussten, als all dies also geschah, da machte sich ein Teil der Schiller-Wähler von 1969 wieder auf und davon. Denn schließlich verließ auch das Idol selbst, Karl Schiller, zuerst das Kabinett und dann die Partei.

Der Juso-Bundesvorstand tagt Anfang 1974: Loke Mernizka, Wolfgang Roth, Detlef Funke und Johano Strasser (von links). Roth, der Zeitungsleser, dachte damals eifrig über antikapitalistische Strukturreformen nach; später entdeckte er dann die Vorzüge von Markt und Wettbewerb. Strasser, der Theoretiker mit der Jimi-Hendrix-Frisur, schrieb kluge Papiere gegen die Anhänger der «Stamo-kap-Theorie». Und Mernizka, der Mann mit den riesigen Koteletten, war der Vorzeigeproletarier der überwiegend akademisch gebildeten jungsozialistischen Parteipioniere; auf ihn, der in einem Walz-werk arbeitete, waren sie mächtig stolz.

Allein der triumphale Wahlsieg der SPD von 1972 überdeckte noch einmal, wie sehr es zu bröseln begonnen hatte. Dabei mussten die Sozialdemokraten schon bei diesen Bundestagswahlen Verluste hinnehmen, insbesondere in den Wachstumsregionen der Republik, in Hessen, Baden-Württemberg und Bayern. Obwohl das damals kaum auffiel, war es bereits ein sicheres Zeichen dafür, dass auch in der neuen Mitte der sechziger Jahre konventionelle Anti-Chaos-Reflexe herrschten, dass es auch hier ganz gewöhnliche Besitzinstinkte gab, dass nicht nur die alte Mitte misstrauisch und abwehrend auf reformerischen Übereifer reagierte. Man durfte eben den Ausgang der Bundestagswahlen von 1972 nicht falsch interpretieren: Die Stimmen für die Sozialdemokraten waren nicht Prämie oder Kredit für einen tolldreisten innenpolitischen Reformismus, sie waren in erster Linie ein Votum für das ost- und deutschlandpolitische Vertragswerk der Regierung Brandt / Scheel.

Damit hatten die Wähler die großen Linien der Ostpolitik gebilligt; damit verflüchtigte sich auch die Aura Willy Brandts. Es ging ihm wie allen charismatischen Politikern der Weltgeschichte. Sobald die historische Aufgabe erledigt ist, sobald der triste politische Alltag wieder einkehrt, verblasst die Ausstrahlung. Der vormals so charismatische Führer leuchtet und glänzt nicht mehr; er ist nicht mehr der große Erlöser und Retter, sondern nur noch profan, gewöhnlich, irdisch. Nicht nur das Volk reagiert in diesem Moment ernüchtert, auch der Charismatiker selbst kommt mit der Entmythologisierung nicht zurecht, wird oft depressiv und lethargisch. All das passierte 1973 Willy Brandt, der ohnehin zu Melancholie und Selbstzweifeln neigte, gerade nach Wahlkämpfen. Er fühlte sich leer, ausgebrannt, psychisch angeschlagen. Willy Brandt bekam 1973 nichts mehr hin, zögerte und zauderte und regierte lustlos. Er ließ den Regierungsmitgliedern ebenso wie den jungen Leuten in der Partei freie Hand; Regierung und Partei entfernten sich immer weiter voneinander. Brandt moderierte bestenfalls, aber er führte nicht mehr. Es gelang ihm nicht, Regierung, Fraktion und Partei zu einer Handlungseinheit zusammenzufügen, was ein Regierungs- und Parteichef im parlamentarischen System aber, will er nicht scheitern, schaffen muss.
So wurde Brandt verwundbar. Als die Umfrageergebnisse in den Keller rutschten und Regionalwahlen verlorengingen, als die Stimmung in der Republik durch die Inflation und den Ölpreisschock kippte und die Gewerkschaft ÖTV in einem Jahr mit 0,5 Prozent Wachstum gegen den Willen des Kanzlers ein zweistelliges Verhandlungsergebnis bei den Gehältern und Löhnen für die Staatsdiener erzielte, als man überdies noch auf einen Ostspion im Kanzleramt stieß – als all das geschah, war es für den intrigenerprobten Herbert Wehner nicht schwer, dem angeschlagenen Kanzler den entscheidenden Stoß zu versetzen und ihn zum Rücktritt zu zwingen.
Die Vorgehensweise von Wehner war oft abstoßend, für die Sozialdemokraten aber ebenso oft von Nutzen. Es spricht jedenfalls kaum etwas dafür,

dass die SPD als Regierungspartei mit einem Kanzler Brandt an der Spitze die Kurve noch einmal bekommen hätte. Brandt war der Mann der großen Perspektiven, auch des großen Versprechens, der Mann für solche Zeiten, in denen eine Gesellschaft den Wandel nicht fürchtet. Aber diese Zeiten waren vorbei: Seit 1973 herrschte Krisenstimmung im Land, und sie verschwand bis zum Ende der Koalition nicht. Das waren keine Jahre der kühnen Ankündigungen und großen Hoffnungen mehr; jetzt ging es um die Arbeit am Detail, um präzises, nüchternes, handwerklich genaues Krisenmanagement. Es war die Zeit des Helmut Schmidt. Brandt und Schmidt – diese personelle Konstellation spiegelte den Dualismus wider, der die Sozialdemokratie seit ewigen Zeiten prägte, der sie anfeuerte wie auch belastete. Brandt dachte darüber nach, was sein sollte; Schmidt hielt sich an das, was war. Brandt begriff gesellschaftliche Reformbewegungen als Motoren einer erfolgreichen Regierungsarbeit; Schmidt dagegen fürchtete sich vor Bewegungen und Bewegtheiten, sah darin in erster Linie eine Gefahr für rationale, kalkulierbare Politik. Brandt ließ als Kanzler den Diskussionen im Kabinett freien Lauf; Schmidt griff sofort ein, wenn er die Erörterungen seiner Minister als richtungslos empfand. Denn ein Credo Schmidts lautete: «Diskussionen müssen zu Ergebnissen, Ergebnisse zu Entscheidungen und Entscheidungen zu Taten führen.»

1974 traf Schmidt damit den Nerv der Zeit, konnte jedenfalls mit der Zustimmung der meisten Bundesdeutschen rechnen. Das Land befand sich in einer Krise. Und Schmidt war ein Mann für Krisen. Er war der Politiker des Notfalls. In Zeiten des Ausnahmezustands brillierte er, dann konnte er zeigen, was ihn auszeichnete: ein scharfer Verstand, Konzentrationsfähigkeit, Beharrlichkeit, Entscheidungskraft, Mut und doch auch Besonnenheit. Schmidt bewährte sich, als Hamburg 1962 mit der Flutkatastrophe zu kämpfen hatte; er war der entscheidende Mann, der 1968 trotz wütender Studentenproteste die Notstandsgesetze über die parlamentarischen Hürden brachte; er war zur Stelle, als die sozialliberale Regierung 1974 in der Kanzlerkrise steckte; und er führte 1977 die Nation im Kampf gegen den Linksterrorismus. In all diesen Situationen konnte Schmidt Führungsstärke demonstrieren, zumal in Krisenzeiten die Zahl der Vetomächte zusammenschmilzt und exekutive Instrumente zur Verfügung stehen, auf die Politiker sonst nicht zurückgreifen können.

Der neue Kanzler und der weiter amtierende Parteichef Ende 1974. Sie schauen in verschiedene Richtungen, haben verschiedene Rollen zu spielen – und müssen sich doch immer wieder zusammenraufen. Leicht ist ihnen das nicht gefallen. Solange sie es jedoch schafften, hielt die sozialdemokratisch geführte Regierungskoalition.

Schmidt besaß mehr politische Qualifikationen als jeder andere deutsche Kanzler in der bundesdeutschen Geschichte. Seine Vorgänger waren überwiegend passionierte Außenpolitiker und verstanden nur wenig von Wirtschafts- und Finanzfragen. Allein bei Erhard war es andersherum; er kannte sich wohl – wenngleich auch das umstritten ist – in Dingen der Ökonomie aus, war aber auf dem Gebiet der Außenpolitik völlig ahnungslos. Schmidt hingegen galt als Experte für alles: für Außen- und Sicherheitspolitik, für Währungs- und Finanzfragen, für Probleme der Weltwirtschaftspolitik. Es gab in den siebziger Jahren keinen zweiten Staatsmann, der auf so vielen unterschiedlichen Feldern derart kompetent war. Überdies war Schmidt Rationalist. Brandt hatte politische Konstellationen und deren Verschiebung eher intuitiv erfasst, gewittert, herausgespürt, Schmidt dagegen analysierte sie, kenntnisreich, glasklar und mit präzisen Begriffen. Schmidt ging stets von den tatsächlichen Gegebenheiten aus, er machte sich nie Illusionen darüber, dass die Politik innerhalb dieser Gegebenheiten nur wenig Handlungsmöglichkeiten vorfand. Aber im Unterschied zu vielen Sozialdemokraten bejammerte er das nicht, und erst recht versuchte er nicht, aus der sperrigen, begrenzten Realität in eine großräumige, wunderschön ausgemalte Zukunftsvision zu flüchten. Ihm ging es allein um den Spielraum, der wirklich vorhanden war – und den wollte er nutzen. Darauf konzentrierte er seine ganze Politik.

Visionen und Utopien waren Schmidt zuwider. Er hatte geradezu Angst davor, wie auch vor großen, offen oder gar schrill zur Schau getragenen Gefühlen. Er verstand Menschen nicht – erst recht nicht, wenn sie Politiker waren –, die zum Pathos, zur bekenntnishaften, ungesteuerten Emotionalität neigten. Deshalb kam er mit den jungen Leuten in der SPD, mit der ganzen jungen Alternativgeneration nicht zurecht. Schmidt gehörte zum älteren Teil der skeptischen Generation, die genug von großen Ideologien hatte und die ihre Gefühle unter Kontrolle hielt. Außerdem war er norddeutscher Protestant. Da trug man nicht nach außen, was einen im Innern bewegte. Auch Brandt war ziemlich norddeutsch, verschlossen und in sich gekehrt. Aber er hatte in den Jahren seiner politischen Sozialisation, der Endphase der Weimarer Republik, im aufgewühlten Sozialismus dieser Zeit viele Spannungen, Brüche, Dramen und auch Paradoxien erlebt. Brandt wusste, wie wichtig das alles war, auch für die Politik. Er dachte daher komplexer, dialektischer als Schmidt. Brandt hatte wahrscheinlich einen klareren Blick für die Abgründe, Verirrungen, Widersprüche, Ambivalenzen in menschlichen Gesellschaften, auch für die Fragwürdigkeiten und Aporien der eigenen Politik als Schmidt, der die Dinge linearer, dadurch sicher logischer und stringenter, aber eben auch eindimensionaler, in gewisser Hinsicht simpler betrachtete als sein Vorgänger. Schmidt mochte keine Paradoxien und Verdrehtheiten. Auch deshalb konnte er Intellektuelle und Theoretiker partout nicht ausstehen. Er verbannte gern, was sich ihm nicht erschloss.

Schmidt ließ sich von einem recht einfachen Politik- und Gesellschaftsbild leiten. Sein Axiom war, dass die Menschen von Regierungen zuallererst erwarten, dass diese den klassischen Staatsaufgaben ordentlich und verlässlich nachkommen, also für äußere und innere Sicherheit wie für mate-

Schmidt, Genscher, Brandt – die Säulen der sozialliberalen Koalition – im Dezember 1976. Der anfängliche Reformenthusiasmus des «historischen Bündnisses» ist verflogen, die Blicke sind skeptisch, nüchtern, ja hart und kalt.

riellen Wohlstand sorgen. Nur mit zufriedenen Menschen kann Demokratie funktionieren, da war Schmidt sich sicher. Nun, Schmidt war populär in seiner Amtszeit als Kanzler. So wie er dachte zweifellos die Mehrheit der Deutschen. Nur die Sozialdemokraten zeigten sich nicht zufrieden mit dem, was Schmidt in den Mittelpunkt seiner Politik stellte. Ihnen reichte der Sicherheits- und Wohlstandsempirismus des Kanzlers nicht. Die Sozialdemokraten blieben eben auch in den siebziger Jahren Sozialdemokraten: Bloße Empirie reichte ihnen nicht, sie hatten weiterhin das Bedürfnis nach Transzendenz.

Schon deshalb konnte Schmidt neben der Kanzlerschaft nicht auch noch den Parteivorsitz übernehmen. Damals wollte er das ohnehin nicht. Erst

Kühle Effizienz und rationales, kompetentes Krisenmanagement – damit ist Helmut Schmidt in seiner Zeit als Bundeskanzler (1974–1982) vielleicht am besten charakterisiert, und seine Fähigkeiten waren nach dem Ende der Reformeuphorie angesichts der drängenden ökonomischen Probleme auch gefragt. Die Sozialdemokraten wussten, dass Schmidt in der damaligen politischen Lage ihr bester Mann war. Sie hatten großen Respekt vor seinen Leistungen, aber sie liebten und verehrten ihn nicht wie seinen Vorgänger Willy Brandt.

im Nachhinein erzählte er gern, dass sein Verzicht ein schwerer Fehler gewesen sei. Als Vorsitzender hätte er, so Schmidt rückblickend, die Partei schon noch auf Regierungskurs gebracht. Das darf man mit Fug und Recht bezweifeln. Die Hunderttausende von jungen Leuten, die gerade erst in die Partei gekommen waren, steckten voller Energie, Leidenschaft und radikalreformistischer Träume. Das ließ sich nicht einfach von oben ersticken oder disziplinieren. Schmidt konnte die jungen Aktivisten, die sich querstellten, auch nicht mit Ordnungsverfahren überziehen oder gar aus der Partei werfen. Dafür waren sie längst zu viele, und im Übrigen bildeten sie mittlerweile das Rückgrat der Parteiorganisation. Es war gewiss traurig für die SPD, aber dennoch Realität: Schmidt und das Gros der neuen Mitglieder funkten auf verschiedenen Wellenlängen; die biographischen und kulturellen Prägungen waren zu unterschiedlich, als dass man in diesen Jahren hätte zusammenfinden können. In den Siebzigern wollte die Generation Schröders und Wieczorek-Zeuls noch irgendwie visionär, irgendwie konzeptionell, irgendwie radikalreformistisch überzeugt werden; mit dem alles überragenden Imperativ der Regierungsstabilität allein ließ sie sich nicht in die Pflicht nehmen.

Insofern profitierte Schmidt davon, dass er nach 1974 nicht Parteivorsitzender sein musste. Es nutzte ihm, dass er Kanzler sein konnte und ein anderer sich um die Partei kümmerte. Das entlastete ihn, gab ihm die Möglichkeit, sich ganz auf die Kabinettsgeschäfte zu konzentrieren. Auch brauchte er sich nicht in die Niederungen des innerparteilichen Gezänks und der Flügelstreitigkeiten hinabzubegeben; durch den Abstand zu seiner eigenen Partei wiederum konnte er seinen Nimbus als großer Volkskanzler aller Deutschen wahren. Im Übrigen lag die geteilte Führung der SPD in jenen Jahren wohl schon aus strukturellen Gründen nahe. Die Partei war schließlich durch die neuen Mitgliederströme heterogener denn je, und ihre verschiedenen Teile konnten wahrscheinlich nur durch verschiedene Führungspersönlichkeiten repräsentiert und gebunden werden.

Ebendies war die Voraussetzung für die berühmte Troika: die Führungsspitze bestehend aus Willy Brandt, Helmut Schmidt und Herbert Wehner. Alle drei sprachen unterschiedliche sozialdemokratische Teilkulturen an. Brandt faszinierte die junge Generation, der an der leuchtenden Vision einer neuen Gesellschaft gelegen war. Schmidt beeindruckte die marktorientierten Sozialdemokraten, die eine pragmatische Vorgehensweise und ideologiefreie politische Effizienz schätzten. Und für Wehner begeisterten sich all jene, denen die proletarischen Traditionen der Partei wichtig waren, die auch straffe Disziplin in der eigenen Organisation und eine schroffe Abgrenzung vom politischen Gegner wollten. So verklammerte die Troika verschiedene sozialdemokratische Orientierungen, Lebenswelten, Typen. So integrierte die Troika – auch wenn die drei kaum miteinander redeten und sich gegenseitig nicht mochten – die Partei in den siebziger Jahren. So schafften es die Sozialdemokraten, immerhin sechzehn Jahre an der Regierungsmacht zu bleiben. In gewisser Weise waren die Sozialdemokraten allerdings bedauernswert, denn immer, wenn sie an die Regierung kamen, hatten sie mit besonders widrigen Umständen zu kämpfen: 1918 / 19 machten ihnen die Spaltung der Arbeiterbewegung und die Radikalisierung vieler Arbeiter zu schaffen; sie mussten mit den Folgen eines verlorenen

Die Troika 1980. Viel miteinander geredet haben die drei Parteiführer in den Jahren der sozialliberalen Koalition nicht. Sie hielten die heterogene Partei zusammen, aber es fiel ihnen immer schwerer, miteinander auszukommen, sich gegenseitig zu ertragen. Wehner wirkt alt und erschöpft, Brandt dagegen kräftig und frisch. Nach 1983 blieb Brandt denn auch als Einziger von ihnen in der Führung der SPD.

Krieges und mit chaotischen innenpolitischen Zuständen fertig werden. Und in den siebziger Jahren, zur Zeit der sozialliberalen Koalition, sorgten die Radikalverjüngung und die Fundamentalumschichtung ihrer Mitgliederschaft für innerparteiliche Unruhe; zugleich schlitterte das Land in eine Serie schwerer ökonomischer und politischer Krisen. Die SPD befand sich in einer Zwickmühle: Einerseits drängten die ungeduldigen jungen Aktivisten auf radikale Reformen, andererseits war der Spielraum der eigenen Regierung angesichts ökonomischer Stagnation, wachsender Arbeitslosigkeit, steigender Zinsen und der konservativen Mehrheiten im Bundesverfassungsgericht und im Bundesrat äußerst gering geworden. Im Nachhinein ist es fast erstaunlich, dass die SPD die Regierungsmacht überhaupt so lange halten konnte, dass sie nicht schon vor 1982 scheiterte.

Ein Kanzlerwahlverein war die SPD in den siebziger Jahren jedenfalls nicht. In keiner anderen Partei ging es auf Parteitagen so stürmisch und erregt zu, wurde der Streit – selbst wenn es mitunter quälend war – so offen ausgetragen. Langweilig waren Parteitage in den Jahren von Brandt und Schmidt nicht. Im Grunde traten in der SPD alle großen Konflikte zutage, die ab Mitte der Siebziger die Gesellschaft insgesamt erschütterten. Mehr noch: Die SPD trug diese Konflikte stärker aus als das Parlament in Bonn. Das zerriss die Partei fast. Aber sie war dadurch auch eine wirkliche Volkspartei, lebendig und kräftig. Sie war ganz nahe an den Hoffnungen und Ängsten, allerdings auch an den Verstiegenheiten und Irrationalitäten der bewegten jungen Menschen aus den geburtenstarken Jahrgängen der Republik. Daraus entwickelte sich eine besondere, wenngleich schwierige Affinität dieser Generation zur SPD, die auch über die Zeit der sozialliberalen Koalition hinaus erhalten blieb: Viele waren von der Schmidt-Regierung bitter enttäuscht, fühlten sich aber der ursprünglichen Idee des Sozialliberalismus wie auch der Sozialdemokratie im Sinne eines Willy Brandt nach wie vor eng verbunden. Künftig sollte die SPD davon noch profitieren, aber in den späten siebziger und frühen achtziger Jahren trug diese Verbundenheit dazu bei, dass sich die Spannung innerhalb der SPD verschärfte. Denn die jungen Aktivisten lehnten in wesentlichen Punkten die Politik der sozialdemokratisch geführten Bundesregierung ab, ob es nun um Atomenergie ging, um Nachrüstung oder um Waffenexporte. Die SPD verhandelte unter sich und mit den neuen gesellschaftlichen Bewegungen nur Themen, die das eigene Lager spalteten und polarisierten. Mehr noch: In der Energie- und Sicherheitspolitik fanden die Beschlüsse der Regierung Schmidt zwar das grundsätzliche Plazet der parlamentarischen Opposition, aber nicht mehr – und wenn, dann nur zähneknirschend – das der eigenen Leute.

Politisch und mental begann sich die neue Mitte, die 1969 den Regierungswechsel ermöglicht hatte, schon in den frühen siebziger Jahren wieder auseinanderzuentwickeln. Die einen strebten eher nach rechts, die anderen nach links; zuerst wandten sich die marktorientierten Gruppen von der SPD ab, sie störten sich an den neulinken Debatten und an dem sich verstärkenden wohlfahrtsstaatlichen Etatismus. Nach vier Jahren sozialliibe-

Peter Glotz, damals Wissenschaftssenator in Berlin, 1977 bei einer studentischen Vollversammlung. Die Bildungsrevolution hatte inzwischen gesiegt, die Universitäten waren überfüllt. Aber die geburtenstarken Jahrgänge wurden – obgleich hochqualifiziert – nicht recht gebraucht, ihre Berufsaussichten waren düster. Es war eine verlorene Generation, die aus der Defensive agierte: gegen den Radikalenerlass, gegen die Atomenergie, gegen das Hochschulrahmengesetz, gegen die Raketenstationierung. Sie hatte sich viel von der SPD versprochen und fühlte sich jetzt von ihr bitter enttäuscht. Später stellte sie merkwürdigerweise die treuesten Wähler der SPD, und sie war die Basis für Rot-Grün.

raler Koalition waren sie reformmüde, auch verunsichert von den steten Emanzipationsforderungen und Neuerungen, nicht zuletzt im Bildungsbereich. Dieser Teil der neuen Mitte verbündete sich schon am Ende der Ära Brandt wieder mit der alten Mitte, wechselte zur Union oder zumindest zur FDP. Der pragmatische, technokratische Kanzler Schmidt war es, der diese Wähler in der zweiten Hälfte der siebziger Jahre, als er auf Weltwirtschaftsgipfeln glänzte und den Terrorismus besiegte, noch einmal zur SPD zurückholte, bis dann auch sein Stern 1981 / 82, in der Auflösungsphase der sozialliberalen Koalition, sank.

Der eher linkslibertäre Teil der neuen Mitte kritisierte dagegen nicht ein Übermaß an Emanzipation und Reform, sondern, im Gegenteil, die Zögerlichkeit der Regierung. All jene, die sich vom Demokratisierungsversprechen Willy Brandts hatten begeistern lassen, wollten dieses Versprechen nun eingelöst sehen. Was den einen also zu schnell und zu weit ging, war den anderen zu langsam und nicht radikal genug. Vor allem im Jahr 1973 schieden sich die Geister, und das Bündnis der neuen Mitte zerfiel. Ihr linkslibertärer Teil gründete Bürgerinitiativen, entdeckte die Ökologie- und Wachstumsfrage und initiierte den Protest gegen die Stationierung von Mittelstreckenraketen. Es war diese Strömung, aus der heraus sich schließlich die Grünen bildeten. Bei all dem handelte es sich um radikalisierten Sozialliberalismus und nicht – wie man anfangs glaubte – um einen historisch neuen ökologischen Fundamentalismus. Die Kohorte des radikalisierten Sozialliberalismus empörte sich zwar über Schmidt, dessen Politik in der Tat eine Abkehr vom Erneuerungspathos des Regierungswechsels 1969 bedeutete, aber sie war für die SPD deshalb nicht auf ewige Zeiten verloren; später, als bei vielen die Lust auf Dauerengagement beträchtlich nachließ, kam es erneut zu einer Annäherung.

In den frühen achtziger Jahren aber geriet die SPD, fast wie in den bösen Weimarer Jahren, zwischen die Fronten: Ein Teil der neuen Mitte wanderte nach rechts zur Union ab, der andere nach links zu den Grünen. Die SPD war nicht mehr in der Lage, die verschiedenen gesellschaftlichen Gruppen unter einen Hut zu bringen, sie konnte das soziale und kulturelle Bündnis nicht länger herstellen. Doch damit verlor sie ihre Mehrheits- und Regierungsfähigkeit; das führte sie zurück in die Opposition.

Den Sozialdemokraten gelang es nicht mehr, die unterschiedlichen Wählerlager oder innerparteilichen Strömungen zu integrieren – selbst die Fraktion ließ sich nicht mehr zusammenhalten. Für integrative Politik war Herbert Wehner, der Fraktionschef, ohnehin denkbar ungeeignet. Er war ein durch und durch autoritärer Mann, ein Zuchtmeister; er befahl, und die anderen hatten zu gehorchen. So stellte sich Wehner politische Führung vor, und so hatte er die Partei in den fünfziger, sechziger und frühen siebziger Jahren auch auf Kurs gebracht. Aber nach 1972, vor allem nach 1976, funktionierte das nicht mehr so recht. Die neuen, jungen Leute in

Die Jahre um 1980 waren die Zeit des ökologischen Protests, nicht zuletzt gegen das Energieprogramm der Regierung Schmidt. Dadurch gerieten die Atomkraftgegner – viele von ihnen 1972 noch begeisterte Anhänger Brandts – auch in Konflikt mit der SPD. Am Ende war diese Generation für die Sozialdemokraten verloren. Die Koalition mit der FDP zerbrach, die Grünen wurden zur neuen Partei des jugendlichen, radikalisierten Sozialliberalismus, und der Stimmenanteil der SPD fiel für Jahre unter die 40-Prozent-Marke zurück.

der Bundestagsfraktion, denen das Disziplinethos des alten Klassensozialismus fremd war, wollten mit guten Argumenten überzeugt, nicht angeschrien und zusammengestaucht werden. Das war eine neue Welt, mit der Wehner nicht zurechtkam. Früher, in den Sechzigern, hatte er mit Politikern der Union nächtelang Wein getrunken und tags darauf die Absprachen, die man getroffen hatte, autoritär in der Fraktion durchgepeitscht. Nun war dergleichen nicht mehr möglich; nun gab es Widerspruch, Einwände und «Diskussionsbedarf». Wehner war das alles fremd. Ihm fiel nichts anderes ein, als weiter zu wüten, zu poltern, zu demütigen. Er kam gar nicht auf den Gedanken, die neuen, eigenwilligen Fraktionsmitglieder zu inspirieren, von ihren Fähigkeiten zu profitieren. Wehner nutzte die Schwächen anderer Menschen, nicht ihre Stärken. Hinzu kam, dass er gesundheitlich stark angeschlagen war; das nahm ihm viele Kräfte. Er wurde mit der Zeit immer einsamer, auch starrsinniger. Die Fraktion hatte er in der Spätphase der sozialliberalen Koalition nicht mehr im Griff, und auch in der Führung der SPD war sein Einfluss geschwunden.

Aus der Troika war also ein Duo geworden, das 1981 / 82 wiederum nicht gerade Harmonie ausstrahlte. Bis dahin hatten Schmidt und Brandt zwei Rollen in demselben Stück gespielt. Nun aber traten sie auf verschiedenen Bühnen auf. Brandt hatte lange versucht, auf die Partei dahingehend einzuwirken, dass sie die Politik der Regierung Schmidt mittrug. Seit 1981 aber dachte Brandt über die Zeit der Regierung Schmidt hinaus. Er gab der Zukunft und dem Zusammenhalt der Partei Vorrang vor der Sicherung des Bundeskabinetts. Hier und da ließ er durchblicken, dass auch er Zweifel an der Raketenpolitik des Kanzlers hatte, dass seine Sympathien eigentlich den Aufrüstungsgegnern gehörten. Er war zum Schluss nicht mehr willens, die SPD mit den labilen und löchrigen Kompromissformeln des Kabinetts zu belasten. Als 1982 dann auch die Gewerkschaften, bis dahin treue Mitstreiter des Kanzlers, die Wirtschafts- und Sozialpolitik der Regierung kritisierten und zu Protestmärschen nach Bonn aufriefen, da hatte Schmidt den notwendigen Rückhalt verloren, um sich gegen den wendigen Koalitionspartner FDP wehren zu können. Im September 1982 war die sozialliberale Koalition am Ende.

Immerhin, die Kanzlerschaft Schmidts hatte achteinhalb Jahre gedauert; er hatte also deutlich länger regiert als Erhard, Kiesinger oder Brandt, und das, obwohl er sich etlichen Problemen gegenübersah, vom Konjunktureinbruch über den Terrorismus bis zum Ende der Détente. Aber gerade die permanente Krise war die politische Kraftquelle für Schmidt. Der Kanzler lief in der Krisenbewältigung zur Hochform auf, sicherte sich so das Vertrauen der meisten Bundesbürger, stabilisierte dadurch die Bundesregierung, obwohl gesellschaftlich und in den Länderparlamenten spätestens seit Mitte der siebziger Jahre ein Ruck nach rechts, hin zur Union, erkennbar geworden war.

Doch nach 1980 gelang auch Schmidt, der im Grunde natürlich selbst ein konservativer politischer Mensch ist, nicht viel. Die Regierung erlebte Panne auf Panne, einigte sich in quälend langen Auseinandersetzungen auf

Kompromissformeln, die schon wenige Wochen später nichts mehr galten, betrieb nur noch Stückwerk und Flickschusterei. Große konzeptionelle Diskussionen indes gab es nicht; Entwürfe, die über den Tag hinausreichen sollten, waren im Umfeld des Kanzlers tabu. Natürlich, es war eben alles anders und nicht mehr so schön wie in den späten sechziger Jahren, als man noch Wachstumsraten von mehr als sieben Prozent verzeichnen konnte, als der Zeitgeist sozialliberal und sozialetatistisch war, als die Ostpolitik auf einer Linie mit der Entspannungspolitik der Hauptverbündeten im Westen lag. 1982 dagegen spürte das gesamte Land die Folgen einer Rezession, der Neoliberalismus hatte sich durchgesetzt, und die Beziehungen zwischen den beiden Weltmächten waren eisig – keine guten Zeiten für Sozialdemokraten.

Es waren düstere Jahre. 1981 gingen 8500 Firmen in Konkurs. 1983 kletterte die Arbeitslosigkeit über die Zweimillionengrenze. Die Staatsverschuldung war bedrohlich angewachsen, die Investitionsquote der deutschen Volkswirtschaft dagegen bedrohlich zurückgegangen. Aus den Schulen und Universitäten kamen die Jahrgänge des «Babybooms» und fanden nicht die erwünschte Anstellung, vor allem nicht mehr im öffentlichen Dienst. Die jungen Menschen standen auf der Straße, sie schlossen sich außerparlamentarischen Protestbewegungen an, fürchteten sich vor Umweltkatastrophen und dem großen atomaren Krieg. Apokalyptische Szenarien wurden in dieser Endphase der sozialliberalen Koalition an die Wand gemalt. Die Republik wirkte paralysiert. Die sozialliberale Koalition hatte mit einem ungeheuren Enthusiasmus begonnen, mit einem unmäßigen Aufbruchstaumel. Das musste zwangsläufig zu großen Enttäuschungen, Frustrationen und Verbitterungen führen. Als die SPD als Regierungspartei abtrat, waren die Probleme im Land nicht gelöst, die eigenen Leute und Anhänger entmutigt und zermürbt. Der Verlust der Macht im Herbst 1982 erleichterte die Sozialdemokraten eher, als dass sie darunter litten. Am Ende hatten sie die Regierungsaufgabe nur noch als drückende Last empfunden; die Oppositionsrolle dagegen begriffen sie, wieder einmal, als Chance – vor allem, um Kräfte zu sammeln und sich ihrer selbst wieder bewusst zu werden.

13. Die Jahre unter Kohl: Tanz der «Enkel»

Wahrscheinlich erfolgt der Übergang von der Regierung zur Opposition für Parteien nie sanft und schonungsvoll; er bedeutet wohl immer einen gewissen Bruch. Doch selten in der deutschen Parlamentsgeschichte hat eine Partei diesen Bruch so radikal vollzogen wie 1982 / 83 die SPD. Binnen weniger Monate distanzierte sich die sozialdemokratische Oppositionspartei von allen zentralen Richtungsentscheidungen der sozialdemokratischen Regierungspartei aus den Jahren der Kanzlerschaft Schmidts. Schon 1983 war Helmut Schmidt, der weiterhin mit Abstand angesehenste Sozialdemokrat der Republik, in seiner eigenen Partei ganz und gar isoliert. Für seine sicherheitspolitische Linie fand er auf dem Kölner Parteitag 1983 lediglich noch ein gutes Dutzend nahezu verschüchtert wirkender Anhänger. Das Gros der Delegierten hörte sich den – analytisch scharfen und präzise formulierten – letzten großen Vortrag des früheren Kanzlers distanziert-skeptisch an, diskutierte nicht mehr darüber, sondern wechselte sofort hochmütig zum nächsten Tagesordnungspunkt. Die SPD hatte mehrheitlich mit Schmidt gebrochen. Sie hatte seine Kanzlerschaft zuletzt nur noch als Fessel empfunden, als Zumutung, ja als Vergewaltigung sozialdemokratischer Positionen. Damit sollte jetzt Schluss sein. Dafür nahmen die Sozialdemokraten der neuen Generation in Kauf, dass der außenpolitische Konsens mit der CDU zerbrach, den Herbert Wehner mit seiner Bundestagsrede am 30. Juni 1960 hergestellt hatte, um die SPD überhaupt regierungsfähig zu machen.

Aber um unmittelbare Regierungsfähigkeit ging es den Sozialdemokraten in jenen ersten Jahren nach dem Bruch der sozialliberalen Koalition gar nicht. Sie wollten wieder Teil der sozialen Bewegungen sein und an den gesellschaftlichen Bündnissen «fortschrittlicher Menschen» gegen Atomenergie und Rüstungsprojekte mitwirken. Vor allem wollten sie die jungen

Leute wieder zurückgewinnen, die sich gegen Ende der Schmidt-Ära von der SPD abgewandt hatten. Dieser Exodus traf die Sozialdemokraten schwer, denn ihnen war es historisch gesehen immer dann gut gegangen, wenn ihre Partei als Partei der Jugend und der Zukunft galt; schlimme Zeiten hatten sie dagegen erlebt, wenn ihnen die jungen Leute davonliefen, wie in den letzten Jahren der Weimarer Republik und in den fünfziger Jahren. Dann fühlten sie sich alt, und mit ihrem Zukunftsvertrauen schwanden auch die Wählerstimmen.

Daher schrillten bei ihnen die Alarmglocken, als ein beachtlicher Teil der jungen Bundesdeutschen gegen die Politik Helmut Schmidts protestierte und grüne oder alternative Listen ins Leben rief. Insofern waren sie nicht unglücklich darüber, dass Schmidt seit dem Herbst 1982 nicht mehr Kanzler war. Denn jetzt konnten sie die SPD im Eiltempo in eine Partei der Ökologie- und Friedensbewegung umwandeln. Die neuen Leute an der Spitze und im Mittelbau der Partei pilgerten zu protestantischen Kirchentagen, legten dort die Stirn sorgenvoll in Falten und bekundeten Verständnis für die Zukunftsängste der hier versammelten ökopazifistisch bewegten jungen Menschen – oder besser noch: zeigten ihre Betroffenheit.

Es gab einen regelrechten Jugendkult in der SPD der Nach-Schmidt-Ära. Aufmerksam lasen die Sozialdemokraten die zahlreichen Jugendstudien, die alle zu dem Schluss kamen, dass die jungen Menschen pessimistisch in die Zukunft blickten, dass sie sich vor Technik, Chemie und dem Vormarsch des Computers fürchteten und keinen großen Wert auf materiellen Besitz legten. Die neuen sozialdemokratischen Meinungsführer nahmen solche Selbstauskünfte für bare Münze, hielten sie nicht für den Ausdruck eines launischen Zeitgeistes, sondern für Vorboten eines umfassenden gesellschaftlichen Wertewandels, der geradewegs in die postmaterialistische Gesellschaft führen werde. Und dorthin steuerte jetzt auch die SPD – schließlich hatte sie sich immer schon gerne als Vorhut des «objektiven» gesellschaftlichen Entwicklungsprozesses verstanden.

So erhob die SPD Mitte der achtziger Jahre den Postmaterialismus zum Programm. Sie wurde überhaupt wieder verstärkt Programmpartei, wie so oft, wenn sie in der Opposition stand und über keinen wirklichen politischen Einfluss verfügte. Zwischen 1984 und 1986 begaben sich die sozialdemokratischen Sinnstifter – der asketischen Ökoattitüde durchaus angemessen – mehrfach in das Kloster Irsee im bayrischen Allgäu. Am Ende ihrer Programmklausur hatten sie 107 lange Seiten zusammengeschrieben, mit denen sie noch einmal die Abkehr von der Politik Helmut Schmidts unterstrichen. Die neuen, postmaterialistisch eingestellten Sozialdemokraten lehnten das herkömmliche Wachstumsdenken ab, für das gerade der letzte Kanzler gestanden hatte. Statt dessen setzten sie auf die Ökologisierung von Produktion und Konsum, insistierten auf einer ethisch begründeten Kontrolle der Technik und Produktivkraftentwicklung. Sogar feministische Vorstellungen fanden in die bis dahin klar männlich dominierte sozialdemokratische Arbeiter- und Arbeitnehmerbewegung Eingang; die Sozialdemokraten reklamierten jetzt Fähigkeiten für sich, die «lange als weiblich galten». Viele von den Vorstellungen der Irseer Klostergruppe flossen dann in das Berliner Programm von 1989 ein, das offiziell bis Ende Oktober 2007 Gültigkeit besaß, wenngleich es schon kurz nach seiner Verabschiedung – durch den Kollaps des staatssozialistischen Systems, die deutsche Wiedervereinigung und die Rückkehr ganz traditioneller Brot-und-Butter-Themen – als überholt galt und auch in der Partei selbst rasch in Vergessenheit geriet.

Mitte der achtziger Jahre aber war es vielen Sozialdemokraten mit der postmaterialistischen Wende bitterernst. Sie scharten sich nun wieder um die Lichtgestalt sozialdemokratischer Neuerungen und Aufbrüche: um Willy Brandt. Brandt erlebte zwischen 1983 und 1985 so etwas wie einen zweiten politischen Frühling. Ähnlich wie 1966 wirkte er jetzt gelöst, als sei ihm eine schwere Last genommen worden. Endlich war für ihn die quälende Zeit der Troika vorbei, die von Misstrauen, zwischenmenschlicher Kälte und kaum verhüllten Ressentiments geprägt war. Brandt, zweifellos der Sensibelste unter den dreien, dürfte in und an dieser Führungskonstellation noch mehr gelitten haben als Wehner und Schmidt. Aber er hatte seine beiden Kontrahenten politisch überlebt; 1983 war nur er im Führungszentrum der SPD übrig geblieben. Das beflügelte den Parteivorsitzenden außerordentlich. Abermals wollte er die SPD zu neuen Ufern führen – weg von den bleiernen Jahren der Schmidt-Regierung, hin zu neuen Bündnissen, neuen gesellschaftlichen Entwicklungen und einer neuen politischen Kultur. Die Programmrunden im Kloster Irsee leitete er höchstpersönlich.

Eine Zeitlang gingen die Sozialdemokraten begeistert mit. Wieder war

Willy Brandt auf dem Evangelischen Kirchentag in Hannover 1983. Schmidt und Wehner spielten innerhalb der SPD keine Rolle mehr, Brandt führte die Partei allein. Der Kirchentag war damals ein wichtiger Ort für sozialdemokratische Politiker. Man wollte wieder Anschluss finden an die friedensbewegte Jugend, die der SPD nach dem von Kanzler Schmidt betriebenen Nato-Doppelbeschluss den Rücken gekehrt hatte.

«Willy» ihr Held und Idol. Aber allmählich kam Ernüchterung auf. Brandts Ziele wurden immer unklarer: Mehr denn je gefiel er sich in den ihm eigenen kryptischen Formulierungen und Andeutungen. Selbst seine engsten Gefolgsleute konnten oft nur rätseln, was er vorhatte. Mal rief er triumphierend die rot-grüne Mehrheit aus; ein anderes Mal trat er ebenso entschlossen für große Koalitionen ein. Die sozialdemokratische Basis war verunsichert und wurde allmählich unwillig – das Denkmal des großen Brandt begann zu bröckeln. Mitte der achtziger Jahre schließlich ging Brandt seinen Genossen auf die Nerven. Als er 1987 endlich abtrat, nachdem er vergeblich versucht hatte, eine parteilose, politisch unerfahrene Frau – die Industriemanagerin Margarita Mathiopoulos – zur Sprecherin der SPD zu machen, waren die Sozialdemokraten zwar schockiert, aber zugleich auch erleichtert.

Dem Charismatiker Willy Brandt folgte dann mit Hans-Jochen Vogel erneut ein Verwalter. Nicht nur in dieser Hinsicht erinnerte manches an den Wechsel von Schumacher zu Ollenhauer gut dreißig Jahre zuvor. Ollenhauer und Vogel galten als Figuren des Übergangs, mehr als Makler von Politik denn als kreative Erneuerer, und sie begriffen sich selbst – durchaus mit einigem Stolz – als Diener ihrer Partei, nicht als Künder einer neuen Zeit. Und es bestand noch eine Gemeinsamkeit zwischen beiden: Erstmals seit dem Tod Ollenhauers lagen die Fraktions- und die Parteiführung wieder in einer Hand. Lange schon hatte niemand mehr so viel innerparteiliche Macht besessen wie Vogel.

Er konnte sich dabei vor allem auf die Bundestagsfraktion stützen, deren Vorsitz er 1983 als Nachfolger von Herbert Wehner übernommen hatte. In dieser schwierigen Position hatte er sich bewährt: Die Fraktion hatte sich in der Schlussphase unter Wehner in Gruppen und Strömungen aufgespalten, sie war demotiviert und wirkte lustlos. Viele rechneten damit, dass ihr Zerfall nach dem Verlust der Regierungsmacht noch weiter fortschreiten würde – in den frühen siebziger Jahren hatte man innerhalb der Unionsfraktion erleben müssen, mit welch riesigen innerparteilichen Turbulenzen die Umstellung von der Regierungs- auf die Oppositionsrolle verlaufen kann. Doch Vogel verhinderte die Erosion der sozialdemokratischen Bundestagsgruppe, indem er ihr strikte Disziplin und harte Arbeit verordnete. Er leitete die Fraktion straff, führte aber auch zahlreiche Gespräche mit den einzelnen Abgeordneten, wozu Wehner in den letzten Jahren seiner Amtszeit weder Kraft noch Antrieb besessen hatte. Im Übrigen koordinierte er ihre Arbeit durch verbindliche Verwaltungsstrukturen und administrative Reglements. So blieb das befürchtete Chaos aus; die Fraktion wurde zum Ort verwalteter Ruhe – es hätte in der Tat weit schlimmer kommen können.

Entsprechend verfuhr Hans-Jochen Vogel ab 1987 auch als Parteivorsitzender. Er war gewissermaßen der Klassenprimus der SPD: immer pünktlich, stets präsent und natürlich fleißiger und informierter als alle anderen. Ihm fehlte allerdings die Fähigkeit, Aufgaben zu delegieren und anderen großzügig Raum für eigenständige Aktivitäten zu lassen. Er richtete die sozialdemokratische Administration ganz auf sich aus und verlor die politische Dimension oft aus den Augen. In den Leitungsgremien der SPD wurde alles, was sich im Lauf der Woche angesammelt hatte, Punkt für Punkt abgehandelt. Solange Vogel die Politik in «erstens, zweitens, drittens …» gliedern konnte, war für ihn die sozialdemokratische Welt in Ordnung. Politik wurde so zu einem vorwiegend administrativen Vorgang, klar geordnet nach Zuständigkeiten, annotiert in zahlreichen Aktenvermerken und vollendet in den berüchtigten Wiedervorlagen. Bürokratie und Disziplin prägten die Politik Vogels, die Klarsichthülle war ihr Symbol.

Im letzten Drittel der achtziger Jahre erhielt Vogel den Parteifrieden durch Strenge aufrecht, Zwistigkeiten und Flügelkämpfe dämmte er durch prompte Kompromissformeln ein. Das wirkte ohne Zweifel sedierend – im Ganzen ging es sogar etwas langweilig zu in der wenige Jahre zuvor noch so turbulenten und streitlustigen Partei. Aber Vogel löste die vielen internen Konflikte nicht auf. Er sorgte lediglich dafür, dass sie unter Kontrolle blieben und keinen Lärm verursachten. Dadurch aber stagnierte die SPD. In der Diskussion um die Frauenquote allerdings bezog Vogel energisch Position. Hier legte er 1988 sein ganzes politisches Gewicht in die Waagschale, um die durchaus umstrittene, von der Arbeitsgemeinschaft sozialdemokratischer Frauen seit 1985 vehement geforderte Quote mit der nötigen Zweidrittelmehrheit durch die Parteitagsabstimmung zu bringen. Vogel setzte sich durch, womit sich die Geschlechterstruktur der Partei – insbesondere auf der Funktionärs- und Abgeordnetenebene – erheblich veränderte. Das brachte der SPD in der Folge verstärkt Sympathien bei den weiblichen Wählern ein.

Bald aber schaute man innerhalb und außerhalb der SPD weder auf Vogel, wenn es um die Zukunft der Partei ging, noch auf den Kanzlerkandidaten von 1987, Johannes Rau, sondern auf die sogenannten «Enkel», zu denen man damals namentlich Oskar Lafontaine, Gerhard Schröder, Björn Engholm und Dieter Spöri zählte. Jenen Begriff hatte Willy Brandt selbst geprägt, und damit hatte er zugleich die Autorität von Vogel und Rau unterminiert: Fortan galten beide definitiv als Männer des Übergangs, als bloße Wasserträger für den eigentlichen Führungsnachwuchs der Partei.

Einiges wirkte recht prinzipienlos bei den damals vielgepriesenen «Enkeln» Willy Brandts. Im Grunde waren es eher Kinder Ludwig Erhards, denn aufgewachsen waren sie in den Wirtschaftswunderjahren der Adenauer-Ära; sie kamen überwiegend aus bescheidenen Verhältnissen, und sie waren die Ersten, die – sehr erfolgreich – von den Aufstiegsmöglich-

Willy Brandt und seine «Enkel» im März 1987: Oskar Lafontaine ganz vorn, aber Björn Engholm noch keineswegs an den Rand gedrängt. Herta Däubler-Gmelin ist mit von der Partie, wenn auch hinter den anderen nicht gut zu sehen. Rudolf Scharping, den Kopf schon hochgereckt, setzt sichtlich zum Sprung an. Irgendwann springt er dann tatsächlich und fällt schwer auf die Nase. Der Kampf der «Enkel» – und ein ganz wichtiger fehlt auf diesem Gruppenbild mit Dame – hielt die Sozialdemokraten mehr als ein Jahrzehnt in Atem.

keiten der sechziger und frühen siebziger Jahre profitiert hatten. Als sie ihr Studium abschlossen, waren die Berufszugänge und politischen Aufstiegswege noch nicht verstopft. So machten sie schnell und vergleichsweise problemlos Karriere. Dabei setzten sie auf Provokation, nicht auf verbindliche Prinzipien und eine unerschütterliche Werteorientierung. Diese Generation war nie so ideologisch, wie sie sich bisweilen gab. Deswegen wirkten die «Enkel» oft so unernst, so verspielt, fast ein wenig verwöhnt. Aber taktische Bedenkenlosigkeit ist natürlich keine schlechte Tugend für Politiker, die sich in der Tat ein Übermaß an unverrückbaren Grundsätzen nicht gut leisten können.

Willy Brandt hatte Mitte der achtziger Jahre nie einen Hehl daraus gemacht, wen unter all den Nachwuchstalenten er zur künftigen Leitfigur der Sozialdemokratie auserkoren hatte: den Saarländer Oskar Lafontaine. Der stand für einen ganz anderen politischen Stil als Hans-Jochen Vogel; ihm war nichts heilig, was die Partei irgendwann einmal beschlossen hatte, angefangen bei den im Parteistatut festgelegten und von Vogel stets peinlich genau beachteten Verfahrensregeln. Und erst recht sah er seine Aufgabe nicht darin, der Partei lediglich zu dienen; sie war für ihn eher ein Instrument zur Befriedigung seines Ehrgeizes. Lafontaine wollte führen, immer als Erster die Richtung vorgeben; er wollte die Macht – und er wollte sie auch in vollen Zügen auskosten. Es gab da nichts Preußisches an dem Saarländer.

Seinen Aufstieg zum Hoffnungsträger, später zum Kanzlerkandidaten und schließlich zum Vorsitzenden der SPD verdankte Lafontaine vor allem der inzwischen voll entwickelten Mediengesellschaft. In den langen Jahrzehnten zwischen Bebel und Ollenhauer hätte ein Mann wie Lafontaine – Ministerpräsident eines unbedeutenden Bundeslandes ohne beachtliche sozialdemokratische Traditionen – niemals eine prominente Stellung in der deutschen Politik einnehmen, geschweige denn der erste Mann seiner Partei werden können. Damals brauchte man noch starke Bataillone in der nationalen Parlamentsfraktion oder im heimischen Parteibezirk, um in der SPD ganz nach vorn zu kommen. In der Mediengesellschaft jedoch kam es nicht mehr auf Organisations-, sondern auf Kommunikationstalent an, und darüber verfügte Lafontaine wie kaum ein Zweiter. Schnell hatte er begriffen, womit er die Aufmerksamkeit der Medien erregen konnte: mit Tabubrüchen. Am sichersten kam man in die Talkshows und in die Schlagzeilen, wenn man gegen die eigene Partei und ihren Vorsitzenden stichelte, wenn man sich über deren programmatische Grundsätze lustig machte, die Parteitraditionen und das Funktionärswesen aufs Korn nahm. Also schlüpfte Lafontaine – ähnlich wie das zweite große Talent unter den «Enkeln» Willy Brandts: Gerhard Schröder – in die Rolle des lustvollen Provokateurs. Und er hatte ebenfalls rasch gelernt, dass die Medien es nicht mochten, wenn man sich an einem Thema festbiss, denn dann wurde es langweilig. Deshalb mussten immer wieder neue Tabus gebrochen werden; man musste für immer neue Überraschungen gut sein und durfte sich heute nicht darum scheren, was man gestern gesagt hatte. Auch das beherrschte Lafon-

Oskar Lafontaine und Hans-Jochen Vogel auf einer Klausurtagung 1988. Vogel, damals Vorsitzender von Partei und Bundestagsfraktion, galt den meisten Beobachtern nur als Manager des Übergangs. Vergnüglich kann das nicht gewesen sein. Als eigentlicher Leitwolf der neuen SPD wurde seit Mitte der achtziger Jahre in und außerhalb der SPD Lafontaine gehandelt. Doch der wirkte unausgeglichen, hatte Phasen der Kraftmeierei und Phasen des Zauderns und Zögerns. Und so dauerte es lange, bis der Wechsel von der SPD Brandts zur SPD der «Enkel» geschafft war.

taine damals meisterlich. Er changierte zwischen den unterschiedlichsten Positionen, rochierte von links nach rechts und wieder zurück – die Medien waren begeistert. Seine quirligen Seitenwechsel schadeten seinem Ruf keineswegs, im Gegenteil: Endlich einmal ein Sozialdemokrat, so hieß es nun, der nicht langweilig, nicht bürokratisch, sondern neugierig, erfrischend unorthodox und flexibel ist.

In der zweiten Hälfte der achtziger Jahre wäre niemand auf den Gedanken gekommen, Oskar Lafontaine für einen Traditionalisten zu halten. Er galt in diesen letzten, auch ökonomisch noch einmal unbeschwerten Jahren der alten Bundesrepublik als der Modernisierer schlechthin. Selbst Wirtschaftskapitäne, die mit der SPD nichts am Hut hatten, schwärmten für Brandts Lieblingsenkel. Manche sahen in ihm gar den neuen Wirtschaftsreformer der Sozialdemokratie, einen zeitgemäßen Nachfolger von

Heinrich Deist und Karl Schiller. Unter all den Hütern sozialpolitischer Interessen in der SPD erschien Lafontaine als der Mann moderner, intelligenter marktwirtschaftlicher Innovationen. Kühl und machtbewusst hatte er dieses innerhalb der Partei vernachlässigte Thema für sich entdeckt und prompt besetzt, bevor ihm ein Rivale zuvorkommen konnte. Der saarländische Ministerpräsident hatte registriert, dass die Zeit des kulturkritischen und pessimistischen Postmaterialismus abgelaufen war, mit dessen protestantisch-asketischer Grämlichkeit er, der katholisch geprägte Hedonist, ohnehin nie viel hatte anfangen können. Lafontaine war immer ein bekennender Mann des Savoir-vivre gewesen, Liebhaber teurer Weine, seidener Krawatten und schöner Frauen. In den neureichen späten achtziger Jahren konnte er das voll ausleben; er konnte sich dabei sogar als Vorreiter einer neuen politischen Kultur verstehen und inszenieren, als Repräsentant einer aufgeklärten, westlichen, postnationalen Republik, die die Oggersheimer Spießbürgerlichkeit hinter sich gelassen hatte. Nur Gewerkschafter und linke Sozialdemokraten schimpften damals über Lafontaine, der sich für Arbeitszeitverkürzung ohne vollen Lohnausgleich und längere Maschinenlaufzeiten auch an den Wochenenden aussprach. Doch je wütender die Traditionalisten tobten, desto heller erstrahlte das Licht des Modernisierers.

Gleichzeitig verfügte Lafontaine über ein feines und sicheres Gespür für die herannahenden sozialen Probleme, und er vermochte diese Themen so pointiert zu formulieren, dass sie ins Zentrum der öffentlichen Debatte rückten. Dieses Talent hatte den Sozialdemokraten in den späten achtziger Jahren ohne Zweifel genutzt, hatte sie in die Offensive gegen die ausgezehrt wirkende CDU unter Helmut Kohl gebracht. So schien Lafontaine denn auch bis in den Sommer 1989 der richtige Kanzlerkandidat der SPD zu sein. Gerade weil er in rascher Folge konträre politische Positionen und Richtungen vertrat, gelang es ihm, die unterschiedlichsten Wählerschichten gleichermaßen zu beeindrucken: Er genoss Sympathien bei den Radikalreformern und Ökopazifisten, da er zu Beginn des Jahrzehnts die Nachrüstungspolitik von Helmut Schmidt bekämpft hatte und sich nun für Ökosteuern stark machte. Den neuen Mittelschichten aus den Wachstumsbranchen imponierte er durch seine Attacken gegen die Inflexibilität der Gewerkschaften, auch durch die damals noch unkonventionelle Art, wie er politische Konflikte in Fernsehstudios und Talkrunden hineintrug, und nicht zuletzt dadurch, dass er in der Bonner Vertretung des Saarlandes einen Spitzenkoch einstellte. Und im Saarland hatte er mit erfolgreichen Wahlkämpfen bewiesen, dass er die traditionellen Arbeiter ebenfalls mobilisieren konnte: Er witterte die aufkommenden Ängste der «kleinen Leute» früher als andere und nutzte das mit durchaus populistischer Energie. Kurz: Die Sozialdemokraten durften zu Beginn des Jahres 1989 hoffen, dass ihr Kandidat eine breite Wähleralliance zustande bringen würde.

Ende 1990 war dieser Traum geplatzt. Lafontaine hatte seine Partei nicht zu neuen Mehrheiten geführt, sondern weit zurück in das Jammertal der fünfziger Jahre. Mit ihm als Spitzenkandidat erzielte die SPD bei den Bundestagswahlen 1990 nur 33,5 Prozent der Stimmen, das schlechteste Ergebnis seit 1957. Die ganze perfekt ausgefeilte Strategie der Modernisierung und der sozialen Bündnispolitik ging nicht auf – den Sozialdemokraten kam die deutsche Einheit dazwischen. Deren nicht nur von Helmut Kohl als historisch empfundene Bedeutung hatte der Ministerpräsident des westlichen Grenzlandes störrisch ignoriert. In all den Monaten des Einigungsprozesses war ihm anzumerken, wie fremd ihm die Zusammenführung der beiden Teile Deutschlands war, wie wenig ihn die Ereignisse berührten, wie sehr seine Skepsis überwog. Lafontaine fand in keinem Moment den richtigen Ton, mit dem er das Vertrauen der damaligen DDR-Bürger hätte gewinnen können. Seine Mischung aus Saartümelei, westdeutschem Egozentrismus und hochmütigem Kosmopolitismus traf 1990 nicht den Nerv der Zeit, auch wenn Lafontaine die gesellschaftlichen und vor allem ökonomischen Probleme der Wiedervereinigung wohl richtig erkannt hatte.

1990 war nicht das Jahr des Oskar Lafontaine. Der Wind hatte sich plötzlich gedreht, die Medien ließen ihr einstiges Hätschelkind brutal fallen. Sie zogen mit ätzender Schärfe und zum Teil wütender, am Ende herablassender Verachtung über ihn her. Für Lafontaine war das eine Zäsur: Von nun an musste er seine Strategie ändern; er konnte nicht mehr als medienwirksames Kommunikationsgenie und großer Modernisierer der SPD auftreten. Diese Rolle wurde nun frei für einen anderen. Hinzu kam der Bruch mit Willy Brandt, der 1990 deutlich auf Distanz zu seinem früheren Lieblingsenkel ging. Während dieser sich als sozialdemokratischer Kanzlerkandidat über «Deutschtümelei» erregte, hielt der frühere sozialdemokratische Kanzler patriotische Reden. Und zu alledem musste Lafontaine noch mit

Lafontaine am 4. Oktober 1990 bei der ersten Sitzung des gesamtdeutschen Bundestags im alten Plenarsaal des Berliner Reichstags. Kurz zuvor war er auf dem Parteitag der SPD als Kanzlerkandidat noch gefeiert worden. Doch mit seiner skeptischen Haltung zur Wiedervereinigung hatte er keinen Erfolg; Helmut Kohl blieb Kanzler.

den Folgen des Messerattentats fertig werden, dessen Opfer er im April 1990 geworden war. Am Abend der bitteren Bundestagsniederlage war er tief enttäuscht, er haderte mit großen Teilen seiner Partei, war am Ende seiner Kräfte. Die ihm angetragene Führung von Partei und Fraktion mochte er in dieser Situation und Verfassung nicht übernehmen; Lafontaine brauchte erst einmal Abstand, um sich zu besinnen.

Dann schlitterte die SPD für ein halbes Jahrzehnt in die wohl turbulenteste Führungskrise ihrer Geschichte. Erich Ollenhauer hatte elf Jahre an der Spitze der SPD gestanden, Willy Brandt sogar fast ein Vierteljahrhundert. Nun aber, in der ersten Hälfte der neunziger Jahre, wechselten die Vorsitzenden in rascher Folge. Drei von ihnen – Engholm, Scharping und Lafontaine – gehörten zur Generation der «Enkel», über die jetzt in der politischen Öffentlichkeit der Republik viel gespottet wurde. Für das Chaos, das in der SPD herrschte, machte man sie verantwortlich; man hatte damals den Eindruck, dass die «Enkel» zunächst weit überschätzt worden waren und im Ernstfall versagten.

Doch ganz richtig war dieser Eindruck nicht: Paradoxerweise war die SPD in den frühen und mittleren neunziger Jahren bundespolitisch deshalb so schwach und krisengeschüttelt, weil sie in den Regionen so stark war. Die vielgescholtenen «Enkel» hatten keineswegs rundum versagt, im Gegenteil: Mit ihren Erfolgen in den Bundesländern leiteten sie schon zwischen 1991 und 1995 den Machtwechsel ein. Als der große Willy Brandt 1987 abtrat, war die SPD lediglich an vier Landesregierungen beteiligt; als Björn Engholm 1991 die Führung der Partei übernahm, stellten die Sozialdemokraten schon in acht der zehn alten Bundesländer Minister oder Kabinettschefs. Nie zuvor in der bundesdeutschen Geschichte hatte die SPD so viele mächtige Ministerpräsidenten wie 1991, und dazu hatten die «Enkel» einiges beigetragen. 1995, als die Führungskrise der Bundes-SPD unter Scharping ihren Höhepunkt erreichte, kamen gar zehn Ministerpräsidenten aus den Reihen der SPD, die außerdem noch an vier weiteren Kabinetten beteiligt war. Ein CDU-Staat war die Bundesrepublik nicht mehr.

Aber ebendeshalb kam die Bundes-SPD nicht zur Ruhe; ebendeshalb befand sie sich in einer permanenten Führungskrise. Denn je mehr mächtige und ehrgeizige Ministerpräsidenten eine Partei stellt, desto schwieriger wird es für die Bundestagsfraktion und für den Parteivorsitzenden, sich gegen sie zu behaupten. Das musste schon Helmut Kohl in den späten siebziger Jahren erfahren, und davon konnten nun auch die Parteichefs der SPD von Vogel über Engholm bis Scharping ein Lied singen. Der föderale Machtwechsel in der Bundesrepublik führte zur Machtfragmentierung innerhalb der SPD. In der Partei gab es jetzt gleich mehrere junge, einflussreiche Ministerpräsidenten, deren Ambitionen über die Staatskanzleien in Hannover, Mainz und Saarbrücken hinausreichten und die sich nicht in die Politik des jeweiligen Parteivorsitzenden oder in die Strategie der Bundestagsfraktion einbinden ließen. Selbst der strenge Hans-Jochen Vogel wusste

Seit den späten achtziger Jahren konnte die SPD in den Bundesländern beachtliche Erfolge erzielen. In Niedersachsen etwa schnitt sie bei den Landtagswahlen 1990 erstmals seit 1974 wieder besser ab als die CDU, und Gerhard Schröder – hier am Wahlabend mit seiner damaligen Frau Hiltrud – wurde Chef einer rot-grünen Koalitionsregierung.

schließlich keinen Rat mehr. Insbesondere den niedersächsischen Ministerpräsidenten Gerhard Schröder vermochte auch er nicht zu bändigen und auf Parteikurs einzuschwören. Schröder besetzte jetzt den Platz, den Oskar Lafontaine hatte räumen müssen. Seine weitere Karriere plante er über die Medien, nicht über die politischen Gremien; zu den Präsidiumssitzungen in Bonn reiste er oft gar nicht erst an. In den Jahren seines Aufstiegs hielt Schröder sich keineswegs an die Disziplin, die er später als Kanzler ganz selbstverständlich fordern sollte.

Man brauchte schon eine Menge Energie, Härte, Geschick und Rückhalt in der Partei, um sich als Vorsitzender gegen die vielen kleineren und größeren Machtzentren in der SPD durchsetzen zu können. Der erste der «Enkel», der dieses Amt bekleidete, besaß von alledem nicht genug. Björn Engholm hatte 1991 auch gar nicht Parteichef werden wollen, man hatte ihn beschwören, bedrängen, bearbeiten müssen, bis er endlich nachgab. Innerlich angenommen allerdings hat er das Amt nie; wenn möglich, mied er die Parteizentrale. Gleichzeitig war mit Hans-Ulrich Klose ein Mann an die Spitze der Bundestagsfraktion getreten, dessen Karriere im Grunde schon vorbei war. Auf ihn fiel die Wahl nur deshalb, weil die Mehrheit der Fraktion sich gegen Herta Däubler-Gmelin, die Favoritin Hans-Jochen Vogels, sträubte. Und so folgten denn die Sozialdemokraten jetzt einem Vorsitzenden, der keiner sein wollte, und einem Fraktionsvorsitzenden, der längst nicht mehr zu den wirklich wichtigen Leuten innerhalb der Partei zählte.

Es war schon ein merkwürdiges Gespann, das da den Machtmenschen Kohl herausfordern sollte: Engholm und Klose waren beide bedächtige Charaktere, nachdenkliche Pfeifenraucher, mehr vergeistigte Kopfmenschen als instinktgeleitete Kraftnaturen. Beiden lag weder der Kommandoton noch die autoritäre Pose. Die Sozialdemokraten aber kamen mit diesem Führungsstil der langen Leine nicht zurecht. Im Grunde erwarteten sie präzise Vorgaben, straffe Strukturen, eine harte Hand. Bald begannen sie, über die beiden «Softies» aus dem Norden der Republik zu lästern. Bis heute hat sich in der SPD das Urteil gehalten, dass Partei und Fraktion nie so lax geführt worden seien wie unter Engholm und Klose. Ganz gerecht aber ist ein solch harsches Urteil nicht. Denn unter Engholm veränderte sich die Partei mehr als unter Vogel oder später unter Scharping, auch wenn er im Gegensatz zu ihnen nicht mit der Attitüde des starken Mannes auftrat.

Engholm war durchaus kein politisches Leichtgewicht, als die Partei ihn drängte, den Vorsitz zu übernehmen. Er hatte eine beachtliche politische Biographie mit einigen Erfolgen, aber auch mit bitteren Rückschlägen, die ihn hatten reifen lassen. Zunächst hatte er fast vierzehn Jahre lang – von 1969 bis 1983 – dem Bundestag angehört, unter Schmidt war er für mehrere Jahre parlamentarischer Staatssekretär und Bundesminister; nach dem Ende der sozialliberalen Koalition dann erlebte er vier schwierige Oppositionsjahre im Kieler Landtag mit, bevor er 1988 Ministerpräsident in Schleswig-Holstein wurde. Engholm hatte seine politischen Ziele – das wurde oft übersehen – stets mit großer Zähigkeit und Ausdauer verfolgt.

Der Patriarch, die beiden Männer des Übergangs und der erste «Enkel» im Parteivorsitz: Brandt, Vogel, Rau und Engholm, drei sozialdemokratische Generationen. Sie ziehen – symbolisch – an einem Strick. In der Parteirealität aber begann die Rivalität der «Enkel». Erst als diese Auseinandersetzung entschieden war, kam die SPD zeitweilig zur Ruhe.

Stärker als alle anderen «Enkel» in der SPD störte Engholm sich an der «Closed-Shop-Mentalität», die sich unter den Sozialdemokraten seit den achtziger Jahren breitgemacht hatte. Er erkannte früh, dass die SPD sich sozial und gesellschaftlich immer mehr isolierte, dass sie vergreiste und kulturell verödete. Daher trieb er eine Parteireform voran, die die SPD stärker für Seiteneinsteiger öffnen und den einzelnen Mitgliedern größeren direktdemokratischen Einfluss verschaffen sollte – so beschloss es die Partei jedenfalls. In der Zeit nach Engholm aber hielt sie sich nicht mehr daran und vergaß das Projekt einfach, bis dann der spätere Generalsekretär Franz Müntefering die Pläne Anfang 2000 wieder aus der Schublade hervorholte, um sich erneut an die Reform der siechen Parteiorganisation zu machen.

Engholms bedeutendste Leistung war ohne Zweifel, die SPD in der Frage der Asylpolitik zu einer neuen Position zu bewegen. 1992 hatte er die asylpolitische Wende nahezu im Alleingang eingeleitet und innerhalb eines

Vierteljahres mit großer Beharrlichkeit und gegen erbitterte innerparteiliche Widerstände durchgesetzt. Das erhöhte nicht gerade seine Popularität in der Partei, denn er mutete ihr den schmerzhaften Verlust ihrer ausgeprägten Basisidentität zu. Insofern führte Engholm in den Sommer- und Herbstmonaten 1992 seine Partei wirklich: Er redete ihr nicht nach dem Mund, zog sich nicht mit folgenlosen Kompromissformeln aus der Affäre, sondern trieb seine Partei aus einer unhaltbaren Stellung. Hans-Jochen Vogel war dazu nicht in der Lage gewesen. Er hatte im Gegenteil die asylpolitischen Grundsätze der SPD – wenn auch aus gewiss ehrenwerten Gründen – dogmatisiert, hatte seine Partei unbeweglich gemacht und damit zur Entfremdung von der früheren Stammwählerschaft in den städtischen Arbeiterquartieren beigetragen.

Bei dieser Kurskorrektur hatte Engholm Seite an Seite mit dem Fraktionsvorsitzenden Klose gefochten. Auch in anderen Fragen versuchten beide, der SPD einige neue Impulse zu geben. So machten sie sich etwa trotz des in ihrer Partei vorherrschenden Pazifismus für Bundeswehreinsätze im Rahmen der Vereinten Nationen stark, und sie befürworteten eine Politik der marktwirtschaftlichen Dynamik, statt an überkommenen sozialetatistischen Rezepten festzuhalten. Dabei war ihr politischer Ansatz trotz ihrer gern zur Schau gestellten melancholischen Intellektualität bemerkenswert pragmatisch und nüchtern. Aber beiden fehlte die Härte und Brutalität, wohl auch das Intrigante und nicht zuletzt eine verlässliche Hausmacht, um ihrer Partei erfolgreich neues Terrain zu erschließen. Nur in der Asylpolitik brachten sie nach einem außergewöhnlichen Kraftakt eine Parteitagsmehrheit hinter sich. Damit aber hatten sie sich schon verausgabt, und alle anderen Initiativen verpufften schließlich. Programmatisch und konzeptionell kam die SPD nicht wirklich von der Stelle.

Engholm scheiterte keineswegs an seinem kommunikativen Verständnis von Politik, das er in Festtagsreden über sein Projekt der «Denkfabriken» gerne darlegte, sondern im Gegenteil daran, dass er nicht ausreichend kommunikativ war: Er führte nicht genug Gespräche, organisierte zu wenig Teamarbeit und war nicht in der Lage, den nötigen Konsens zwischen den wichtigen Parteileuten herzustellen. Gerade in den frühen neunziger Jahren aber wäre es auf Integration, Kommunikation und Konsens angekommen, denn anders als zur Zeit der sozialliberalen Koalition – in der es ja inner-

Engholm mochte Bonn nicht. Ihn zog es immer wieder in seine schleswig-holsteinische Heimat. Anders als Lafontaine, Scharping oder gar Schröder drängte er nicht an die Macht. Er liebte die Muße, las gern und interessierte sich für Kunst – jedenfalls vermittelte er dieses Bild. Das kam bei den Bürgern gar nicht schlecht an, aber in den Medien und bei den Politikerkollegen – auch innerhalb der SPD – galt er als «Softie».

halb der Bonner Troika, zwischen Brandt, Schmidt und Wehner, ebenfalls gewaltige Spannungen gegeben hatte – waren die einflussreichsten Sozialdemokraten jetzt über die ganze Republik verteilt: Der Parteivorsitzende residierte an der Ostsee, sein wichtigster Stellvertreter wartete nahe der Grenze zu Frankreich auf seine zweite Chance, und die neuen Aufsteiger saßen in Hannover und in Mainz in den Startlöchern. Engholms Aufgabe wäre es gewesen, sie alle politisch zusammenzubringen und ihre Aktivitäten mit denen der Bundestagsfraktion zu koordinieren, aber dazu war er nicht in der Lage, und er bemühte sich auch kaum darum. Stattdessen zog er sich immer mehr auf sich selbst und in die Geborgenheit seiner schleswig-holsteinischen Heimat zurück. Er redete nicht viel, telefonierte kaum – die Führungsstrukturen der SPD lösten sich in bedenklicher Weise auf. Die Partei verlor an Geschlossenheit, an willensbildender Kraft und wirkte richtungslos. Die Öffentlichkeit witzelte über den «vielstimmigen Chor» der Sozialdemokraten, über die «Gemeinschaft unabhängiger Sprecher». Dadurch geriet Engholm schon Anfang 1993 kräftig ins Trudeln, noch bevor ihn immer neue Gerüchte und Erkenntnisse über die «Kieler Affäre» aus Amt und Politik vertrieben.

Einige Monate nach dem Rücktritt Engholms durften die Sozialdemokraten hoffen, mit seinem Nachfolger eine glücklichere Wahl getroffen zu haben. In der Tat verkörperte Rudolf Scharping einen ganz anderen Politikertypus als der eher zögerliche und zaudernde Kieler. Sein Ehrgeiz und sein Machtwille konnten ausgeprägter kaum sein. 1993 wollte Scharping alles: den Vorsitz seiner Partei und die Kanzlerkandidatur. Als er diese Ziele erreicht hatte, ging er gleich einen Schritt weiter und dirigierte von der Mainzer Staatskanzlei aus die Bundestagsfraktion der SPD; Hans-Ulrich Klose trat schon im letzten Jahr seiner Amtszeit hinter ihn zurück.

Von dem, was Engholm fehlte, hatte Scharping zu viel. Er wollte 1993 schon Meister sein, dabei war er – zumindest auf Bundesebene – noch politischer Lehrling. Scharping wurde der erste Mann der Partei, da er 1991 eine Landtagswahl gewonnen und den Machtwechsel in einer traditionellen Hochburg der CDU herbeigeführt hatte. Das war inzwischen die Voraussetzung für eine Führungsposition in der SPD: Man musste mit einigem medialen Glamour Landtagswahlen gewinnen, dann konnte man Anspruch auf das höchste Amt in der Partei und die Kanzlerkandidatur erheben. So war es bei Rau und Engholm, jetzt bei Scharping, später bei Schröder und dazwischen mehr als einmal bei Lafontaine. Doch Scharping war der Unerfahrenste unter ihnen. Er hatte eine ganze Reihe von Oppositionsjahren im Mainzer Landtag hinter sich, darunter immerhin fast sechs als Fraktionsvorsitzender, und amtierte seit zwei Jahren als Ministerpräsident in Rheinland-Pfalz. Das war aber auch schon alles. Da strebte jemand das höchste Amt in der Republik an, der sich noch nicht einmal eine volle Legislaturperiode als Ministerpräsident behauptet und noch nie dem Bundestag angehört hatte. Verglichen mit Engholm war Scharping bundespolitisch gesehen ein Greenhorn.

Doch anfangs schien das kein Problem; Scharping strahlte Führungskraft aus, und ohne Zweifel war er ein Mann von großer Willensstärke, Energie

1993 präsentierten sich die Kandidaten für den SPD-Parteivorsitz in der Düsseldorfer Stadthalle. Es war die erste und bislang auch einzige Mitgliederbefragung, die die Partei durchführte, um ihren Vorsitzenden zu ermitteln. Den Mitgliedern gefiel das Verfahren durchaus, fast 500 000 beteiligten sich am 13. Juni am innerparteilichen Plebiszit. Rudolf Scharping machte das Rennen und setzte sich gegen Heidemarie Wieczorek-Zeul und Gerhard Schröder durch. Aber eine Mehrheit hatte er nicht hinter sich bringen können, nur 40,3 Prozent der Stimmen fielen auf ihn. Schröder gab auch deshalb den Kampf nicht verloren und wurde letztlich zum großen Gewinner im zähen Ringen der «Enkel».

und Zähigkeit. Er mochte kein großer Entertainer sein, kein bunter Vogel mit visionärem Charisma, aber ein «Softie» war er gewiss nicht – schon das schätzten die Sozialdemokraten an ihm. Sie waren Scharping zunächst dankbar, dass er in die Partei wieder Ordnung hineinbrachte, klare Entscheidungsstrukturen schuf, Ziele vorgab. Die zuletzt unter Engholm und Klose fast depressive, lethargische Partei schöpfte wieder Mut, witterte nun doch eine Chance, Helmut Kohl aus dem Kanzleramt zu vertreiben. Auch die Medien berichteten nun weniger hämisch über die SPD und fanden freundliche Worte für den neuen, jungen Vorsitzenden. Bis in das Frühjahr 1994 hatte Scharping keine schlechte Presse, und in der eigenen Partei fand er ebenfalls beträchtliche Unterstützung. Dann aber, ganz plötzlich, kippte die Stimmung. Was immer Scharping jetzt anfasste, misslang. Von nun an zog er über eineinhalb Jahre fast nur noch Hohn und Spott auf sich. Es war eine schlimme, eine schwere Zeit für die SPD. Hans-Jochen Vogel hatte die Partei in einen Zustand bürokratischer Betriebsamkeit versetzt; Engholm hatte sie in verzagte Melancholie geführt; Scharping allerdings wurde für sie zum Desaster. In den letzen Monaten vor seinem Sturz im November 1995 waren die Sozialdemokraten in einer so heillosen, verzweifelten Lage wie nur selten in ihrer Geschichte.

Rückblickend gesehen, fing die Malaise schon mit den Umständen an, unter denen Scharping inthronisiert wurde. Er war der erste – und bislang auch der einzige – sozialdemokratische Vorsitzende, den eine Urabstimmung unter den Parteimitgliedern in sein Amt brachte. Das hätte durchaus eine besonders stabile Legitimationsbasis sein können. Doch war das Plebiszit zu sehr taktisches Instrument, mit dem die mächtigen Bezirksfürsten aus dem Westen der Republik einen anderen verhindern wollten: den eigenwilligen niedersächsischen Ministerpräsidenten Gerhard Schröder. Daher entfiel die eigentlich erforderliche Stichwahl zwischen den beiden bestplatzierten Kandidaten. Scharping schnitt zwar besser ab als seine Rivalen Schröder und Wieczorek-Zeul, aber er konnte lediglich 40,3 Prozent der Stimmen auf sich vereinen. Weit über die Hälfte der Sozialdemokraten war also gegen Scharping – so jedenfalls konnte man das Ergebnis interpretieren, und genau das tat Schröder; er gab sich nicht geschlagen, zweifelte wohl auch keine Sekunde daran, dass eigentlich ihm und nicht dem drögen Westerwälder die Krone zustand.

Die Republik erlebte dann 1994 / 95 das innerparteiliche, aber in aller Öffentlichkeit ausgetragene Duell Scharping gegen Schröder. Von Anfang an war Schröder dabei, selbst wenn es zunächst nicht so schien, im Vorteil. Stets war er eine Spur durchtriebener, instinktsicherer, auch kühner als sein Kontrahent. Er bestimmte das Tempo, und er wählte die Arena für den Zweikampf: Schröder benutzte die Medien, was Scharping, selbst wenn er das Temperament dazu besessen hätte, nicht im gleichen Maße möglich war. Denn Schröder sicherte sich Schlagzeilen und Fernsehauftritte, indem er über antiquierte Parteidogmen lästerte, sich über langweilige Funktionäre und mittelmäßige Bundestagsabgeordnete lustig machte und eben den

Ihr Streit trieb die SPD im Herbst 1995 in eine tiefe Krise: Schröder besaß die Gunst der Medien, bestimmte das Tempo der Auseinandersetzung und wirkte dynamisch; Scharping dagegen zog sich immer mehr in das Justemilieu der Parteitraditionalisten und Funktionäre zurück. Er machte einen verkrampften, unsicheren Eindruck. In der Mediengesellschaft konnte er so nicht bestehen.

Chef der eigenen Partei durch den Kakao zog. Kurz, er kopierte die Rolle, die Lafontaine in den achtziger Jahren gespielt hatte. Nun war er es, der in den Medien als wortgewandter Provokateur galt, als mutiger Einzelgänger und moderner Politiker, der sich um Parteidogmen nicht kümmerte und seine eigene pragmatische, unkonventionelle Politik betrieb. Scharping konnte sich diese Pose nicht leisten; als Vorsitzender der Sozialdemokraten musste er die Gremien, Statuten und Traditionen der SPD achten, denn schließlich musste er die Partei zusammenhalten, auf ihre Funktionäre Rücksicht nehmen, ihre Gefühlswelt respektieren – Scharping war verglichen mit Schröder langweilig. Je stärker dieser sich in der Welt der Medien als moderner Politiker präsentierte, desto mehr zog sich jener in die Funktionärsstrukturen seiner Partei zurück. Dabei hatte auch Scharping die Partei ursprünglich – insbesondere in Fragen der Wirtschafts-, Rechts- und Außenpolitik –

reformieren wollen; inhaltlich vertrat er ganz ähnliche Positionen wie Schröder. Aber dessen medienwirksame Modernisierungsattitüde trieb den schutzsuchenden Scharping in das innerparteiliche Traditionsgeflecht von etatistischen Sozialpolitikern und Altachtundsechzigern. In dieser Ecke war er dann hoffnungslos eingeklemmt. Hinzu kam, dass er sich in seinem verzweifelten Abwehrgefecht gegen Schröder mit Oskar Lafontaine verbündet hatte, der inzwischen – nachdem er bei den Medien in Ungnade gefallen war – sehr viel konventionellere Positionen vertrat und Scharping erst recht auf kanonisierte Parteitraditionalismen festlegte.

Schön war es nicht, wie man mit Scharping umsprang. Der zog sich immer mehr zurück, wurde misstrauisch und verschlossen. Die Situation erinnerte ein wenig an die Zeit unter Engholm: Auch Scharping schränkte jetzt die Kommunikation mit wichtigen Parteifreunden ein, auch ihm gelang die Integration und Vernetzung der verschiedenen Teile der Partei nicht mehr. Am Ende, im Herbst 1995, war Scharping völlig verunsichert. Er trat nun in jedes Fettnäpfchen und stürzte seine Partei in eine tiefe Krise. Daher konnte Oskar Lafontaine – der durch das Wahldebakel 1990 und eine Reihe von Affären in Saarbrücken politisch schon fast am Ende war – ihn mit einer einzigen laut und peitschend vorgetragenen Parteitagsrede aus dem Amt fegen. Scharping hatte einfach zu früh zu viel auf einmal gewollt, und er war längst nicht abgebrüht und beweglich genug, um es mit Lafontaine oder Schröder aufnehmen zu können. Und natürlich: Scharping hatte zu viel Bart. Er wirkte zu hölzern und zu steif, konnte vor Kameras nicht brillieren – er ähnelte zu sehr Ollenhauer. Aber die SPD von 1995 war keine Partei mehr, die einen solchen Mann durch das Auf und Ab einer launischen Mediengesellschaft tragen konnte. Diese Zeiten waren wohl schon seit dem Aufstieg Willy Brandts vorbei.

Im Herbst 1995 befanden sich die deutschen Sozialdemokraten also in einem tiefen Tal der Tränen. Selten hatte sich in der Partei eine solche Verzweiflung, ja Untergangsstimmung breitgemacht wie in jenen Monaten. Die Sozialdemokraten hatten in ihrer Geschichte einiges aushalten müssen, Verbot, Ausgrenzung und Terror. Aber all das hatte ihr Selbstwertgefühl nur gesteigert, ihren Trotz gestärkt, ihren Stolz begründet. Doch jetzt, Mitte der neunziger Jahre, waren sie dem Spott ausgesetzt, der Lächerlichkeit preis-

Auf dem Parteitag in Mannheim 1995 kandidierte Oskar Lafontaine überraschend für den Parteivorsitz und erhielt 131 Stimmen mehr als der amtierende Rudolf Scharping. Das hat «bitter wehgetan», wie Scharping später bemerkte. Für die Sozialdemokraten, die sich im Herbst 1995 in einem verzweifelten Zustand befanden, bedeutete es die Wende. Systematisch und beharrlich steuerte der neue Parteivorsitzende die Sozialdemokraten zum Wahlsieg und in die Bundesregierung – eine beachtliche Leistung, von der am Ende Gerhard Schröder allein profitierte.

gegeben, und am Ende hatte man nur noch herablassendes Mitleid für sie übrig. Diese Demütigung war schwer zu ertragen. Mit ohnmächtiger Wut verfolgte die Parteibasis im Sommer und Herbst 1995 die egozentrischen Kabalen in der Führungsspitze, über die die Medien tagtäglich genüsslich berichteten. Die SPD wirkte führungs- und richtungslos, ihre Zukunft schien gefährdet. Sogar die Christdemokraten sorgten sich nun um den Bestand der gegnerischen Volkspartei. Ab Ende September 1995 stellten sie das Feuer polemischer Kommentare zur Misere der SPD ein. Sie schienen sich ein solch großzügiges Verhalten auch gefahrlos leisten zu können, schließlich lag die Union in Meinungsumfragen bei 47 Prozent, fast bei der absoluten Mehrheit. Dagegen hatten die Sozialdemokraten Anfang Oktober die 30-Prozent-Marke bereits unterschritten und befanden sich offenbar weiter im freien Fall. Noch nie stand eine Regierungspartei ein Jahr nach den Bundestagswahlen – und das, ohne besonders herausragende Leistungen vorweisen zu können – so glänzend da wie 1995 die Union; und noch nie war die größte Oppositionspartei wenige Monate nach den Parlamentswahlen so tief gestürzt wie jetzt die SPD. An einen Sieg bei den nächsten Bundestagswahlen 1998 glaubten in diesen düsteren Herbsttagen 1995 wohl selbst notorische Optimisten unter den Sozialdemokraten nicht, wahrscheinlich nicht einmal – aber das ist historisch nicht verbürgt – der Brutus in diesem Drama, Gerhard Schröder.

Aber die Schwierigkeiten der SPD waren keine bloße Führungskrise; mit Rudolf Scharping allein ließen sich das Fiasko und die Dauerdepression der SPD im Bund nicht erklären. Vielmehr machten der SPD – und das schon seit den späten siebziger Jahren – eine Menge struktureller Probleme zu schaffen. Da ist zunächst und vor allem der soziale Wandel zu nennen. Mit dem Übergang von der industriellen zur stärker tertiär geprägten Gesellschaft verknappte sich die traditionell entscheidende Ressource der Sozialdemokratie: die alt- und großindustrielle Lohnarbeiterklasse. Parallel dazu ging die Zahl der öffentlich Bediensteten zurück, und damit trockneten allmählich die Quellen des sozialdemokratischen Funktionärs- und Delegiertenwesens aus. Die alten Milieus schrumpften, und auch die überlieferten Bindungen, die sich bislang noch hatten behaupten können, lösten sich auf. Erschwerend kam hinzu, dass sich die Gesellschaft nicht – wie es noch in den sechziger Jahren schien – arbeitnehmerisch homogenisiert, sondern pluralisiert und ausdifferenziert hatte. In der SPD waren die Folgen dieses Prozesses besonders stark zu spüren. Keine andere bundesdeutsche Partei hatte in den achtziger Jahren derart unterschiedliche Haltungen und Einstellungen innerhalb der eigenen Wählerschaft unter einen Hut zu bringen: Die Sozialdemokraten mussten Rücksicht auf die postmaterialistischen Hedonisten und Asketen nehmen, gleichzeitig die materialistischen Technokraten in den neuen Mittelschichten bei der Stange halten, sie durften aber auch die immer stärker nach rechts driftenden Unterschichten in den Ballungsräumen nicht verprellen. Und daneben gab es noch fünf oder sechs weitere soziale Gruppen mit unterschiedlichen Lebensstilen, die irgendwie einbezogen werden mussten.

Dadurch verwischte sich das Profil der Sozialdemokraten, der schwierige Spagat zwischen den verschiedenen Positionen ging zulasten programmatischer und konzeptioneller Eindeutigkeit. Doch trotz aller Integrationsbemühungen verlor die SPD in den siebziger und achtziger Jahren entscheidende Wählersegmente links und rechts des eigenen Spektrums. In der Frühphase der sozialliberalen Koalition schon liefen ihr die «Schiller-Wähler» der späten sechziger Jahre davon, die aus den produktions- und marktorientierten Mittelschichten zur SPD gefunden hatten; Anfang der Achtziger verabschiedeten sich dann große Teile der ökologisch gesinnten Humandienstleistenden von der SPD und wandten sich den Grünen zu; Ende desselben Jahrzehnts konvertierten junge Arbeiter und Arbeitslose zu den neuen rechtspopulistischen Parteien – zeitweilig lag der Facharbeiteranteil unter den Wählern der Republikaner sogar höher als unter den SPD-Anhängern. Und in den neunziger Jahren schließlich waren auch die Stammwähler der SPD – besonders bei Regional- und Kommunalwahlen – nur noch schwer an die Urnen zu kriegen. Kurz: Die Sozialdemokraten hatten ein gravierendes Integrations- und Mobilisierungsproblem.

Sie steckten in einem Dilemma: Setzten sie entschlossen auf einen Kurs der ökologischen beziehungsweise wirtschaftlichen Modernisierung, dann vergraulten sie die von den wirtschaftlichen Umbrüchen und vom Wandel der Werte tief verunsicherten Stammwähler und neuen Unterschichten, die sich kulturell von den inzwischen meist akademisch gebildeten sozialdemokratischen Funktionären alleingelassen fühlten; blieben sie dagegen die sozialstaatliche Traditionskompanie der altindustriellen Subventionsmentalität, dann verloren sie den Anschluss an die zahlenmäßig expandierenden Aufsteigerschichten. Die SPD hatte bis 1994 alle entsprechenden Möglichkeiten ausprobiert: Sie war 1987 und 1994 als «Schutzmacht der kleinen Leute» aufgetreten, hatte dabei ihr Stammwählerpotenzial voll ausgeschöpft, bei den neuen Mittelschichten aber schlecht abgeschnitten. 1990 dagegen hatte sie unter Oskar Lafontaine den Kurs ökologischer Modernisierung verfolgt, hatte sich kosmopolitisch gegeben und war auf Abstand zur nationalen Einigung gegangen, womit sie zwar Stimmen aus dem Lager der Grünen zurückholte, überall sonst aber drastisch Anteile verlor. So oder so, die SPD war bis Mitte der neunziger Jahre im Bund nicht mehrheitsfähig.

Für ein gerechtes Deutschland

Scharping und sein Schattenkabinett 1994. Die Zeit der «Kampa» mit ihren modernen Wahlkampf-techniken und spritzigen Slogans war noch nicht angebrochen. Es ging noch ganz klassisch und traditionell zu: Die SPD forderte «Arbeit, Arbeit, Arbeit» und ein «gerechtes Deutschland». Das Schlagwort «Innovation» hatte sie damals noch nicht für sich entdeckt. Und zwei aus der ersten Reihe gehören mittlerweile der «Linken» an.

Das Integrationsproblem der SPD wurde noch dadurch verschärft, dass sich die Eliten der Partei nach dem Rückzug Schmidts fast ausschließlich aus der Generation der in den vierziger Jahren Geborenen rekrutierten. Sie waren geprägt durch 1968 und die Ära Brandt, hatten bei den Jusos erste politische Erfahrungen gesammelt und traten unter dem Einfluss der sozialen Protestbewegungen der späten siebziger und frühen achtziger Jahre ihren Marsch an die Spitze der Partei an. Die neue SPD-Elite nach Schmidt stand zunächst – rhetorisch – weit links, und dadurch hatte sie sich von der sozialdemokratischen Basis und vor allem vom politisch außerordentlich komplex zusammengesetzten SPD-Wählerpotenzial abgekoppelt. Das unterschied die SPD von den anderen bundesdeutschen Parteien, die zur gleichen Zeit noch eine stärkere politisch-normative Übereinstimmung zwischen Führungstruppe und Wählerklientel aufwiesen.

Der Erfolg jener Generation war so durchschlagend, dass sich die SPD ganz auf deren Mentalität, Jargon und Lebensstil einstellte. Die Älteren hatten sich resigniert abgewandt, die Jungen fanden keinen Zugang mehr – der Mitgliederpartei schlechthin in Deutschland kamen allmählich die Mitglieder abhanden. 1992 sank ihre Zahl erstmals unter 900 000, 1996 gar unter 800 000. Exakt 776 183 Bundesbürger besaßen Ende 1997 noch ein Parteibuch der SPD; davon lebten rund 750 000 in den alten Bundesländern. Und die SPD vergreiste wieder. Anfang der siebziger Jahre waren ihr die jungen Menschen noch in Massen zugeströmt, in den neunziger Jahren aber blieben sie weg. Lediglich 16,5 Prozent der sozialdemokratischen Mitglieder gehörten 1992 zur Altersgruppe zwischen 16 und 35 Jahren; 1974 hatte deren Anteil noch 30,8 Prozent betragen. Bezogen auf die Gesamtbevölkerung waren die jungen Mitglieder in der SPD extrem unterrepräsentiert; das galt besonders für die 16- bis 25-Jährigen.

Eine Menge struktureller Faktoren deutete also darauf hin, dass es um die Mehrheits- und Zukunftsfähigkeit der deutschen Sozialdemokratie nicht gut bestellt war, und diesen Eindruck verstärkten sämtliche Landtagswahlen zwischen 1995 und 1997 noch. Überall verlor die SPD Stimmen, mitunter sogar drastisch. Auch der Wechsel im Parteivorsitz 1995 hatte den Sozialdemokraten bei Landtags- und Bürgerschaftswahlen keine neuen Wähler beschert. Im Gegenteil.

Doch irgendwann im letzten Quartal 1996 schlug die Stimmung in der Republik um. Bei Meinungsumfragen fielen die Werte der Union stetig ab, während das Ansehen der Sozialdemokraten wieder stieg. Erstaunlich rasch gelang der sozialdemokratischen Traditionskompanie eine Imagekorrektur. Ab 1997 präsentierte sie sich als Avantgarde politischen Marketings: Der Wahlkampf war perfekt inszeniert und ganz auf der Höhe der Zeit, der Kanzlerkandidat hatte eine hervorragende mediale Performance. Am Ende dann stand der große Wahlsieg der SPD.

Das glänzende Abschneiden der Sozialdemokraten scheint den Interpreten recht zu geben, die den Wahlerfolg einer Partei in der Mediengesellschaft, in der die festen Wählerbindungen schwinden, allein auf kurzfristige Erfolgsfaktoren – besonders auf Marketing und auf Kandidatenorientierung – zurückführen. Man sollte allerdings das Gewicht der langfristig wirkenden Einflüsse im Parteienwettbewerb nicht vorschnell vernachlässigen. Denn

ist ein starkes Lan...
ng, die genauso ist.
HELMU...

ein vernünftiges
...p heißt Gerechtigkeit.«

Mit Gerhard Schröder knüpfte die SPD nach sechzehn Jahren wieder an die Zeit der Regierung Schmidt an. Dabei hatten die Sozialdemokraten seiner Generation 1982 noch gehofft, dass eine neue Ära für die SPD angebrochen sei, dass die Partei linker, ökologischer, pazifistischer werden würde. Viel ist davon nicht geblieben. Schröder regierte nach dem gleichen pragmatischen, wenn man so will: unvisionären Muster wie Schmidt – allerdings musste er sich nicht mit einer jungen, linken innerparteilichen Opposition herumschlagen.

rückblickend gesehen, baute sich der Erfolg der Sozialdemokraten allmählich auf. Neben all den angeführten Problemen existierten nämlich auch einige strukturell günstige Voraussetzungen für eine sozialdemokratische Mehrheit bei den Bundestagswahlen, und ausgerechnet aus einigen der Negativposten und Krisenfaktoren der SPD erwuchsen auf lange Sicht neue und erst spät bemerkte Vorteile.

Die extreme Heterogenität des eigenen Wählerspektrums etwa bedeutete für die Sozialdemokraten zwar eine schwere Bürde, aber sie verschaffte ihnen zunächst auch einen wichtigen Vorsprung. Denn sie waren erheblich früher als alle anderen Parteien mit der neuen gesellschaftlichen Realität zunehmender – auch kultureller und ideeller – Differenzierung konfrontiert. Sie waren dadurch damals in gewisser Hinsicht moderner als die Union, die sich erst Mitte der neunziger Jahre in aller Schärfe polarisierten Erwartungen im eigenen Lager gegenübersah. Während es der CDU in dem Moment nicht mehr gelang, die Kluft zwischen älteren Sozialkatholiken und jüngeren Neoliberalen zu überwinden und das christlich-bürgerliche Lager noch einmal mehrheitsfähig zusammenzuschließen, waren die Sozialdemokraten um Lafontaine und Schröder im Bundestagswahlkampf 1998 – nach langen Proben und vielen Versuchen – zu Integrationskünstlern herangewachsen, die mit den nach wie vor gravierenden Differenzen in ihrem Anhängerpotenzial geschickt umzugehen verstanden.

Vor allem aber verfügten die Sozialdemokraten, was oft übersehen wurde, über ein überdurchschnittliches Wählerpotenzial in den Jahrgängen der Lebensmitte. Im Gegensatz zur CDU, die den größten Rückhalt bei Pensionären und Rentnern fand, waren die Sozialdemokraten Mitte der neunziger Jahre nämlich besonders in der Gruppe der 30- bis 45-Jährigen verankert, also in der beruflich aktiven, gesellschaftstragenden «Elterngeneration». Schon quantitativ war deren Einfluss beträchtlich, denn sie setzte sich aus den geburtenstarken Jahrgängen des «Babybooms» zusammen. Hier gab es seit den achtziger Jahren eine ziemlich stabile Mehrheit für Sozialdemokraten und Grüne. Das Wahlverhalten, das die Angehörigen dieser Generation in den hochpolitisierten siebziger Jahren, zur Zeit des Sozialliberalismus, erlernt hatten, änderten zahlreiche von ihnen – im Unterschied zu vielen anderen Gruppen – im Lauf ihrer weiteren Lebensgeschichte kaum. Diese schon demographisch gesehen «neue Mitte» der Republik, die im Lauf der neunziger Jahre die Sozialisationskohorten der Adenauer- und Erhard-Ära aus dem Zentrum der Gesellschaft verdrängte, ließ sich allerdings mit den Schlagworten «postmoderne Flexibilität», «Mobilität» und «neue Selbständigkeit» nicht hinreichend charakterisieren, auch wenn es viele gab – nicht zuletzt den späteren Kanzler –, die das gerne taten. Die Generation der 30- bis 45-Jährigen war politisch geprägt von der Konfliktkultur der siebziger Jahre, der Expansion der Human- und Sozialdienstleitungen und dem Ausbau des Sozialstaats, gewiss auch von der Popmusik und alternativen Lebensstilen. Hier kam der Habitus von Helmut Kohl am wenigsten an. In

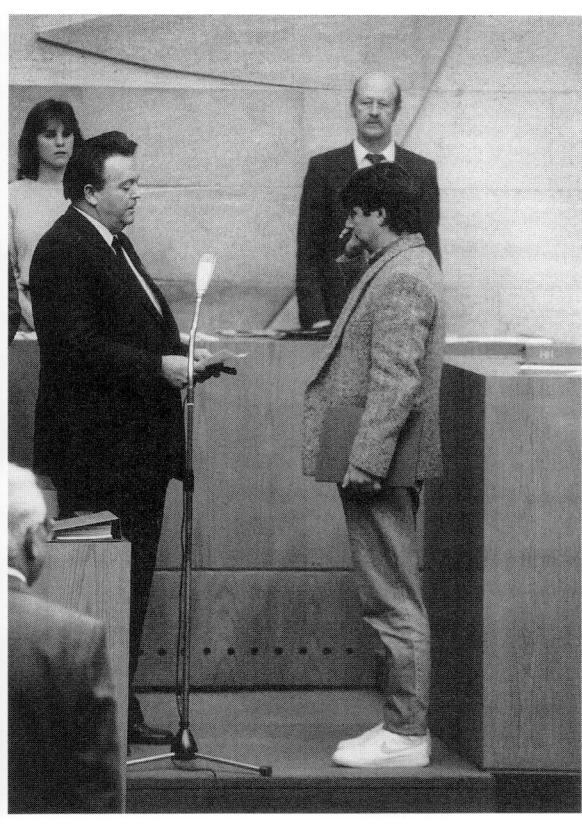

Zunächst schienen die Grünen für die SPD ein Unglück zu sein, doch letztlich profitierten die Sozialdemokraten von der Partei des ökologischen Protests. Denn diese siedelte sich am linken Rand des politischen Spektrums an – die SPD rückte in die Mitte. Das eröffnete ihr neue Koalitionsmöglichkeiten, auch weil die Grünen Stimmen aus bürgerlichen Schichten zu sich hinüberzogen, wodurch die Mehrheitsfähigkeit von CDU und FDP schwand. Auf Länderebene kam es so zu rot-grünen Koalitionen, zunächst in Hessen, wo Joschka Fischer – hier bei seiner Vereidigung 1985 – der erste grüne Minister Deutschlands wurde.

dieser sozialliberalen «neuen Mitte» hatte sich die bundespolitische Mehrheit für Sozialdemokraten und Grüne schon seit Jahren in Kommunen und Ländern allmählich herausgebildet. Insofern war der Bonner Machtwechsel auch Konsequenz langfristiger Entwicklungen, Resultat des sozialstrukturellen und politischen Wandels in den späten sechziger und siebziger Jahren, Produkt neuer Sozialisationserfahrungen zu Zeiten der sozialliberalen Koalition und der damaligen sozialen Bewegungen.

Auch das Erscheinen der Grünen war für die SPD keineswegs das große Unglück, wie die Sozialdemokraten noch in den achtziger Jahren gefürchtet hatten. Denn die Grünen platzierten sich im linken Spektrum des parlamentarischen Systems und schoben die Sozialdemokraten dadurch in die

Mitte. So veränderte sich das politische Koordinatensystem der deutschen Republik, was für die SPD überaus günstig war, denn ihr eröffneten sich neue, zusätzliche Koalitionsmöglichkeiten. Zudem zogen die Grünen als zwar linksökologische, aber im Kern doch bürgerliche Partei in zahlreichen Bundesländern Stimmen von den Freien Demokraten ab, sodass der Union in vielen Fällen der Koalitionspartner abhanden kam. Ebendas verschaffte den Sozialdemokraten, die absolut gesehen einen Stimmenrückgang zu verzeichnen hatten, ihre historisch beispiellose Machtposition in den Ländern. Für die Regierungsbildung wurde der Ort im Parteiensystem seit den achtziger Jahren wichtiger als die Zahl der Wählerstimmen.

Den endgültigen Durchbruch zur Mehrheitsfähigkeit aber brachte schließlich eine ganz und gar traditionsgesättigte sozialdemokratische Botschaft: die Forderung nach sozialer Gerechtigkeit. Mit ihr gelang es der SPD nun auch, die gesellschaftliche Mitte an sich zu binden, sie mit den Traditionsschichten zusammenzuführen und so die Bundestagswahl 1998 zu gewinnen. Mit diesem Thema hatten die Sozialdemokraten freilich schon früher immer wieder ihr Glück versucht. Auch in den Achtzigern und frühen Neunzigern waren sie spätestens in den heißen Phasen des Wahlkampfs stets auf jene Kernbotschaft zurückgekommen, selbst wenn sie zwischenzeitlich die ökonomische oder ökologische Erneuerung auf ihre Fahnen geschrieben hatten. Doch je unsicherer und zerstrittener sie waren, desto stärker besannen sie sich auf den Kampf um die soziale Gerechtigkeit, denn nur er einte alle Flügel und gab den Sozialdemokraten das ihnen wichtige moralische Überlegenheitsgefühl gegenüber den «bürgerlichen» Parteien der «sozialen Kälte».

Aber wahrscheinlich war es gerade das, was die Mitte in Deutschland oft abgeschreckt hatte. Insbesondere in den ökonomisch besseren Jahren der Ära Kohl waren die saturierten Mittelschichten nicht durch die Aussicht auf sozial gerechtere Zeiten zu begeistern. Für sie war das sozialdemokratische Gerechtigkeitsversprechen lange eher negativ besetzt, und sie verbanden es mit Ergänzungsabgaben, höheren Steuern, mit dem staatlichen Griff in das eigene Portemonnaie. Einen solidarischen Schulterschluss zwischen den Mittelschichten und den Arbeitern oder gar den «Verlierern» in der Gesellschaft gegen die «Besserverdienenden» gab es nicht, auch wenn die SPD das aus strategischen Gründen gern gesehen hätte.

Als Helmut Kohl 1982 die Regierung übernahm, befanden sich die Sozialdemokraten in einem deso-laten Zustand, und bis in die späten neunziger Jahre hinein konnten sie die Wähler nicht von ihrer Regierungsfähigkeit überzeugen. Doch 1998 schließlich gelang der SPD der Machtwechsel: Erstmals seit 1972 erzielte sie mehr Bundestagsmandate als die Union; die Ära Kohl war zu Ende.

Mitte der neunziger Jahre aber kippte die Stimmung im Zentrum der Gesellschaft. Denn nun gerieten auch große Teile der Mittelschichten durch die ökonomische und soziale Entwicklung im wiedervereinigten Deutschland ins Hintertreffen. Die marktfundamentalistische Rhetorik der jungen Leute in der Union und der FDP schürte die dadurch entstehenden Ängste zusätzlich. Die deutsche Mitte bangte um ihren Besitzstand, fürchtete den sozialen Abstieg, hatte in der Tat auch schon materielle Einbußen und Ein-schränkungen zu verkraften. Sie reagierte schließlich misstrauisch und furchtsam, als die christlich-liberale Bundesregierung ihre Steuer- und Rentenreformpläne präsentierte. Jetzt, Ende 1996, kam es zur «Renaissance des Sozialstaatsglaubens», wie Renate Köcher vom Allensbach-Institut ein wenig abschätzig formulierte. Eine Mehrheit der Deutschen interpretierte die Krise in Gesellschaft und Ökonomie nicht mehr mit den bürgerlichen

Deutungsmustern; sie vertraute bei der Überwindung der sozialen Misere nicht auf Flexibilisierung, Sparsamkeit und neue Selbständigkeit, sondern wünschte Erhalt und Verteidigung der kollektiv getragenen Sozialsysteme, wollte keine Rentenkürzungen, keine Medikamentenzuzahlung, keinen Wegfall der Lohnfortzahlung im Krankheitsfall. Kurz: Sie klammerte sich an den traditionellen Sozialstaat. Die 130 Jahre alte Grundbotschaft der Sozialdemokratie gewann plötzlich wieder an Aktualität, und damit hatte die SPD die Wahl schon so gut wie gewonnen.

Insofern also speiste sich der Wahlsieg der SPD aus den Quellen traditioneller Mentalitäten und nicht aus dem Jungbrunnen kurzzeitig gelungener Marketingaktivitäten. Doch es kamen noch weitere langfristige Lernprozesse hinzu, die zusammen erst das Fundament für einen erfolgreichen sozialdemokratischen Wahlkampf legten. Entscheidend war nicht zuletzt der biographische Reifeprozess der neuen SPD-Elite aus der Generation der «Enkel». In den achtziger Jahren hatten sie den Vorstoß in die Führungsspitze ihrer Partei geschafft, aber sie waren damals längst noch nicht so weit, den Kampf ums Kanzleramt zu gewinnen. In diesem letzten Jahrzehnt der alten Bundesrepublik beteiligten sie sich an allen möglichen Modeströmungen. Sie betonten gerne und medienwirksam, dass es auch ein Leben jenseits der Politik gab, gerierten sich als Epikureer, als Gourmets und Kenner guter Weine. Das alles wirkte indes eher neureich, ein wenig parvenühaft. Sie kamen damit zwar in die Talkshows, aber ihre Vertrauenswürdigkeit für Kanzler- und Ministerposten in Bonn förderte es nicht. Im Übrigen trugen sie, wie gesagt, ihre Rivalitäten untereinander hemmungslos aus, da die Führungsfrage unter den vielen Talenten lange nicht abschließend geklärt war.

Einiges allerdings änderte sich, als mehrere der führenden Vertreter dieser Generation in den späten achtziger und frühen neunziger Jahren in die Länderregierungen einzogen. Durch ihren nun erheblich erhöhten Verantwortungsrealismus entschärfte sich der langjährige Konflikt zwischen den sozialistischen Aktivisten, der Parteibasis und der Wählerschaft. Von dieser neuen Position aus konnte die SPD erstmals seit den Tagen Helmut Schmidts hoffen, Wähler der Union in das eigene Lager zu ziehen.

Doch dazu benötigte die SPD innerparteiliche Geschlossenheit und eine handlungsfähige Führung. Daran hatte es seit den späten siebziger Jahren stets gemangelt, und das hatte zu den schlechten Ergebnissen der Partei bei den Bundestagswahlen wesentlich beigetragen. Nach der handstreichartigen Übernahme des Parteivorsitzes durch Oskar Lafontaine im November 1995 aber schien die permanente Führungskrise endgültig überwunden. Denn an die Spitze der SPD war nun – nach vielen Jahren des Zauderns – der eigentliche Leitwolf der «Enkel»-Generation getreten. Seit den frühen achtziger Jahren war Lafontaine immer wieder mit provozierenden Ansichten vorgeprescht, die er öffentlichkeitswirksam zuzuspitzen verstand, er hatte als Erster seiner Generation den regionalen Machtwechsel geschafft und der SPD eine neue Orientierung gegeben. Und er verkörperte gleichsam den Lern- und Reifeprozess seiner Generation. In den achtziger Jahren hatte er sich in der Rolle des sprunghaften, hedonistischen Medienlieblings gefallen. Er hatte zahlreiche politische Projekte entworfen, von denen er nur wenige realisieren konnte, was seinem Image jedoch nicht schadete. Dann aber musste er die Schattenseiten der Mediengesellschaft kennenlernen: Wegen einiger peinlicher Affären zu Beginn der Neunziger hatte er eine chronisch schlechte Presse, seine politische Existenz war gefährdet. Für Lafontaine war das eine Zeit der Rückschläge, der Prüfung. Es gelang ihm, diese Schwierigkeiten zu überwinden, und am Ende wirkte er reifer, ernsthafter, verlässlicher; nun war er erwachsen und berechenbar genug für den Vorsitz der Sozialdemokratischen Partei.

Aus dem Hedonisten und Provokateur wurde zwischen 1996 und 1998 der Kärrner und Truppenführer seiner Partei. Seit Willy Brandt hatte niemand eine solche Autorität in der SPD erlangt wie Lafontaine – wahrscheinlich hatte er sogar noch mehr Einfluss auf die Sozialdemokraten als Brandt, denn im Gegensatz zu diesem gab Lafontaine in den Leitungsgremien der SPD auch sehr präzise die strategische Linie vor. Gleichzeitig vermochte er die verschiedenen Parteigruppen wieder zu integrieren; selbst die Regionalfürsten und Primadonnen der Partei band er durch eine Mischung aus Einschüchterung und Schmeichelei in das neue sozialdemokratische Gemeinschaftswerk ein. Das war zuvor weder Vogel noch Engholm noch Scharping gelungen. Erstmals seit Jahren agierte die SPD 1996 wieder diszipliniert und geschlossen. Anders als vorher funktionierte nun auch die kompromisslose Bundesratspolitik, mit der Lafontaine die Steuerreform der christlich-liberalen Koalition abschmetterte. Er hatte erkannt, dass die Reformpläne der Kohl-Regierung in weiten Teilen der Bevölkerung Ängste auslösten und dass das Thema soziale Gerechtigkeit immer wichtiger wurde. In dieser Frage brachte er die SPD in scharfe Opposition zur Regierung; dadurch gelang es ihm, die eigenen, lange mutlosen Anhänger zu mobilisieren. Für den Ausgang der Bundestagswahlen war Lafontaines Führungskunst von entscheidender Bedeutung. Mit ihrer erfolgreichen Blockadepolitik im Bundesrat demonstrierten die Sozialdemokraten endlich wieder Geschlossenheit und Handlungsfähigkeit. Ebendaran hatte es ihnen lange Zeit gefehlt, deshalb hatten viele Wähler sie nicht für regierungsfähig gehalten.

Ein Sympathieträger für das bürgerliche Lager war Lafontaine allerdings nicht. Mit seinen oft laut, schrill und apodiktisch vorgetragenen Reden begeisterte er zwar die sozialdemokratischen Aktivisten, aber er erreichte damit nicht die zögerlichen Wechselwähler rechts von der SPD, auf die es für die Mehrheitsfähigkeit seiner Partei entscheidend ankam. Mit Lafontaine als Kanzlerkandidat der SPD wäre es der Union erheblich leichter gefallen, die bewährte Strategie des Lagerwahlkampfes einzusetzen, das bürgerliche Lager wieder zu festigen und es geschlossen gegen die politische Linke in Stellung zu bringen. Gegen einen sozialdemokratischen Kandidaten aber, der lange kaum anders als die Politiker der Union für mehr Modernisierung, Innovation, Flexibilität und Selbständigkeit plädierte, war das sehr viel schwerer. Gegen den Mann der neuen Mitte, Gerhard Schröder, lief der traditionelle Antisozialismus der Union ins Leere.

Insofern war die Entscheidung für die Doppelspitze, mit der die Sozialdemokraten in den Bundestagswahlkampf 1998 zogen, der letzte Schritt auf dem langen Weg zur Veränderung der politischen Mehrheitsverhältnisse in Deutschland. Die SPD versuchte es diesmal weder mit Zielgruppenkampagnen, wie in den achtziger Jahren, noch mit differenzierten Programmpaketen. Vielmehr erfolgte die Integration der höchst unterschiedlichen Wählerschichten jetzt über Personen, über Lafontaine und Schröder. Lafontaine mobilisierte die sozialdemokratischen Kerntruppen, indem er die soziale Asymmetrie in der Republik anprangerte und dem Neoliberalismus den Kampf ansagte. Schröder hingegen zielte zunächst stärker auf die Grenzschichten zwischen SPD und Union, die sich nach sechzehn

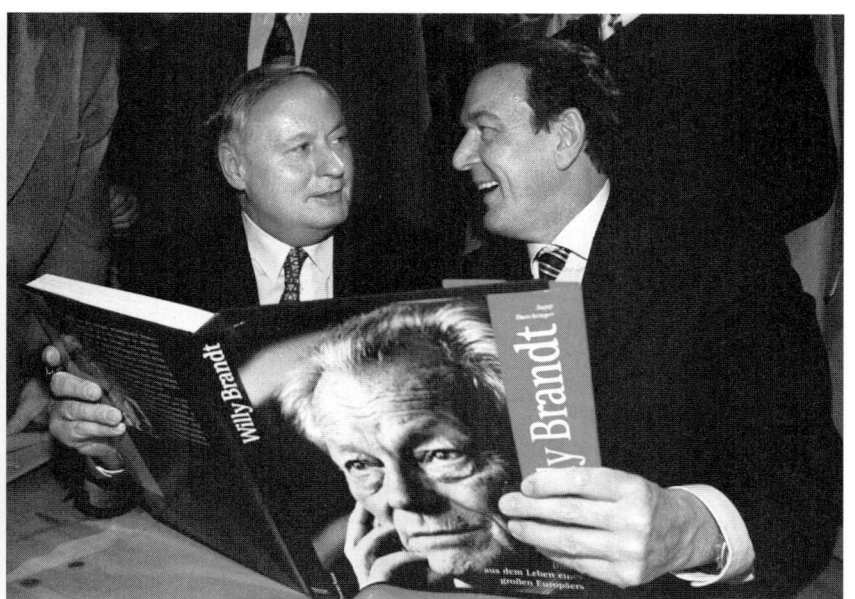

Sie bildeten die Doppelspitze im Wahlkampf 1998 und führten so die Sozialdemokraten zurück an die Macht: Die disziplinierte Rivalität zwischen Lafontaine und Schröder brachte der SPD wichtige Punkte; sie hatte einen Repräsentanten für «Innovation» und einen für «soziale Gerechtigkeit». Wohl auch deshalb wurde sie schließlich stärkste Partei bei den Bundestagswahlen.

Jahren Kohl in erster Linie neuen gesellschaftlichen und ökonomischen Schwung erhofften. Damit spiegelte die Doppelspitze der SPD ziemlich genau die zwiespältige Befindlichkeit der Deutschen wider: Grundsätzlich befürwortete eine Mehrheit von ihnen die Reform der überkommenen, unfinanzierbar gewordenen Sozialstaatsstrukturen, doch lehnte sie jeden konkreten Schritt, der zu persönlichen Einbußen führen würde, entschieden ab. Die Mehrheit der Deutschen war irgendwie für Innovation, aber irgendwie ängstigte sie sich auch davor. Mit der Doppelspitze war es den Sozialdemokraten möglich, beiden Tendenzen entgegenzukommen; Apologeten des Wohlfahrtsstaates und alte Gewerkschaftsfunktionäre konnten sich von der SPD ebenso angesprochen fühlen wie Befürworter der Deregulierung und junge Firmengründer. Wie so oft in ihrer Geschichte gelang es den Sozialdemokraten, aus der Spannung von Gegenwart und Zukunft, von Anpassung und Veränderung, von Ängsten und Hoffnungen politische Energien zu ziehen.

Indes, für die Stimmenmaximierung auf dem Wählermarkt war die Doppelspitze nicht wirklich nötig. In der Wahrnehmung der Wähler nämlich war Schröder keinesfalls nur der Modernisierer und Repräsentant der Mitte, sondern immer auch der ordnungspolitisch bedenkenlose soziale Interventionist, der Aufkäufer maroder Betriebe, der bodenständig gebliebene Sohn einer Kriegerwitwe und zuweilen auch der hemdsärmlige Macho, der BMW- wie Mantafahrer gleichermaßen beeindruckte. Dadurch erklärt sich, wieso Schröder seinen Führungsanspruch bereits Mitte der neunziger Jahre, als Konkurrent Rudolf Scharpings, anmelden konnte: Mit seinem enormen Facettenreichtum gelang es ihm, Wähleralliancen zu schmieden, die Vogel oder Scharping nicht zustande bekamen und die sich auch durch programmatische Manifeste nicht hätten herbeiführen lassen. Schröder fand in seiner Zeit als niedersächsischer Ministerpräsident Anklang in unterschiedlichsten Teilen der Wählerschaft: bei den Anhängern des großen Lauschangriffs wie bei dessen Gegnern, bei Ökopazifisten ebenso wie bei Gewerkschaftern, bei Postmaterialisten wie bei Materialisten, bei Patrioten wie bei Kosmopoliten. Schröder hatte kein eindeutiges politisches Profil. Er nahm Stimmungen auf, machte sie sich zu eigen und artikulierte sie, je nach Kontext und Konstellation. Darunter litt natürlich oft genug die Stringenz des politischen Programms, aber es war ohne Zweifel gut für die Mehrheitsfähigkeit der Partei.

Und schließlich war da noch die «Kampa», die damals viel gerühmte, erstaunlich moderne Wahlkampfzentrale der SPD. So amerikanisch hatte in Deutschland bis dahin noch keine Partei ihren Wahlkampf geführt, und ausgerechnet die SPD – die klassische Funktionärs-, Kommissions- und Ideologiepartei – trieb die «Amerikanisierung» des Wahlkampfes ein gewaltiges Stück voran. Doch auch ein solcher Modernisierungsprozess war traditionsverankert: Um ihn in der Partei durchsetzen zu können, brauchte man die Hilfe eines traditionellen Sozialdemokraten. Dieser Mann war Franz Müntefering, der bodenständige Westfale, Chef des mitgliederstärksten Parteibezirks, dann Vorsitzender des größten Landesverbandes in der SPD. Er war ein Parteimanager mit eigener Autorität, kein Erfüllungsgehilfe oder gar Befehlsempfänger des Parteivorsitzenden. Nur ein Sozialdemokrat

Die Sozialdemokraten führten amerikanische Wahlkampfmethoden in Deutschland ein. Im September 1997 zogen ihre Experten mit einigen neu angeheuerten Kräften in die von der eigentlichen Parteizentrale 300 Meter entfernt gelegene sogenannte «Kampa», die neue Wahlkampfzentrale der SPD. Die «Kampa» wurde in den Monaten darauf zum Gegenstand einer medialen Erfolgsstory. Auf dem Foto weist der oberste Wahlkampfmanager und Generalsekretär der SPD, Franz Müntefering, auf eine Uhr an der Dachkante, welche die Tage und Stunden zählt, die «Kanzler Kohl noch verbleiben». Münteferings Rechnung ging auf.

seines Schlages war in der Lage, das tiefsitzende Misstrauen der Parteiaktivisten gegen einen «Medien- und Waschmittelwahlkampf» zu zerstreuen. Seine intellektuell gewiss glänzenderen und von ihrem Habitus her sicher moderneren Amtsvorgänger – Peter Glotz etwa, Günter Verheugen oder auch Karlheinz Blessing – hätten das wohl kaum geschafft. Wahrscheinlich hätten sie nicht einmal den ersten Schritt tun dürfen, die Wahlkampfzentrale aus dem Erich-Ollenhauer-Haus auszugliedern und rund 300 Meter weiter in einem Großraumbüro unterzubringen. Damit wollte sich Müntefering der depressiven Stimmung, die seit Jahren in der Parteizentrale herrschte, entziehen. Von dort zogen nur die fähigsten Köpfe mit in das neue Hauptquartier. Zusätzlich hatte man noch einige junge, unverbrauchte Leute mit Lust, Elan und Ideen eingestellt. Tempo, Frische, Spritzigkeit – das sollte die «Kampa» auszeichnen.

Die Sozialdemokraten am Ziel: Bei der Bundestagswahl im September 1998 erreichten sie 40,9 Prozent der Stimmen und lagen damit 5,7 Prozentpunkte vor der Union – ein historischer Sieg, den Kanzlerkandidat Schröder mit einem doppelten Victory-Zeichen kommentierte. Gern hätten sich die Sozialdemokraten nun auf lange Zeit als Partei der neuen Mitte gesehen, ganz so, wie die CDU über Jahrzehnte Partei der alten Mitte war. Doch die neue Mitte lässt sich politisch schwerer bestimmen, ist launisch und wechselbereit, was die Sozialdemokraten schon 1999 bei den Regionalwahlen zu spüren bekamen. Entschieden ist der Kampf um die neue Mitte der Berliner Republik jedenfalls noch nicht.

Die SPD begann früher als alle anderen Parteien mit ihrem Wahlkampf, exakt ein Jahr vor den Bundestagswahlen. Sie benutzte modernste Kommunikationstechnologien und engagierte ein kreatives Marketingunternehmen mit Erfahrungen in der Zigarettenvermarktung. Alle Forderungen des sozialdemokratischen Wahlprogramms ließ man demoskopisch überprüfen; die populärsten Aussagen wurden zu Kernbotschaften verdichtet und in griffige Bildmotive und Slogans übersetzt. Plötzlich strahlte der Wahlkampf der sozialdemokratischen Traditionskompanie nicht mehr wie in früheren Jahren das spröde Flair der Arbeiterwohlfahrt aus; er wirkte nun pfiffig, flott, einfallsreich. Die «Kampa» selbst war über Monate Gegenstand von Zeitungs- und Fernsehreportagen, die überwiegend freundlich ausfielen und stets auf den gleichen verblüffenden Befund hinausliefen: Ausgerechnet die miefige alte Tante SPD führte den modernsten Wahlkampf in Deutschland.

Ein weiterer Grund für den Erfolg der Sozialdemokraten war, dass sie erstmals seit ihrem letzten Sieg 1980 keinen öffentlichen Streit mehr über die Koalitionsfrage führten. Lafontaine und Schröder signalisierten eine Präferenz für Rot-Grün, aber sie standen auch für eine große Koalition zur Verfügung. Die Zeit der rot-grünen Liebeshochzeiten mit visionären sozialökologischen Projekten war längst vorbei, und die Bildung einer großen Koalition hätte die SPD nicht mehr sonderlich aufgewühlt oder gar zerrissen. Am Ende profitierten die Sozialdemokraten davon, dass die meisten Kommentatoren rein rechnerisch eine große Koalition für wahrscheinlich hielten: Eine rotgrüne Mehrheit galt in der Schlussphase des Wahlkampfes als unrealistisch, und daher fiel es den wechselbereiten CDU-Wählern von 1994 leichter, diesmal den Sozialdemokraten ihre Stimme zu geben. So machten die Anhänger der großen Koalition Rot-Grün erst möglich.

Und Gerhard Schröder wurde Kanzler.

14. Regierungspartei der «neuen Mitte»

Einige Monate nach seinem Wahlsieg wurde Schröder auch Vorsitzender der Sozialdemokraten, und das politische Kapitel Lafontaine war in dieser Partei damit – fast – abgeschlossen. So hatte es wohl kommen müssen. Lafontaine und Schröder – das war einfach einer zu viel. Im Wahlkampf 1998 hatte das Zusammenspiel der beiden Kraftnaturen noch glänzend funktioniert, selbst wenn es ein riskanter Hochseilakt war; es hätte immer auch schiefgehen können, denn es gab nie eine präzise Verabredung zwischen den beiden über die Details der inszenierten Doppelspitze. Jeder von ihnen bestimmte seine Taktik selbst, rein intuitiv. Das funktionierte, weil sie dabei sehr diszipliniert vorgingen, für einige Monate Rücksicht aufeinander nahmen. Sie wollten die Macht – und dafür brauchten sie einander.

Doch als die Sozialdemokraten dann die Macht hatten, konnte nur einer ganz oben stehen. Das war für den anderen nur schwer zu ertragen, zumal er sich ganz offenkundig für intellektuell und konzeptionell versierter hielt. Nur spürte er wohl, dass er nicht der erste Mann der Republik würde werden können: Nach seiner Niederlage von 1990 war Lafontaine nicht mehr der Hoffnungsträger, dem die Sympathien der Deutschen zuflogen und den sie sich als Kanzler wünschten. Seitdem wirkte er dafür zu rechthaberisch, und entsprechend trat er nun auch als Bundesfinanzminister auf – seine Popularität schwand rapide. Lafontaine war erneut der einsame Rebell, der es mit dem ganzen großen Rest der Welt – mit den neoliberalen Kommentatoren in den Medien, mit den Finanzministern anderer Länder, mit den Mächtigen der Wirtschaft – aufnahm.

Mit dieser Pose war er anfangs in der Politik weit nach oben gekommen, aber es war die Pose des Oppositionellen, des Agitators und Tribuns. Zu einem verantwortlichen Minister in einer Kooperationsdemokratie passte sie nicht. Lafontaine machte sich all jene politischen und ökonomischen Gruppen zum Feind, die er durch Verhandlungen und Gespräche hätte ins Boot holen, zu Arrangements bewegen müssen. Überdies arbeitete Schröders damalige Allzweckwaffe im Kanzleramt, Bodo Hombach, mit einiger Raffinesse daran, Lafontaine durch gezielte Indiskretionen zu beschädigen. Zuletzt war er, dessen Finanzpolitik sicher weitaus kreativer als diejenige seines Nachfolgers war, isoliert. Auch seine früheren Gefolgsleute in der SPD leisteten ihm in den Anfangsmonaten 1999 keinen Beistand; sie hatten die Intrigen aus dem Bundeskanzleramt nicht einmal richtig durchschaut. Er warf alles hin, seinen Kabinettsposten und den Vorsitz der Partei, und stieg – vorübergehend – aus der Politik aus.

Nach Lafontaines Weggang schien Schröder der große Gewinner im langen und zähen Kampf der vielen «Enkel» um die Führung der SPD zu werden. Am 12. April 1999 wählten ihn die Sozialdemokraten zu ihrem Vorsitzenden und stellten ihn damit in eine Reihe mit Lassalle, Bebel, Schumacher und Brandt. Das war nicht ohne Ironie, da gerade Schröder seine politische Karriere immer auch durch Angriffe gegen seine Partei vorangetrieben hatte und nicht der Mann war, der ihre Traditionen pflegte oder besondere Rücksicht auf ihre Befindlichkeiten nahm. Im Gegenteil, er hatte Karriere gemacht, weil er sich in den Medien als unabhängiger Politiker feiern ließ, der sich an enge Parteidogmen nicht hielt, der sich von verkrusteten Parteigremien nichts diktieren ließ, der von drögen Parteichefs nicht in die Pflicht und an die kurze Leine zu nehmen war.

Schröder und die SPD – das war lange kein inniges Liebesverhältnis, das war auch im Wahljahr 1998 noch ein kühl durchkalkuliertes Zweckbündnis für den politischen Erfolg. Nun aber war Schröder Kanzler – und musste auch Parteichef werden. Enthusiastisch allerdings reagierte das Gros der aktiven Parteimitglieder darauf nicht. Bang erinnerte man sich an die letzten Jahre der Kanzlerschaft von Helmut Schmidt, an all die oft sonderbaren, immer jedenfalls turbulenten, mitunter gar unversöhnlichen Konflikte zwischen den mehrheitlich ungestüm drängenden sozialdemokratischen Aktivisten und einem sozialdemokratischen Kanzler, der auf Regierungszwänge, wirtschaftliche Nöte und schwierige Machbarkeiten – häufig genug vergeblich – hinwies. Schmidt scheiterte schließlich am Dauerkonflikt mit seiner obstinaten Partei. Schröder nun trat ähnlich auf wie Schmidt, gab sich ebenfalls gern als plebiszitärer Volkskanzler, der losgelöst von seiner Partei und indifferent gegenüber den kanonisierten Lehrsätzen des demokratischen Sozialismus agierte.

Die Sozialdemokraten hatten sich – wie sie aus historischer Erfahrung wussten – stets schwer mit diesem Typus des pragmatischen Machtmenschen getan. Und so fürchteten viele, dass sich 1999 wiederholen mochte, was die Partei um 1979 schon einmal durchlitten hatte: dass es erneut zu einem tiefen Zerwürfnis zwischen der SPD und ihrem Kanzler kommen könnte, der diesmal auch noch den Parteivorsitz innehatte. Was die Sozialdemokraten ängstigte, darauf freuten sich auf der anderen Seite die Medien. Jedenfalls rechnete man hier wie dort mit wüsten Flügelkämpfen und einer entschiedenen innerparteilichen Opposition gegen Schröder.

Aber 1999 war nicht mehr 1979. Die Partei hatte sich verändert. Und sie hatte sich deshalb verändert, weil ihre Aktivisten zu einem großen Teil immer noch dieselben waren. Auf den Funktionärs- und Delegiertenposten fand man sie fast alle noch, die früheren Gegner Schmidts. Doch mittlerweile waren die damals 30-Jährigen 20 Jahre älter. 1979 hatten sie noch an ein großes Zeitalter des demokratischen Sozialismus geglaubt, mit Feuereifer Konzepte für antikapitalistische Strukturreformen entworfen und waren bei allen Demonstrationen gegen die sozialdemokratische Regierungspolitik mitmarschiert. Damals hatten sie ihre Karrieren noch vor sich; ihre biographischen Perspektiven reichten weit über die Zeit Schmidts hinaus, sodass sie dessen Sturz nicht fürchten mussten.

1999 aber war alles anders. Die Rebellen von einst waren müde, vielfach bereits resigniert. Eine Perspektive für die Zeit nach dem jetzt amtierenden Kanzler hatte niemand mehr von ihnen. Zu anstrengenden Demonstrationsmärschen mochten sie sich nicht mehr aufraffen; die großen sozialistischen Träume waren ausgeträumt, die ambitionierten Programme von ehedem vergilbt. Viele von ihnen waren seit den späten 1980er Jahren in exekutive Verantwortung von Kommunen und Ländern gelangt, waren dadurch politisch ernüchtert und desillusioniert, hatten sich von linken zu eher mittleren Positionen gewandelt. Es verwundert daher nicht, dass sich kaum einer der ehemaligen Rebellen noch über die Ungerechtigkeiten dieser Welt aufregte, Ausbeutung und Unterdrückung anprangerte oder nach Alternativen zum Bestehenden rief. Die frühere Linksopposition in der SPD zu Zeiten von Helmut Schmidt war also zu großen Teilen im biographischen Gleichschritt ihrer Generation in das politische Zentrum gerückt.

Eine starke neue Linke hatte sich in der SPD unterdessen nicht gebildet; dafür war die Dominanz der 68er in der Partei über zwei Jahrzehnte zu übermächtig. So gab es keinen charismatischen Theoretiker und Agitator der Linken mehr, keinen zeitgemäßen Eppler oder neuen Lafontaine, der Schröder in innerparteilichen Kämpfen in die Bredouille hätte bringen können. Es gab in der SPD überhaupt keine programmatisch ernsthaften Diskussionsschlachten mehr. Kurzum: Schröder profitierte von einer Partei, die sich im Aktivistenbereich seit Schmidt personell kaum verändert hatte, dadurch aber politisch und mental ganz anders geworden war: ruhiger, erschlafft, ohne die Kraft und den Eifer zur forschen Rebellion oder Obstruktion.

Nur in den ersten Monaten von Rot-Grün hatte man die alte Welt des Sozialdemokratischen noch einmal erleben können. Die SPD des Oskar Lafontaine realisierte in der Regierung in der Tat all das, was sie in den Jahren zuvor versprochen hatte. Sie setzte den demographischen Faktor in der Rentenreform von 1997 aus, revidierte die Lockerung des Kündigungsschutzes, nahm die Minderung der gesetzlichen Lohnfortzahlung im Krankheitsfall zurück, korrigierte die finanzielle Selbstbeteiligung im Gesundheitswesen. Sozial- und finanzpolitisch agierte sie also vom linkskeynesianischen Gedankengut inspiriert, setzte auf expansive Nachfragepolitik. Doch mit dem Abgang von Lafontaine endete das. Nun waren plötzlich Austeritätspolitik und Sparsamkeit angesagt. Und auch außenpolitisch wechselte der Kurs. Überraschend vollzogen die Sozialdemokraten diszipliniert nach, was der Kanzler ihnen vorgab: von der durchaus jähen, rhetorisch und konzeptionell jedenfalls in all den langen Oppositionsjahren nie vorbereiteten Konsolidierungspolitik des Finanzministers Eichel über die Law-and-order-Postulate des Innenministers Schily bis hin zu den militärischen Auslandseinsätzen der Bundeswehr.

Dies alles mochte richtig gewesen sein oder falsch. Ein Bruch mit der alten sozialdemokratischen Vorstellungswelt war es gewiss, auch mit langjährigen Parolen und Maximen der sozialdemokratischen 68er-Generation. Natürlich nutzte Schröder als Kanzler die auswärtigen Kriegs- und Kri-

Schröder, Joschka Fischer und Lafontaine haben soeben den Koalitionsvertrag unterschrieben, die Stimmung ist heiter, ja ausgelassen; es soll fröhlich regiert und eine neue politische Kultur geschaffen werden. Niemand ahnte damals, dass die Zeiten bald bitterernst sein würden, dass man nur wenige Monate später über Militäreinsätze würde entscheiden müssen.

sensituationen, denn diese pflegen Zeiten der Exekutive, des Regierungschefs zu sein, da sich die Zahl der innenpolitischen Vetomächte erheblich reduziert. Ihren neuen Weg waren die sozialdemokratischen Anführer im Kabinett überdies auch deshalb gegangen, weil der Handlungsdruck von exzessiver Staatsverschuldung, überhöhten Lohnnebenkosten, massiven Investitionsschwächen der deutschen Wirtschaft, erheblichen demographischen Zukunftsproblemen und auswärtigen Bündnisverpflichtungen sie dazu drängte.

Gleichwohl: Wenige Jahre zuvor wäre eine solche Politik noch undenkbar gewesen, wäre vom Gros der aktiven Sozialdemokraten noch in dem einen Fall als herzloser Neoliberalismus, in den anderen Fällen als übler Rechtskonservatismus oder Militarismus gegeißelt worden. Jetzt aber schwieg die

Partei. Sie hielt Schröder auf ihren Parteitagen den Rücken frei – und das nahezu geschlossen. In Teilen zögerlich zwar, vielleicht innerlich widerstrebend, aber doch ohne organisierte Opposition. Auch die zwischenzeitliche Fronde gegen den Einsatz der Bundeswehr in Mazedonien im Sommer 2001 war eher kraft- und sprachlos, ohne rechte Führung und Struktur.

Dadurch hatte es Schröder in der ersten Legislaturperiode seiner Kanzlerschaft leichter als alle sozialdemokratischen Regierungschefs vor ihm, von Philipp Scheidemann bis Helmut Schmidt, die sich immer mit einer sperrigen, gern oppositionsgeneigten Partei- und Aktivistenbasis plagen mussten. Das war zum Ende der 1990er Jahre anders geworden, bedeutete für die SPD einen historischen Einschnitt. Sie wirkte weniger links und stärker gouvernemental als überwiegend zuvor in ihrer langen Geschichte. Erstmals erschien sie gar wie ein Kanzlerwahlverein, kaum noch wie eine eigensinnige Partei mit autonomer Willensbildung, mit störrischem Innenleben und kühnen Zukunftsprojekten.

Viele Jahrzehnte hatte man es anders beobachtet. Mehrere Generationen von Sozialdemokraten hatten an ihren historischen Auftrag, an die befreiende Kraft ihrer Klasse und ihrer Partei geglaubt. Sie waren fest von den Vorzügen und dem historischen Fortschritt einer sozialistischen Gesellschaft, später dann der sozialen Demokratie überzeugt gewesen. Eben diese unbeirrbare Überzeugung hatte die Mitglieder motiviert, Funktionen zu übernehmen, Freizeit zu opfern, neue Anhänger zu werben, auch lange Strecken der Opposition und des chronischen Misserfolges auszuhalten. Die einzigartige Überlebenskraft der Sozialdemokratie hing an dem moralischen Überlegenheitsgefühl, der programmatischen Sicherheit und der stabilen Identität ihrer Aktivisten.

Bis in die späten 1980er Jahre dauerte das an. So lange hatten die Sozialdemokraten ganz selbstverständlich die Begriffe und Leitziele parat gehabt, die ihrem politischen Tun Sinn und Legitimation verliehen. Die aktiven Mitglieder hatten für mehr wirtschaftliche Mitbestimmung gefochten, sich für eine stärkere demokratische Rahmenplanung der Ökonomie eingesetzt, in Teilen für eine staatliche Lenkung der Investitionen plädiert. Sie hatten gegen außenpolitischen Interventionismus gekämpft, oft einen prinzipiellen Pazifismus vertreten und sich für die sozialökonomische Gesellschaftsreform sowie einen robusten, jederzeit ausbaufähigen Sozialstaat stark gemacht.

Und sie waren erklärte Feinde der Neoliberalen, entschiedene Gegner der Deregulierung, Kritiker von Entstaatlichung und Marktorthodoxie.

Binnen weniger Jahre jedoch verflog, auch für die Sozialdemokraten selbst, der Charme und die Aura all dieser Leitvorstellungen. Der ideologische Siegeszug der neuliberalen Semantik, die tiefe Finanzierungskrise der Wohlfahrtsstaaten, in gewisser Weise auch das völlige Scheitern der staatssozialistischen Systeme, schließlich die Rückkehr des Krieges nach Zentraleuropa drängten das Ethos der sozialdemokratischen 68er aus den 1970er und 1980er Jahren in die Defensive, diskreditierten und falsifizierten es auch teilweise. So standen die Aktivisten diesseits ihres Appells an die soziale Gerechtigkeit ideologisch gleichsam nackt da, ohne ihre traditionsgesättigte Sprache, ohne ihre überlieferten Bilder und Formeln, ohne die Zukunftsgewissheit, die doch gerade für Sozialdemokraten Elixier und Überlebensmedizin in historisch harten Zeiten war. «Die alte Schönheit ist nicht mehr wahr und die neue Wahrheit ist nicht mehr schön» – so, in Anlehnung an Ibsen, hatte bereits viele Jahre früher der sozialdemokratische Theoretiker Georg Decker die Zwiespältigkeit sozialdemokratischer Gefühle auszudrücken versucht.

Dadurch aber gingen eine Reihe von Regional- und Kommunalwahlen, 1999 drastisch auch die Europawahlen verloren. Vor allem in den städtischen Arbeiter- und Arbeitslosenvierteln, den früheren Hochburgen der Sozialdemokraten, war die Abwendung von der Partei, war vor allem das Ausmaß an Wahlabstinenz eklatant. Die immer noch vielfach als Traditionswähler der SPD bezeichneten Unterschichten gehörten längst nicht mehr zu ihren verlässlichen Stammwählern. Einige von ihnen hatten sich ganz vom Politischen abgekoppelt, andere wählten zuweilen die je aktuelle Variante des rechten Extremismus. Ein Teil votierte durchaus weiterhin für die SPD, wenn deren Anführer hinreichend populistisch auftraten bzw. reizvolle versorgungsstaatliche Garantien für diese Klientel in Aussicht stellten. Der Sieg bei den Bundestagswahlen 1998 war noch dadurch zustande gekommen, dass neben der «neuen Mitte» auch das «neue Unten» in beträchtlichem Umfang den Sozialdemokraten seine Stimme gegeben hatte.

Doch war das Bündnis von «Mitte» und «Unten» von Beginn an höchst zerbrechlich, war keine sozialkulturell unterfütterte Allianz. Wo die einen mit Schröder eher auf Innovation hofften, wünschten sich die anderen von Lafontaine in erster Linie Schutz und Verteidigung. Als die regierenden Sozialdemokraten seit dem Frühjahr 1999 verstärkt auf Sparsamkeit, Eigenverantwortung und Selbstinitiative drangen, wandten sich ganze Scharen der 1998er-Wähler aus den unteren Schichten erbost ab. Schon die Koalitionsbildung mit den Grünen hatte ihnen nicht recht gefallen. Im «neuen Unten» interessierten Cash-Fragen, nicht postmaterialistische Werte. Mit gleichgeschlechtlicher Ehe, Atomausstieg und Reform des Staatsbürgerrechts oder gar der Ökosteuer waren die Wähler aus den früheren Traditionsquartieren der Arbeiterbewegung nicht zu versöhnen.

Hinzu kam, dass sich die ehemaligen Traditionsreviere der SPD von aktiven Parteimitgliedern entleert hatten. Im Zuge und als Konsequenz der sozialdemokratischen Bildungsreform waren Hunderttausende Söhne wie Töchter sozialdemokratischer Facharbeiter aufgestiegen und hatten die alten, proletarischen Wohnviertel verlassen. Die Zurückgebliebenen hatten dadurch ihre bisherigen politischen, gewerkschaftlichen und auch kulturellen Organisatoren verloren. Und so löste sich zunehmend ihr Kontakt und ihre Bindung zur SPD. Die Sozialdemokratie wurde mehr und mehr zu einer Partei des erfolgreichen Auf- und Ausstiegs aus der Proletarität, avancierte gewissermaßen zur selbstgeschaffenen neuen Mitte der Bildungsexpansion aus der Glanzzeit des Wohlfahrtsstaates.

Die frühere, nun emporgekommene Facharbeiteraristokratie hatte in der Tat viel von dem erreicht, worum es dem Sozialismus letztlich ging: um materiellen Wohlstand, Beteiligung an Bildung und Kultur, Partizipation an der Bürgergesellschaft, Aufstieg durch Leistung. Dadurch war sie in das Zentrum der bürgerlichen Gesellschaft hineingestoßen. Insofern also war die SPD wirklich Partei der Mitte geworden, soziologisch, bildungsstrukturell, überdies vom Lebensalter ihrer Kernwähler.

Und Partei der Mitte wurde sie ebenfalls im System der parlamentarischen Mehrheits- und Regierungsbildung. Die SPD gewann schon in der zweiten Hälfte der 1990er Jahre als Scharnierpartei im Zentrum des Parteiensystems vorzügliche Koalitionsoptionen. Das verschaffte ihr ein historisch zuvor ungewöhnliches Maß an Machtchancen. Aber letztendlich hat es das Dilemma der SPD, ihren Verlust an Sinn und Identität, noch verschärft. Denn Mitte-Parteien verlieren an Eindeutigkeit, an programmatischer Schärfe und Substanz; sie müssen, wollen sie alle möglichen Karten in der Hand behalten, offen nach allen Seiten sein, lavieren, ihr Profil flachhalten. Dadurch büßen sie jedoch an Aura ein, schwächen die emotionalen Bindungen zu ihren Anhängern. Man kennt das aus der Parlaments- und Parteiengeschichte des 19. und 20. Jahrhunderts: Mitte-Parteien ohne festes Wertefundament und stabile Loyalitäten ihrer Mitglieder geraten rasch in den Sog des Wählerschwunds.

So ist es nun einmal: Wem der Sinn seines Handelns abhanden kommt, dem fehlt bald die Ausstrahlung, um für seine Organisation überzeugend zu werben. Sinn ist der Ausgangspunkt und Antriebsstoff für jegliches ehrenamtliche Engagement. Gerade Sozialdemokraten haben das lange sehr genau gewusst, haben ihren Überzeugungskern daher außerordentlich pfleglich behandelt. Im Jahr 2002 indes hätte die sozialdemokratischen Neo-Pragmatiker ihr nonchalanter Umgang mit der Sinnfrage fast die Macht gekostet. Gerade weil sie nämlich nicht mehr über eine eindeutige Begründung ihres Handelns verfügten, wechselten sie während des Wahlkampfes im 14-Tage-Turnus ihre Formeln, Parolen und Metaphern. Die eigenen Anhänger waren infolgedessen monatelang verwirrt und gelähmt.

Im letzten Moment witterte Gerhard Schröder das Defizit und konnte das Ruder noch einmal zum sozialdemokratischen Vorteil herumreißen. Gut zwei Monate vor dem Wahltag griff er entschlossen in die alten, fast schon entsorgten Sinntöpfe, spielte auf der Klaviatur traditionsreicher sozialdemokratischer Friedenssehnsüchte und sozialer Gerechtigkeitsgefühle. Erst dadurch schlugen sich seine demoskopischen Popularitätswerte in Zustimmungsraten für die SPD nieder und bauten schließlich mit Hilfe des beherzten Auftretens Schröders während des Elbhochwassers abermals eine Mehrheit auf: Bei der Bundestagswahl im September 2002 gelang es ihm, sich auf diese Weise knapp gegen den Kanzlerkandidaten der CDU / CSU Edmund Stoiber, damals Ministerpräsident des Landes Bayern, durchzusetzen und die SPD ein zweites Mal in eine Koalition mit den Grünen zu führen.

Der Wahlerfolg von 2002 war jedoch nicht allein das Werk einer einzelnen Person, wie oft in Elogen auf Gerhard Schröder zu lesen ist. In die Mehrheit für die Regierungsparteien flossen langjährige Mentalitätsströme ein. Als Rot-Grün im Wahlkampfsommer schon fast daniederlag, aktivierten sich noch einmal die Kraftpotenziale und kulturellen Mentalitäten der 1970er und frühen 1980er Jahre. Die verschiedenen rot-grünen Unterstützerkreise aus Sport, Kultur, Unterhaltung und Wissenschaft, die im August und September 2002 ihre Anzeigen schalteten, sorgten für ein Déjà-vu-Erlebnis – man las fast ausschließlich Namen, die 1972 schon für Willy Brandt gekämpft und 1980 dann noch Franz Josef Strauß gestoppt hatten: von Lothar Emmerich bis Jürgen Habermas, von Wolfgang Völz bis Günter Grass, von Katja Ebstein bis Walter Jens, von Ilja Richter bis Ulrich Beck, von Senta Berger bis Johann Baptist Metz, von Marius Müller-Westernhagen bis Peter Schneider. Ein Revival der 70er. Und das war es ja, was ganz urplötzlich die schon müden Heerscharen der ersten bundesrepublikanischen Partizipationsgeneration rund sechs Wochen vor der Wahl reaktivierte. Vielleicht war Schröder nicht ihr Held, aber Stoiber war doch eindeutig der Feind. Die sozialliberale Generation von einst mischte nach größerer Auszeit vom Politischen für ein paar Wochen wieder mit, verteidigte trotzig die eigene politische Sozialisation und Wertewelt gegen die vermeintlich drohende Gefahr der «Schwarzen». Das war der im Grunde mentalitätskonservative Schub des Wahlsieges von Rot-Grün im Jahr 2002. Das 1970er-Establishment prononcierter Individualität sah die eigenen kulturellen Positionen durch den «reaktionären Bayern» bedroht – und schlug nach einer lange währenden Phase ästhetisch nörgelnder Reserve im letzten Moment heftig, aber erfolgreich zurück.

Die ersten Monate des erneuerten rot-grünen Regierungsbündnisses verliefen ernüchternd, wirkten trist und trostlos. Doch so außergewöhnlich, wie es in alarmistischen Medienkommentaren damals anklang, war diese Entwicklung nicht; denn zu Beginn ihrer zweiten Legislaturperiode fallen die gerade wiedergewählten Kanzlerparteien zumeist in tiefe Depressionen. Schließlich ist nichts mehr so wie bei der ersten Wahl vier Jahre zuvor. Der Schwung des Anfangs ist erlahmt, der Zauber des Neubeginns verblasst. Die im Amt bestätigten Kanzler sind müde, die Minister ausgebrannt. Die Personalreserven der Regierungsparteien sind nach Pannen und Ministerwechseln ziemlich erschöpft. Vor allem ist das jeweilige Koalitionsprojekt in seiner Kernsubstanz gemeinhin bereits abgearbeitet.

Kurzum: Die Regierungen wirken zum Anfang der zweiten Runde chronisch lustlos, schwankend, irgendwie von der Rolle. So war es schon unter

Adenauer, unter Erhard, unter Brandt, unter Schmidt, unter Kohl. Sie alle hatten nach ihrer jeweiligen Reinthronisation elende Zeiten, schlimme Landtagswahlniederlagen durchlitten. Der Ausbau der Mediengesellschaft hat diesen Trend noch beschleunigt. Minister stürzen noch schneller. Wahlkämpfe werden länger, unberechenbarer und erbarmungsloser. Der rasche Kräfteverschleiß bei den Regierenden hat so über die Jahrzehnte erheblich zugenommen. Und die Wähler strafen gnadenloser ab denn je.

Erschwerend kam im Winter 2002 / 03 hinzu, dass die rot-grüne Regierung partout nicht mehr wusste, was sie eigentlich wollen sollte. Anfangs wetterten ihre Matadore gegen die grassierende «Reformitis» im Land, sprachen sich für höhere Steuern zugunsten eines stärkeren Staats aus. Als diese Losung einen Sturm der Entrüstung im deutschen Bürgertum und auch bei den frustrierten Wählern der SPD auslöste, erfolgte die große Kehrtwende der Regierung Schröder-Fischer. Denn nun nahm das rot-grüne Kabinett Kurs auf die «Agenda 2010». Die Vorarbeiten dazu hatte ein kleiner Zirkel unter der Regie des Kanzleramtschefs Frank-Walter Steinmeier bereits Ende 2002 geleistet. Öffentlich gemacht wurde die neue Marschroute am 14. März 2003 durch eine Regierungserklärung Gerhard Schröders. Ein stringent durchkomponiertes und präzise ausformuliertes Konzept war die «Agenda 2010» nicht. Aber mit der Grundsatzrede Schröders im Bundestag standen die entscheidenden Zielbegriffe der rot-grünen Bundesregierung für die nächsten zwei Jahre im politischen Raum: aktivierender Sozialstaat, Fordern und Fördern, Selbstbeteiligung und Eigenverantwortung, Investition statt Konsumtion, Zukunft statt Vergangenheit. Konkret mündeten all diese Schlagwörter in Gesetzesinitiativen, mittels derer die Arbeitslosen- und Sozialhilfe zusammengelegt, die Zumutbarkeitsregelungen für die Wiedereingliederung bisher Arbeitsloser in den Arbeitsmarkt verschärft, die Beteiligung der Versicherten an den Gesundheitskosten erhöht wurden. Die Einkommensbezieher durften sich währenddessen über geringere Steuern freuen.

Für einige Wochen kehrte daraufhin so etwas wie eine aktive Opposition in die SPD zurück. Ein Dutzend Bundestagsabgeordnete, vorwiegend aus Bayern, rief erstmals in der Geschichte der deutschen Sozialdemokratie ein Mitgliederbegehren gegen die Parteiführung aus. Die Kampagne lief unter dem Titel «Wir sind die Partei». Indes, nicht einmal die parlamentarische

Am 14. März 2003 hatte Schröder die Agenda 2010 im Bundestag vorgestellt. In der SPD regte sich in den Wochen danach Opposition gegen den Kanzler. Die Parteiführung sah sich zu einem Sonderparteitag gezwungen, der am 1. Juni 2003 in Berlin stattfand. Doch Schröder war entschlossen. Seine Miene zeigt es. Und auch Heidemarie Wieczorek-Zeul, Repräsentantin der sozialdemokratischen Linken seit Juso-Zeiten, hielt das Kärtchen hoch für die Agenda. Wie sie sich wohl dabei fühlte?

Linke stellte sich in ihrer Mehrheit hinter das plebiszitäre Unternehmen. Das Quorum – zehn Prozent der Mitglieder hätten unterschreiben müssen – wurde nicht erreicht. Als auf einem Sonderparteitag am 1. Juni 2003 in Berlin mehr als 4 / 5 der Delegierten Schröders Agenda absegneten, war der innerparteiliche Widerstand auch schon gebrochen. Zurück blieben bei denen, die dem Reformpaket nicht folgen wollten, Gefühle der Resignation oder das Verlangen nach Parteiaustritt.

Diese kurzzeitige Opposition innerhalb der SPD um den jungen Bundestagsabgeordneten Florian Pronold war seltsam ziellos. Das war historisch neu. Früher hatten innersozialdemokratische Oppositionelle in ihrem trotzigen Widerspruch gegen die jeweilige Parteiführung nicht selten über zündende Parolen und kontrastscharfe Gegenpositionen verfügt. Vieles davon war nicht sehr realistisch, einiges naiv, manches aber als Korrektiv zur Oligarchisierung und Bürokratisierung von Gesellschaft und eigener Bewegung nicht ohne Originalität. Jedenfalls verlieh es den innersozialdemokratischen Debatten Schärfe und Polarität, auch Esprit und Substanz.

Doch die parteiinterne Opposition, die sich in der zweiten Märzhälfte des Jahres 2003 gegen Schröder zu bilden begann, hatte außer Defensivparolen der Machart wie «Hände weg vom Sozialstaat» nichts Großartiges zu bieten. Denn sie drückte sich verstockt vor dem Problem, dass der beitragsfinanzierte deutsche Sozialstaat in der Tat wenig produktionsinvestiv war, dass er durch teure Lohnnebenkosten die Arbeitsmarktprobleme gar noch verschärfte und für staatliches Engagement diesseits der Sozial- und Rentenpolitik zu wenig Raum und Ressourcen übrig ließ.

Da die schwache SPD-Linke den Unmut nicht mehr binden konnte, entfaltete sich der Protest außerhalb der SPD. Organisiert und unterstützt von Gewerkschaften, Attac-Aktivisten, PDS-Mitgliedern, aber auch sozialkatholischen Christdemokraten im Ruhestand wie Norbert Blüm, demonstrierten Anfang April 2004 knapp eine halbe Million Bundesbürger in Berlin, Köln und Stuttgart gegen die Intentionen der Agenda-2010-Politik und die Konsequenzen der Hartz-IV-Gesetzgebung. Die Kundgebungen standen unter dem Motto «Aufstehn, damit es endlich besser wird».

Die Zahl der Arbeitslosen stieg in Deutschland damals wieder an: Im Jahresdurchschnitt 2001 wurden 3,9 Millionen Arbeitslose gezählt, 2004 waren es bereits 4,4 Millionen. Zudem hatte sich die Schere zwischen Arm und Reich seit dem Amtsantritt der rot-grünen Bundesregierung 1998 weiter geöffnet. So erhöhte sich der Anteil der unter der Armutsgrenze lebenden Menschen von 12,1 Prozent im Jahr 1998 auf 13,5 Prozent im Jahr 2003, während am anderen Ende der Skala die Vermögen privater Haushalte um 17 Prozent zunahmen.

Die Aktionen gegen die rot-grüne Reformpolitik fanden somit in einem für die Mobilisierung protestbereiter Menschen günstigen Klima statt; sie setzten sich dementsprechend im Sommer und Herbst 2004 dezentral – insbesondere in Ostdeutschland, wo die Arbeitslosenquote noch um einige Prozentpunkte höher lag als in den alten Bundesländern – jeweils zu Wochenbeginn als «Montagsdemonstrationen» fort. Ins Visier der oft

Initiative
Arbeit *soziale*
Gerechtigkeit

Stoppt Hartz IV

Das System §§
SCHRÖDER
MUSS
WEG!

Und wieder wurde in Leipzig
Montag für Montag demonstriert.
Nun nicht mehr gegen Honecker,
sondern jetzt gegen Schröder.
Ende August 2004 war das. Die
Gesichter sind ernst und besorgt.
Nicht ganz wenige der Demons-
tranten dürften sechs Jahre zuvor
noch in freudiger Erwartung
gewesen sein, als Rot-Grün die
Bundestagswahlen gewann.

aggressiv formulierten Transparentlosungen geriet vor allem Bundeskanzler Schröder.

Eben das aber aktivierte in der SPD Trotzreaktionen. Es wirkte ein historisch konstanter Reflex: Sobald die Partei von außen attackiert wird,
rückt sie enger zusammen. Lange hatten sich die sozialdemokratischen
Funktionäre gegen die Logik, das Vokabular und die Begründungen der
Agenda-2010-Reformen gesträubt. Man gehörte zwar zur Partei, gefiel sich
aber in kritischer Distanz zu ihr und zum eigenen Kanzler. Doch die wütenden Straßenproteste in den August- und Septemberwochen 2004 lösten
eine Art Solidarisierungs- und Kollektivierungseffekt in der SPD aus. Die
sozialdemokratischen Multiplikatoren verteidigten nun zum ersten Mal die

Gesetzesinitiativen der Regierung offensiv, zunehmend auch bemerkenswert kompetent und zupackend im Disput. Der Außendruck schuf also für einen Moment wieder Zusammenhalt, Disziplin und Geschlossenheit.

Überdies schadeten die Demonstrationen und Proteste im frühen Herbst 2004 erstmals auch der CDU / CSU. Jene Wochen bildeten den Ausgang dafür, dass das bürgerliche Lager bei den Bundestagswahlen 2005 nicht mehrheitsfähig war, dass die Christliche Union sich bundespolitisch fortwährend unter 40 Prozent festsetzte. Noch 2003 schien sie die SPD als Arbeiterpartei abgelöst zu haben, da bei den Landtagswahlen fast ein Fünftel zuvor sozialdemokratisch wählender Arbeiter und Arbeitsloser in das Lager von Wulff, Koch und Stoiber gewechselt war. Doch durch die bundesweite Protestbewegung gegen die Hartz-IV-Gesetze im Sommer 2004 gerieten jetzt auch die weit rigideren Modelle der Union schärfer in den Blick und sodann in Misskredit – und die Unterschichten der deutschen Republik wandten sich von Merkel und Merz ab.

Dafür gewann der Kanzler an Statur. Über Jahre, fast seine ganze Karriere lang war Schröder der instinktsichere und wendige Situationist gewesen. Er war, je nach Lage und Laune, von rechts nach links und ebenso hurtig wie mitunter prinzipienlos wieder zurück rochiert. Der altbundesdeutsche Schröder hätte sich wahrscheinlich ohne große Skrupel an die Spitze der Demonstrationszüge gestellt und die eigene politische Agenda von einem Tag zum anderen umgeworfen. Denn das war bekanntlich in den Jahren zuvor sein Credo: Politik machen, als wären jeden Sonntag Bundestagswahlen. In den kommoden und saturierten Zeiten der deutschen Republik war das Publikum, vor allem im ebenso beweglichen Journalismus, über dergleichen wendige Flexibilitäten entzückt und begeistert. Man feierte Schröder als undoktrinären Mann, der auf das schönste das wechselnde Unterhaltungsbedürfnis einer materiell verwöhnten Nation befriedigte. Doch 2002 / 03 hatte sich das Klima in Deutschland erheblich verändert. Die Menschen waren ängstlicher geworden, schauten von nun an furchtsam in die Zukunft. In dieser Situation wünschte man sich einen ernsthaften und seriösen Anführer ganz oben. Schröder hat den Gezeitenwechsel erkannt. Er hielt an seiner neuen politischen Linie fest, ungewohnt stur und zielstrebig, und erläuterte eindringlich den Kurs seiner Politik.

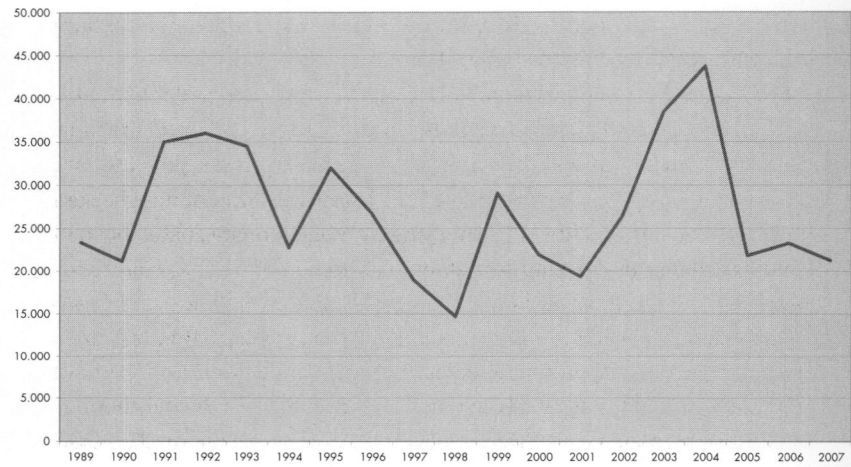

Aus: Jahresbericht über den Mitgliederbestand und die Mitgliederentwicklung der SPD im Jahr 2007, S. 130.

Dabei profitierte der Kanzler davon, dass er sich – nach seinem Rücktritt vom Parteivorsitz am 7. Februar 2004 – nicht mehr um die Organisationsführung kümmern musste. Diese Last hatte ihm der damalige Vorsitzende der SPD-Bundestagsfraktion, Franz Müntefering, abgenommen. Als Parteichef lancierte Müntefering Vorschläge, die der Bundeskanzler nicht hätte machen können – vom Mindestlohn über die Ausbildungsplatzabgabe bis zur Bürgerversicherung –, da es dafür weder Konsens noch Durchsetzungschancen im CDU-dominierten Bundesrat gegeben hätte. In der lange depressiven Sozialdemokratie regte sich wieder etwas Hoffnung. Das sollte jedoch nur von kurzer Dauer sein. Müntefering wird zwar häufig als zielstrebiger und erfolgreicher Parteivorsitzender erinnert. Doch die Realität sah trüber aus. Die SPD verlor 2004 netto 45 000 Mitglieder. Bei den Europawahlen im Juni 2004 erreichte sie klägliche 21,5 Prozent der Wählervoten – der absolute Tiefpunkt bei bundesweiten Wahlen. Auch die Regionalwahlen in Hamburg, Thüringen, dem Saarland und Brandenburg endeten für die Sozialdemokraten mit erheblichen Verlusten. In Sachsen kam die

Partei nicht mehr über zehn Prozent, war hier – in ihrer früheren Hochburg schlechthin – kaum stärker als die NPD.

Besonders alarmierend für die SPD aber war, dass sich die *Wahlalternative Arbeit und soziale Gerechtigkeit,* als Verein Anfang Juli 2004 von Kritikern der rot-grünen Reformpolitik der rot-grünen Bundesregierung gebildet, am 22. Januar 2005 als Partei konstituierte. Sie wurde nun zum Auffangbecken für zahlreiche enttäuschte SPD-Mitglieder. Wenige Monate später, bei den Landtagswahlen in der alten sozialdemokratischen Hochburg Nordrhein-Westfalen, triumphierte der CDU-Landeschef Jürgen Rüttgers und besiegelte so für die SPD den Verlust des letzten rot-grün regierten Bundeslandes. Noch am gleichen Abend verabredeten Franz Müntefering und Gerhard Schröder, die Bundestagswahl um ein Jahr vorzuziehen. Ende Mai 2005 trat mit Oskar Lafontaine derjenige Politiker aus der SPD aus und in die WASG ein, der die Partei in den 1980er und 1990er Jahren wohl stärker als jeder andere geprägt hatte. Den Neuwahltermin nutzte Lafontaine sogleich als Disziplinierungsinstrument, um PDS und WASG binnen weniger Wochen auf ein Bündnis zu verpflichten.

Kurzum: Es sah düster aus für die SPD in diesen frühen Sommermonaten 2005. Währenddessen schwelgte die CDU schon in den schönsten Blütenträumen. Die Meinungsforscher taxierten sie ganz nahe an der absoluten Mehrheit. Am Sieg des «bürgerlichen Lagers» zweifelte kaum ein professioneller Beobachter der politischen Vorgänge in Deutschland. In Kreisen der Jungen Union begann schon ein hektisches Gerangel, wer in welchem Berliner Ministerium wohl als Referent, Büroleiter, Redenschreiber oder gar Planungschef demnächst Karriere würde machen können.

Völlig absurd war die nahezu ausgelassene Stimmung deshalb nicht, die am Wahlabend im Willy-Brandt-Haus, der SPD-Zentrale in Berlin, herrschte. Die Sozialdemokraten hatten zwar 4,3 Prozentpunkte verloren, mehr als jede andere Partei. Doch noch zu Beginn des Wahlkampfes hatte die SPD in den demoskopischen Erhebungen bei nahezu aussichtslosen 26 Prozent gelegen, fast 25 Prozentpunkte hinter der CDU / CSU. Insofern war die reale Differenz zwischen den beiden «Volksparteien» – 35,2 zu 34,2 Prozent – am 18. September 2005 erstaunlich gering. So gesehen, war es nicht rundum unverständlich, dass sich die Partybesucher in der SPD-Zentrale freudetrunken in den Armen lagen und ihren Kanzler bejubelten wie vielleicht

Er hatte es wieder einmal allen gezeigt. So jedenfalls fühlte sich Gerhard Schröder wohl, als er am Abend der Bundestagswahlen 2005 die Bühne im Berliner Willy-Brandt-Haus betrat und sich von seinen Anhängern feiern ließ. Cäsarisch war sein Auftritt, hybrid geradezu, als er dann im Fernsehen erschien. Doch diesmal hatte er sich überschätzt. Seine Kraftmeierei wirkte peinlich.

noch nie in den letzten sieben Jahren. Ähnliches vernahm man von den sozialdemokratischen Wahlfeten in den Provinzen der Republik. Die SPD-Basis feierte, als hätte man gerade die absolute Mehrheit erzielt.

Doch andererseits waren alle innerparteilichen Probleme, die der Wahlkampf lediglich überdeckt hatte, noch da, verschärften sich im Folgenden auch weiter. Denn schließlich hatte die SPD bei den Bundestagswahlen 2005 eine historische Niederlage erlitten. Die 34,3 Prozent, die die Partei erhielt, waren schlechter als die Ergebnisse für Rudolf Scharping 1994, Johannes Rau 1987, Hans-Jochen Vogel 1983, um von Willy Brandt und Helmut Schmidt gar nicht erst zu reden. Die Schröder-SPD war vom Wäh-

Kanzlerwechsel. Schröder ging. Merkel kam. Noch wirkte die neue Regierungschefin etwas verlegen, vor der Galerie der bundesdeutschen Kanzler und neben dem Mann, den sie in seiner Heimat «Acker» nannten. Schröders Schritt wirkt energisch. Er strebt ins Gasgeschäft.

lervolumen her wieder in die späten 1950er Jahren zurückgefallen. Und: Im Gegensatz zu 1982, als die sozialliberale Regierung fiel, fehlten ihr mittlerweile auch wichtige Hochburgen wie Hessen, Hamburg und Nordrhein-Westfalen.

Gewiss, die SPD blieb weiter an der Regierung beteiligt. Die Kanzlerschaft ging nun zwar an die CDU / CSU, an Angela Merkel, aber immerhin konnte die SPD acht Minister stellen, darunter mit Frank-Walter Steinmeier als Außenminister und mit Peer Steinbrück als Finanzminister klassische Ressorts besetzen. Doch die SPD tat sich gerade in der Großen Koalition schwer mit der Regierungsverantwortung. Sozialdemokraten sehen es traditionell keineswegs als grundlegende politische Erfüllung an, eine möglichst große Zahl von Ministern in ein Kabinett zu schicken. «Der deutschen Sozialdemokratie», pflegte Willy Brandt seufzend zu kommentieren, «ist eine Tradition angeboren, in der Misserfolg moralisch in Ordnung geht und der Maßstab des Erfolgs einen anrüchigen Beigeschmack hat.» Dafür gab es natürlich historische Gründe. Die längste Zeit in ihrer Geschichte hatte die SPD, wir sahen es in diesem Buch, in der Opposition verbracht. Das geschah vor allem in den ersten Jahrzehnten durchaus unfreiwillig, weil ihr die Gegner aus den jeweils herrschenden Klassen den Zugang zur Exekutive autoritär verweigerten. Indessen gewöhnten sich die Sozialdemokraten an den oppositionellen Gestus. Im Lauf der Zeit schälte sich eine ganz spezifische sozialdemokratische Mentalität mürrischer Unzufriedenheit – nicht zuletzt mit sich selbst – heraus.

So jedenfalls war es über Jahrzehnte, von Lassalle bis Lafontaine. Und Spuren davon hatten sich auch in der zur neuen Mitte hin transformierten Schröder-SPD erhalten, wie in den späten Oktobertagen 2005 zu erleben war. Es ging um die Frage, wer neuer SPD-Generalsekretär werden sollte. Parteichef Müntefering favorisierte seinen Intimus Karl-Josef («Kajo») Wasserhövel; doch sein Vorstand machte ihm einen Strich durch die Rechnung und nominierte Andrea Nahles, einst Juso-Vorsitzende und nun Repräsentantin des eher linken Flügels der SPD. Daraufhin erklärte Müntefering, der die Niederlage seines Wunschkandidaten Wasserhövel als Misstrauensbeweis des Parteivorstands interpretierte, seinen Rückzug von der SPD-Spitze und stürzte die Partei auf diese Weise in eine tiefe Krise.

Müntefering war es stets darum gegangen, Regierungspolitik und Parteiloyalität aufeinander abzustimmen, wenn möglich: bruchlos zu synchronisieren. Vor den Bundestagswahlen schien es so, als habe er den Sozialdemokraten sein Partei- und Politikverständnis mit Härte, aber auch mit Erfolg aufgezwungen. Doch dann meldete sich die klassische sozialdemokratische Vorstellung vom Primat der Parteiräson jäh zurück – und Müntefering, eben nur vermeintlich der ergebene Soldat seiner Partei, warf beleidigt die Brocken hin.

Das Dilemma dieser Anti-Müntefering-Fronde jedoch war, dass es sich lediglich um ein punktuelles Aufbegehren ohne konkretes Ziel, ohne eine spezifische Idee der Parteiräson handelte. Exemplarisch für diese diffuse Stimmung waren in den turbulenten Oktobertagen des Jahres 2005 die sogenannten «Netzwerker». Diese Gruppe in der SPD-Fraktion hatte sich 1998 zusammengefunden, um jungen Abgeordneten eine innerfraktionelle Wärmestube und Patronagestruktur zu geben. Das gemeinsame Fundament bestand vor allem im Jung-Sein und im Anspruch, künftig in das politische Establishment aufzusteigen – präziser: dort wohlwollend aufgenommen zu werden –, weniger in einer verbindenden Programmatik oder gar stringenten konzeptionellen Struktur. Indes: Dieser Leumund der «prinzipienfreien Opportunisten» war durchaus störend, und daher nutzten die «Netzwerker» – oder zumindest ein Teil von ihnen – jetzt die Gelegenheit, auch einmal der Parteiführung die Stirn zu bieten. Unter dem Kampfruf der «Verjüngung» und des «Generationswechsels» trugen sie dazu bei, die ihnen eigentlich eher fremde Frau Nahles mit in den Sattel der Generalsekretärin zu heben. Wohin das allerdings führen sollte, darüber hatten sich die Protagonisten des innersozialdemokratischen Aufruhrs, weder die «Netzwerker» noch die «Parlamentarische Linke», kaum einen Gedanken gemacht.

Es vagabundierte allein der diffuse Wunsch, jemand solle sozialdemokratische Authentizitätspolitik verkörpern. Das Markenzeichen von Frau Nahles war das «Projekt Bürgerversicherung». Doch die innerparteiliche Wutwelle nach der Demission Münteferings – Nahles wurde gar als «Königsmörderin» verschrien – veranlasste sie, das Amt der Generalsekretärin gar nicht erst anzutreten. Zum neuen Repräsentanten der sozialdemokratischen Eigenständigkeit und Parteiräson wurde Mitte November 2005 dann Hubertus Heil gewählt, der sich interessanterweise in den Jahren zuvor durch einen eigenwilligen Vorstoß profiliert hatte: Er war einer der wenigen Sozialdemokraten, die die sogenannte «Kopfpauschale» befürwortet hatten – und dementsprechend als entschiedene Gegner der Bürgerversicherungspläne von Nahles aufgetreten waren. Tiefer konnte die Kluft in der Frage sozialdemokratischer Parteiräson im Grunde kaum sein. Aber sie fiel den Sozialdemokraten nicht einmal auf, wurde jedenfalls nie diskutiert. Nach seiner Wahl zum Generalsekretär hielt sich Heil wohlweislich mit anstößigen Beiträgen zur Gesundheitspolitik vollständig zurück. Die Revolte für mehr Authentizität in der SPD war mithin zügig in sich zusammengefallen.

Auch über die Müntefering-Nachfolge, über die Eignung des brandenburgischen Ministerpräsidenten Matthias Platzeck für das Amt des Parteivorsitzenden wurde in der SPD eine rationale Diskussion gar nicht erst geführt. Viel Parteierfahrung besaß Platzeck nicht. Durch bahnbrechende Anstöße war er ebenfalls selten aufgefallen. Und bei den Bundestagswahlen 2005

Viel hatten sie sich von ihm versprochen. Matthias Platzeck, Ministerpräsident in Brandenburg, sollte eine neue SPD verkörpern: nachdenklich, sensibel, ohne die üblichen Sprechschablonen der Funktionärs-SPD. Doch bald galt er eben diesen Funktionären schon als zu weich, zu wenig bissig. So war es wohl auch. Hörstürze plagten den Ostdeutschen. Er trat nach 146 Amtstagen zurück.

hatten die Sozialdemokraten in seiner Heimat Brandenburg 10,6 Prozentpunkte verloren und damit fast den Minusrekord in Deutschland erzielt. Besonders heftig an Stimmen eingebüßt hatte die Brandenburger SPD in den problembeladenen nordöstlichen Grenzregionen des Landes mit hoher Arbeitslosigkeit und geringen Bildungsabschlüssen. Dort hatte die Linkspartei kräftig zugelegt, aber auch die NPD. Insgesamt sprach also eher wenig dafür, dass ausgerechnet Platzeck die Antwort auf ein Basisproblem der SPD zu geben vermochte: die Rückkehr der sozialen Frage, die in den letzten Jahren Parteien links und rechts von der Sozialdemokratie begünstigt hatte.

Trotzdem: Am 15. November 2005, auf dem Parteitag in Karlsruhe, wurde der Potsdamer Regierungschef mit einer Zustimmung von 99,4 Prozent zum neuen SPD-Chef gewählt. Doch auch Platzeck sollte seinen Posten nicht lange innehaben. Bereits nach einigen Wochen an der Spitze der SPD wurde ihm von Parteikollegen Führungsschwäche vorgeworfen. Man kritisierte, Platzeck agiere zu leise und er lasse es gegenüber der Union an Profil und Schärfe vermissen. Nach nur 146 Tagen gab der anfängliche Hoffnungsträger sein Amt auf – aus gesundheitlichen Gründen. Die Doppelbelastung als Parteichef und Ministerpräsident von Brandenburg hatte Platzeck offensichtlich überfordert. Der rheinland-pfälzische Ministerpräsident Kurt Beck, der einzige noch übrig gebliebene Regierungschef aus den Reihen der SPD in einem westdeutschen Flächenland, übernahm daraufhin kommissarisch den Parteivorsitz. Seine endgültige Wahl erfolgte Mitte Mai 2006 auf einem Sonderparteitag.

Diese vielen Konfusionen und Vorsitzwechsel, der rasante, mitunter durchaus schwer nachvollziehbare Austausch des Führungspersonals waren ein Novum in der SPD. Von Bebel bis Brandt hatten sozialdemokratische Parteivorsitzende über lange Zeiträume hinweg weitgehend unangefochten ihr Amt ausüben können, selbst wenn sie unglücklich agierten wie Otto Wels oder Erich Ollenhauer. Die Disziplin des homogenen sozialmoralischen Milieus, die Verbindlichkeit der Weltanschauung, die durch gesellschaftliche Ausgrenzung gewachsenen Loyalitätsverpflichtungen gegenüber der Führung hatten die sozialdemokratische Parteispitze über ein Jahrhundert verlässlich stabilisiert. Doch damit war es spätestens seit den 1990er Jahren vorbei. Die Kollektivität zerbröselte in der Sozialdemokratie, ebenso die Geschlossenheit von regionalen Gliederungen und innerparteilichen Fraktionen. Die SPD trat sozial und politisch ebenso vielfältig auf wie ihre Kernanhängerschaft, jene aus der klassischen Proletarität herausgewachsenen Menschen der bundesdeutschen neuen Mitte.

Auch die programmatische Identität wurde dadurch diffuser. 1989 hatten sich die Sozialdemokraten in Berlin ein neues Programm gegeben. Doch dessen Binnen- und Außenwirkung blieb gering. Daher war bereits zehn Jahre später, im Dezember 1999, abermals eine Kommission zur Revision des Grundsatzprogramms in Marsch gesetzt worden, ohne dass Gerhard Schröder dieses Anliegen während seiner Kanzlerschaft allerdings aktiv befördert hätte. Auch sorgte jeder Vorsitzwechsel danach jeweils für einen Bruch in der Programmdiskussion. Schon allein deshalb zog sich der Diskurs mühselig, schleppend, fast lustlos dahin. An der Parteibasis war vitales Interesse oder gar Leidenschaft für die Debatte nicht erkennbar. So kam die

Die «Stones», wie man sie im Berliner Zirkel der Macht und Medien salopp nennt. Steinmeier und Steinbrück, Minister in den klassischen Ressorts des Auswärtigen und der Finanzen. Sicher sind sie sich nicht, wohin es mit der SPD geht. Sie hätten es gern moderner. Aber die Skeptiker sind stark.

Erörterung von neuen Zielen und Wegen des Sozialdemokratischen kaum voran. Während der kurzen Episode Platzeck nutzten dann die sogenannten «Modernisierer» das verbreitete Desinteresse, um das programmatische Gelände semantisch zu füllen, vor allem durch freimütig ausgeborgte Slogans der skandinavischen Sozialdemokraten. Die Partei-Linke hatte dem zunächst nicht mehr als Einsprüche und Unwilligkeiten, keinesfalls aber einen kohärenten Gegenentwurf entgegenzusetzen.

Die «Modernisierer» distanzierten sich vom «konsumistischen Sozialstaat», mokierten sich über den Pessimismus des «Berliner Programms» und gaben das untere Fünftel der «Randständigen» bemerkenswert unverhohlen verloren. Lob spendeten sie dagegen der Globalisierung, den freien Märkten, den mutigen Unternehmern. Zugleich postulierten sie Zuversicht, Bildungswillen, Arbeitsfreude, Chancennutzung. All das bündelten sie in die neue Leitvorstellung des «vorsorgenden Sozialstaats» und der «Progressivität», stellten es sodann auf das neue Fundament einer «sozialen Demokratie», welche die «überholte Doktrin» des «demokratischen Sozialismus» ersetzen sollte. Doch im Sommer 2007 übertrieben die «SPD-Reformer» ihren elitären Gestus der Avantgarde gegenüber einer in ihren Augen sonst noch überwiegend traditionstümelnden SPD samt ihrem provinziellen Vorsitzenden. Sie revitalisierten mit dieser Pose unbeabsichtigt, aber wirkungsvoll die altsozialdemokratischen Truppen, die sich nun vehementer in die Debatte einschalteten.

Das Grundsatzprogramm, das sich daraufhin herausdestillierte und auf dem Hamburger Parteitag der SPD Ende Oktober 2007 verabschiedet wurde, fiel denn auch eher klassisch aus, war etatistischer ausgerichtet, als es die «Modernisierer» ursprünglich beabsichtigt hatten. Der «demokratische Sozialismus», den man schon für beerdigt hielt, tauchte jetzt mehrmals im Text als Zielperspektive auf. Selbst die «marxistische Gesellschaftsanalyse» wurde als Quelle sozialdemokratischer Aktivitäten nicht mehr verschwiegen, sondern in die Aufreihung der parteieigenen Wurzeln – historisch gewiss korrekt – hineingenommen. Der «vorsorgende Sozialstaat» firmierte dagegen nicht mehr – wie noch in früheren Entwürfen – als konstitutives «Leitbild» und zentraler Fluchtpunkt der «neuen SPD». Die in den Papieren der «Reformer» herausgestellten «aktivierenden, präventiven und investiven» Zweckbestimmungen des «vorsorgenden Sozialstaats» wurden gar bewusst gestrichen. Stattdessen legte das Hamburger Programmmanifest wieder größeren Wert auf Sicherheit, Integration und eine «gerechte Verteilung des Wohlstands».

So liest sich das «Hamburger Programm» noch einmal als Dokument einer linken Volkspartei der sozialen Mitte mit Ausgriff auch nach unten. Doch – und damit hatten die «Modernisierer» sicher recht – war allein mit dem Rekurs auf alte Vokabeln und klassische Zusicherungen für den weiteren politischen Weg der Sozialdemokraten nichts gewonnen. Er festigte lediglich die lang überlieferte Zwiespältigkeit im sozialdemokratischen Seelenhaushalt. So zeigte sich bereits mehrere Monate nach dem Hamburger Bundesparteitag, dass die rein programmatisch-rhetorische Rückbesinnung auf die Tradition des «demokratischen Sozialismus» die Partei weder zu tragen noch die heterogenen Kräfte zu integrieren vermochte.

Auch die «neue SPD» zieht gern Kraft aus der Tradition. Zumindest wenn Parteitage ausklingen, wie hier in Hamburg Ende Oktober 2007. Dann singt man «Seit an Seit» und beschwört noch einmal die alten Losungen und Geschlossenheitstugenden. Viel genutzt hat es nicht, wie die innerparteilichen Zwistigkeiten 2008 bewiesen.

Denn man konnte nicht stolz das Schild vom «demokratischen Sozialismus» hochhalten, zugleich aber die Hartz-IV-Reformen loben. Man konnte nicht im programmatischen Dokument die wachsende soziale Ungleichheit beklagen, wenn man als Regierungspartei für eben diesen Prozess seit Jahren Mitverantwortung trug. Man konnte nicht glaubwürdig über die Schrankenlosigkeit des Finanzkapitalismus lamentieren, da man die Finanzmärkte zuvor gezielt liberalisiert hatte – und dies nachweislich weit gravierender als jedes christdemokratische Kabinett. Kurz: Man begegnete hier wieder einmal dem klassischen Zwiespalt der Sozialdemokratie, die stets nicht recht wusste, ob sie die obwaltenden Verhältnisse mögen durfte, weil sie sie selbst mitgeformt hatte, oder bekämpfen sollte, weil das Produkt ihres politischen Handelns weit vom ursprünglichen Ideal entfernt lag.

Dabei hatte sich die SPD doch längst schon transformiert. Die Bundestagswahlen 2005 verdeutlichten es erneut: Die Partei schnitt nicht mehr dort am besten ab, wo die Wohnverhältnisse bescheiden bis schlecht waren, die Einkommen besonders niedrig lagen, das Bildungsniveau gering ausfiel. Sie hatte vielmehr seit 1998 gerade in den Souterrains der Gesellschaft erheblicher als überall sonst an Boden verloren. Dem Rückgang bei den Arbeitern um acht Prozentpunkte bei der Bundestagswahl 2002 folgten weitere fünf Prozent bei der Bundestagswahl 2005 – damit hatten die Sozialdemokraten bei Arbeitern weit mehr als bei Beamten und Angestellten verloren. Den Bestand bei den Selbständigen konnten sie in diesen Jahren gravierender Wählererosion dagegen nahezu behaupten. Zusammen: Ihre besten Ergebnisse erzielte die Partei bei Wählern mittleren Alters, mittlerer Schulbildung, mittelguter Wohnquartiere, mittleren Einkommensniveaus. Aus der Partei des Proletariats war im Zuge selbst zuwege gebrachter Sozialstaats- und Bildungsreformen vorwiegend eine Interessenvertretung aufgestiegener Ex-Facharbeiterkinder geworden.

Das war für die SPD mit wesentlichen Veränderungen verbunden. So entkoppelten sich die Lebenswelten von Sozialdemokratie und Industriegewerkschaften. Beide Sphären hatten lange eine Symbiose gebildet, in der sich Betriebserfahrungen und politische Fertigkeiten verknüpften. In den 1950er und 1960er Jahren zählte es in der SPD noch zur Gewohnheit, bei Wahlen prominente Gewerkschafter auf einen der vordersten drei Plätze der Landesliste zu setzen. Doch nach 2002 gehörte kein Gewerkschaftsführer mehr der sozialdemokratischen Bundestagsfraktion an; der letzte war der Vorsitzende der IG Bau, Klaus Wiesehügel. Überhaupt ist der Anteil von Gewerkschaftsmitgliedern in der Mannschaft von Peter Struck gegenüber der Regierungszeit von Helmut Schmidt um 25 Prozentpunkte zurückgegangen. Insgesamt sind nun über zwei Drittel der SPD-Mitglieder ohne Gewerkschaftszugehörigkeit – ein historischer Tiefpunkt. Auch der lokale Betriebsrat ist nicht mehr, wie in früherer Zeit, zugleich stellvertretender Ortsvereinsvorsitzender und Mitglied der Stadtratsfraktion der SPD.

Friktionen hat es zwischen Gewerkschaften und Sozialdemokraten zwar historisch immer wieder gegeben. Aber die Entfremdung, wie sie sich seit dem Frühjahr 1999 durch die jähe, zuvor im Wahlkampf noch ausgeschlossene Austeritätspolitik Hans Eichels, dann durch die Revision der Rentenpolitik durch Walter Riester, schließlich durch die Hartz-IV-Maßnahmen herausgebildet hat, war geschichtlich neu – zumal ein gewichtiger Teil des gewerkschaftlichen Mittelbaus einen möglicherweise finalen politischen Repräsentanzwechsel von der SPD fort vollzogen hat. Was einst sicheres Vorfeld der Sozialdemokraten war, schien sich in Teilen zum Rekrutierungsfeld und zur Kaderschmiede der «Linken» zu wandeln.

Dadurch löste sich überdies die klassische sozialdemokratische Parteiorganisation der früheren Unterprivilegierten peu à peu auf. Der SPD rutschte der organisatorische Unterbau weg. Der Typus des hochaktiven, angesehenen Funktionärs, der die Maschinerie der Organisation virtuos beherrschte, der als Agitator und Multiplikator seiner Partei wirkte und sein Wohnquartier oder sein Arbeitsumfeld dadurch politisch prägte, dieser Typus war in der SPD rar geworden. Der Zug zur Medienkommunikationspartei, der vor allem zu Beginn der Ära Schröder temporeich sowohl vom Kanzleramt als auch von der Parteizentrale vorangetrieben wurde, hatte die Stellung der früher so zentralen Basisfunktionäre unterminiert. Dagegen zeitigten die Organisationsreformkonzepte des damaligen SPD-Generalsekretärs Müntefering – innerparteiliche Urwahlen, neue Netzstrukturen etc. – kaum Folgen. Der Zerfall der klassischen Parteifundamente bedeutete zugleich die Erosion von Verbindlichkeiten, von Loyalitäten, auch von Disziplin.

Die SPD der Gegenwart ist infolgedessen dem historisch loseren Parteitypus der klassischen Liberalen nahegekommen. Nicht zuletzt deshalb geht es dort häufig ungeordnet zu. In der klassischen SPD war noch verbindlich, was in den zentralen Gremien der Partei beschlossen wurde. Darauf kann sich ein SPD-Vorsitzender mittlerweile nicht mehr sicher verlassen. Dadurch geriet die Partei aus der Balance, was einen der heikelsten Zustände in komplexen Organisationen darstellt. Dies gilt bis heute: Dort, wo primär Verknüpfung, Integration und Ausgleich hergestellt werden, dort, wo normalerweise die durch Kompromiss legitimierte Orientierung ausgegeben wird, da herrscht nun weitgehend Leere. Die Partei hat einen institutionalisierten *linken Flügel*; und sie hat eine «*Parteirechte*» aus jungparlamentarischen «Netzwerkern» und klassischen «Seeheimern». Doch existiert – in der Partei der exponierten «Zentristen» August Bebel, Otto Wels und Erich Ollenhauer – keine organisierte «*Mitte*», die abpuffert, ausgleicht, den Integrationsbogen spannt. Gerade darum war die Führungsposition etlicher Parteivorsitzender der letzten Jahre ohne Fundament;

deshalb schmolz ihre Autorität bereits in den kleinsten Krisen rasant weg. In früheren Jahrzehnten war es stets das «Zentrum» der Sozialdemokratie, das die Partei auch in Zeiten schlimmster Bedrängnis sicherte und festigte. Das eben macht den aktuellen Zustand der SPD tatsächlich so bedrohlich. Das Eis schmilzt nicht – wie üblich – von den Rändern, sondern von der Mitte. Ein tragfähiges Plateau ist das nicht.

15. Epilog:
Am Ende der Geschichte?

Die Partei der neuen Mitte hat ihre innere Mitte verloren – so paradox also könnte man den Zustand der SPD im Jahr 2009 charakterisieren. Ein Stück langer, nunmehr 146-jähriger Geschichte ist damit zu Ende gegangen. Sozialdemokraten stehen nicht mehr am Rande der Gesellschaft. Sie haben Diskriminierung gewiss nicht zu befürchten. Sie brauchen kein eigenes Milieu, keine Alternativwelt, kein Refugium. Sozialdemokraten müssen sich nicht mehr subkulturell zurückziehen, einigeln, abkapseln; und sie wollen es natürlich auch gar nicht mehr. Sie stehen nicht in Distanz zur Republik, leiden nicht mehr am Bürgertum, träumen nicht mehr die großen Träume – wenngleich sie zuweilen noch damit kokettieren. Sie glauben nicht mehr an die historische Sendung einer Klasse, an den objektiven Fortschritt der gesellschaftlichen Entwicklung, an das sozialistische Endziel. Auch vertrauen sie ernsthaft dem Staat nicht mehr als dem Markt. Die Sozialisierung der Produktionsmittel ist ihnen erst recht längst kein Generalrezept mehr. Selbst mit Hilfe der Empfehlungen des John Maynard Keynes wollen sie die Wirtschaft nicht mehr steuern. Die Sozialdemokraten haben keine leuchtende Utopie mehr, hängen nicht einer faszinierenden Vision an, hoffen nicht auf den großen Kladderadatsch und das neue Reich der kollektiven Erlösung.

Dadurch sind sie sicher freier, säkularisierter, nüchterner geworden. Sie tragen keine Mythen, Legenden und Ideologien mehr mit sich. Sie sind nicht mehr beladen von der Last schwerer Traditionen und programmatischer Dogmen. Sie sind infolgedessen regierungsfähig geworden, Partei im gesellschaftlichen Zentrum und in der politischen Mitte, potenzieller Koalitionspartner nach links und rechts. Aber natürlich: Die Sozialdemokraten sind auf diese Weise auch ärmer geworden, haben an Charakter, Farbe und Unverwechselbarkeit eingebüßt, sind nunmehr Partei unter vielen, ein wenig gesichtslos. Auch ist ihnen die spezifische Spannung abhanden gekommen, die für sie so lange typisch war und aus der sie Kraft, Energie und Phantasie zogen, die Spannung zwischen Machbarem und Wünschbarem, zwischen Empirie und Transzendenz, zwischen Anpassung und Veränderung. Jetzt sind die Sozialdemokraten nur noch realistisch, empirisch – und angepasst. Auch das hat die Partei dürrer, hoffnungsärmer, gewissermaßen trivialer gemacht. Sie ist nunmehr Vollzugsorgan von außen auferlegter Handlungszwänge, nicht mehr autonome Organisation mit eigenen Ansprüchen, Maßstäben und Zukunftsbildern.

Und sie hat durch die Emanzipation von der eigenen Geschichte den Stoff verloren, der sie überhaupt erst geschichtsmächtig werden ließ, der dafür sorgte, dass es sie heute noch gibt. Die Partei lebte gerade in ihren schwierigsten Zeiten von ihren Erinnerungen, Traditionen, Dogmen, Leidenserfahrungen, von einer großen Sinnperspektive, die über das je Gegenwärtige hinausreichte. Das behinderte und beengte die Sozialdemokraten in vielen Situationen, aber es hielt sie in schlimmen und trüben Jahren fest beieinander. Die Sozialdemokraten heute haben sich von den Mythen und großen Erzählungen gelöst. Sie sind dadurch politisch weniger beschränkt, aber als Partei auch weniger eng beieinander. Es gibt nicht mehr die große Sinnperspektive, die über 100 Jahre das Sozialdemokratische ausgemacht hat, Kleb- und Treibstoff der Partei war, allerdings auch Belastung und Barriere. Die modernen Sozialdemokraten können oder müssen nun ohne diese Belastung und diesen Klebstoff auskommen. Das kann ihnen nutzen. Das könnte ihre Existenz im 21. Jahrhundert aber auch gefährden, ja: beenden.

Doch ein geschichtliches Zurück gibt es nicht. Dazu hat sich die SPD sozial, personell, programmatisch zu sehr – und im Übrigen unter zu großen Schmerzen – verändert. Die neuen Sozialdemokraten des Jahres 2009 können nicht mehr «alte SPD» spielen, zumal der Regisseur jenes Stücks aus der Zeit vor 1998 längst auf anderen Bühnen die Hauptrolle übernommen hat. Die SPD der Gegenwart ist eine gemäßigt soziale, gemäßigt linksliberale, gemäßigt kosmopolitische Partei der gemäßigt halblinken Mitte der deutschen Gesellschaft. Und diese beruflich angespannte, außerordentlich ergebnisorientierte Mitte erwartet keine sentimentale Sozialismusretro-

Mitgliederbestand nach Beschäftigungsverhältnis und Geschlecht; Stichtag: 31.12.2007

Beschäftigung	Mitglieder	Mitglieder %	männlich	männlich %	weiblich	weiblich %
Angestellte/r	130.254	24,13	85.168	65,39	45.086	34,61
Arbeiter/in bzw. Facharbeiter/in	63.731	11,81	58.993	92,57	4.738	7,43
Arbeitslos	11.088	2,05	7.846	70,76	3.242	29,24
Auszubildende/r	8.757	1,62	6.747	77,05	2.010	22,95
Beamter / Beamtin	49.415	9,15	39.062	79,05	10.353	20,95
Hausfrau /-mann	49.279	9,13	601	1,22	48.678	98,78
Landwirt/in	446	0,08	429	96,19	17	3,81
Leitende/r Angestellte/r	776	0,14	649	83,63	127	16,37
Rentner/in bzw. Pensionär/in	135.841	25,16	105.870	77,94	29.971	22,06
Schüler/in bzw. Student/in	46.792	8,67	33.628	71,87	13.164	28,13
Selbständig	27.025	5,01	21.511	79,60	5.514	20,40
Soldat / Wehrdienst- bzw. Zivildienstleistender	3.121	0,58	3.097	99,23	24	0,77
Unbekanntes Beschäftigungsverhältnis	8.881	1,65	6.307	71,02	2.574	28,98
pol. Mandatsträger (hauptberuflich)	935	0,17	800	85,56	135	14,44
unbekannt	3.520	0,65	2.440	69,32	1.080	30,68
Gesamt	**539.861**	**100,00**	**373.148**	**69,12**	**166.713**	**30,88**

Aus: Jahresbericht über den Mitgliederbestand und die Mitgliederentwicklung der SPD im Jahr 2007, S. 23.

spektive. Sie will durch handfesten Realismus ihre Interessen vertreten sehen. Die Schröder-SPD hat sich zu einer politischen Agentur dieser ressourcenstarken Arbeitnehmer in der Mitte der marktförmig strukturierten Wissensgesellschaft aufgebaut. Daher ist die SPD zu einer robusten antikapitalistischen Strategie, zu einem harten Konflikt mit den bürgerlichen Globalisierungseliten längst weder fähig noch ernsthaft willens. Insofern sollte sie aber auch nicht von Zeit zu Zeit so tun.

Es war seltsam genug, dass sich die SPD auf ihrem Bundesparteitag im Oktober 2007 abermals und fast triumphalistisch das Ziel des «demokratischen Sozialismus» ins Programm schrieb. Denn schließlich ist die SPD alles andere als eine Partei irgendeines Sozialismus. Die vielzitierten Herzkammern der Partei liegen nicht mehr zwischen Dortmund und Oer-Erkenschwick. Ihre Funktionäre riechen nicht mehr nach Maschinenöl oder Kohlenstaub. Die Partei hat sich in den letzten Jahren von den holistischen Entwürfen ihrer Vergangenheit gelöst. Sie glaubt nicht mehr an eine radikal alternative Form der Produktion, der Verteilung und Planung. Die Sozialdemokraten vertreten nicht mehr die Verdammten dieser Erde.

Von den 2005 neu in die SPD eingetretenen Mitgliedern waren lediglich knapp sieben Prozent Arbeiter. Arbeiterklasse und Sozialdemokratie haben sich mehr und mehr voneinander entkoppelt, haben ihre lebensweltlichen Bindungen und Bezüge verloren. Früher waren der SPD ihre arbeitnehmerischen Kerntruppen stets sicher gewesen. Die industrielle Arbeiterklasse hatte für die Sozialdemokraten über mehrere Epochen hinweg das historische Subjekt verkörpert, den ideologischen Fixpunkt und das soziologische Fundament aller Parteiaktivitäten, ja der Parteistabilität schlechthin. Partei der Arbeiter zu sein – das bedeutete für die SPD Ethos und Mission. In den letzten Jahren aber sind fast ein Fünftel der unteren Schichten dieser Republik ihrer früheren Partei abtrünnig geworden, sind in die politische Apathie gefallen oder in das Lager des Oskar Lafontaine gewechselt. Der Exodus der Arbeiter hat dem über ein Jahrhundert aufgeschichteten sozialdemokratischen Selbstverständnis seinen Kern genommen, mehr noch: hat der Partei ihre historische Voraussetzung und das traditionelle Ziel – die Emanzipation der unteren Schichten – entzogen. Die signifikanten Identitätsunsicherheiten vieler Sozialdemokraten schon seit der Ära Schmidt sind gewiss darauf zurückzuführen.

Doch gibt diese Entwicklung den Sozialdemokraten prinzipiell die Chance auf größere Konsistenz. Diese «neue SPD» müsste nicht mehr in erster Linie als politische Arbeiterwohlfahrt agieren. Sie könnte sich selbstbewusst zu den aufgestiegenen Leistungsträgern bekennen, zu denjenigen also, die in der Lage sind, durch Bildungsanstrengungen und stete Bereitschaft zum lebenslangen Lernen individuelle Chancen zu ergreifen. Von den altbürgerlichen Formationen würde sich eine solche «Neu-SPD» dadurch unterscheiden, dass sie streng auf Prämierung durch Leistung diesseits von Stand und Klasse zielte, dass sie also die neue Elitenrekrutierung von alten gesellschaftlichen Herkunftsprivilegien strikt abkoppelte.

Nimmt man die Ergebnisse der Landtagswahlen Anfang 2008, so geht einiges in diese Richtung, da die SPD bemerkenswert hohe Zuwächse bei Wählern mit überdurchschnittlichem Bildungsniveau erzielte, während es im Unterschichtenbereich teilweise gar zusätzliche Einbrüche gab. In Niedersachsen jedenfalls verlor die SPD bei den Arbeitern weitere sechs Prozentpunkte, nachdem sie dort schon 2003 17 Prozentpunkte eingebüßt hatte. Auch in Hessen erreichte sie bei den Arbeitern nur noch 37 Prozent, während sie im Segment der Angestellten auf 40 Prozent, bei den Beamten gar auf 49 Prozent der Stimmen kam. Kräftige Gewinne verbuchten die Sozialdemokraten ebenfalls bei den ihnen im 20. Jahrhundert noch fremden Selbständigen mit acht bzw. 13 Prozentpunkten in Hamburg und Hessen. Im Januar 2009 stürzten sie dann in Hessen ab. Doch standen sie in

Tief wie nie fiel die SPD in Niedersachsen
bei den Landtagswahlen im Januar 2008.
Dabei war es noch zehn Jahre zuvor
«Schröder-Land» mit absoluten Mehrheiten
für die Sozialdemokratie. Auf- und Abstieg
der SPD – zwischen Ems und Harz vollzog
sich der Prozess besonders markant.

der Gruppe der Beamten mit 31 Prozent um 6 Punkte besser da als bei den Arbeitern, wo sie nur auf 25 Prozent der Stimmen kamen.

Allerdings: Neue Konfliktlinien würden sich dadurch auftun. Als Interessenvertretung der Neo-Arrivierten in den «neuen Mitten» wird die SPD im 21. Jahrhundert eine veränderte Rolle spielen. Die neuen Entrechteten des 21. Jahrhunderts – die Unterschichten dieses Jahrhunderts, denen die Wissensgesellschaft nicht Hort schöner Chancen, sondern Menetekel fortwährender Unsicherheit oder schierer Hoffnungslosigkeit ist – dürften in dem Falle die alte Partei der industriellen Arbeitnehmerelite aus dem 20. Jahrhundert als Gegner vorfinden, die dann als «Schutzmacht der neuen Mitte» Ansprüche von unten entschlossen abzuwehren hat. Partei der neuen Mitte zu sein, dürfte unweigerlich ebenfalls bedeuten, Abschied vom Typus der Volkspartei nehmen zu müssen. Blicken wir noch einmal kurz zurück. Die SPD integrierte als intakte Volkspartei in den 1960er Jahren in ihrer Führung Menschen grundverschiedener Generationen und Lebenserfahrung: den skandinavischen Emigranten, den Leutnant der Wehrmacht, den Moskauer Kommunisten, den Widerständler der Bekennenden Kirche. In Wahlkämpfe und Kabinette zog sie mit seinerzeit modernen Gewerkschaftern wie Georg Leber und Walter Arendt, mit Vertretern der Kirche wie Jürgen Schmude, Gustav Heinemann, Erhard Eppler und Johannes Rau, mit intellektuellen Groß- und Bildungsbürgern wie Carlo Schmid, Horst Ehmke und Karl Schiller, mit intellektuellen Konzeptionalisten der Außenpolitik wie Egon Bahr, mit kreativen Unternehmern wie Philip Rosenthal. Verglichen mit diesem Erfolgsjahrzehnt der volksparteilichen Wandlung, klafft in der SPD im ersten Jahrzehnt des 21. Jahrhunderts ein riesiges Repräsentationsloch.

Mit der Erosion der Volkspartei einher ging ein enormer Mitgliederschwund. 2001 waren noch 717 500 Personen im Besitz des sozialdemokratischen Parteibuchs, im November 2008 dagegen waren es nur noch 522 668. Von den über eine Million Parteizugehörigen Mitte der 1970er Jahre und immerhin noch 919 000 Mitgliedern im Jahr 1990 hat sich die SPD damit weit fortbewegt. Die Tatsache, dass sie im Sommer 2008 erstmals in der bundesdeutschen Geschichte von der CDU als mitgliederstärkste Partei abgelöst wurde, markiert einen scharfen Einschnitt: Es handelt sich um das Ende eines langen Abschnitts deutscher Parteiengeschichte und industriegesellschaftlicher Organisationskultur.

Mitgliederentwicklung der SPD

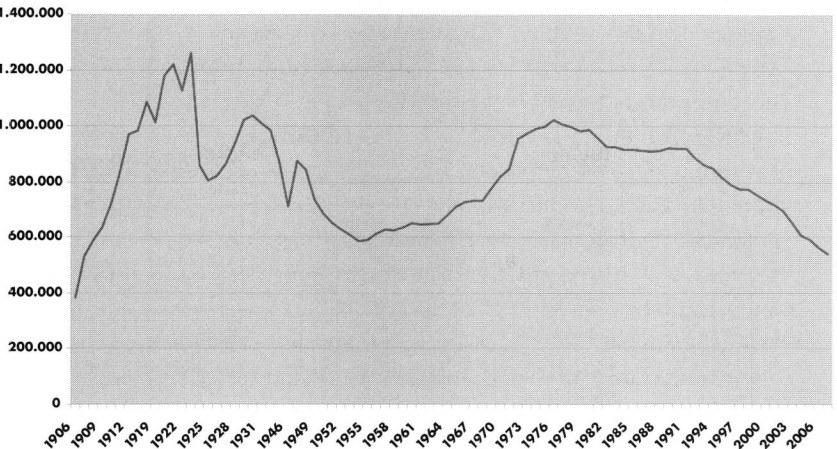

Aus: Jahresbericht über den Mitgliederbestand und die Mitgliederentwicklung der SPD im Jahr 2007, S. 110. Die Werte für das Jahr 1946 beziehen sich allein auf die drei Westzonen.

Anfang 1946 zählten die Sozialdemokraten in den vier Zonen der deutschen Trümmergesellschaft über eine Million Mitglieder mehr als die rivalisierende CDU. Auch ein Vierteljahrhundert später, in den frühen Jahren der sozialliberalen Koalition, war die Mitgliederzahl der SPD mehr als doppelt so hoch wie bei den Christdemokraten. In den Zeiten von Bebel bis Brandt hätte wohl kein Sozialdemokrat den massiven Zerfall des Mitglieder- und Organisationsbestands für möglich gehalten. Auch in der Parteien- und Parlamentsforschung war es von Beginn an herrschende Lehre, dass die politischen Formationen der Arbeiter ihre bürgerlichen Äquivalente an Mitgliedern in der Regel weit überragen, auch überragen *müssen*, dass sie überdies hochzentralisiert sind und einen solide ausgebauten Apparat zu besitzen haben.

Denn die Bürger aus der gesellschaftlichen Beletage brauchten schließlich nicht das disziplinierte Kollektiv, benötigten nicht die schlagkräftige Organisation. Sie verfügten über ihre je eigenen, individuellen Ressourcen, die ihnen Wirksamkeit garantierten und Autonomie gewährten: akademische Bildung, materiellen Besitz, soziale Verkehrskreise. Bürgerliche

Parteien waren deshalb von ihrer Herkunft her auf ebenso kleine wie feine Zirkel elitärer Honoratioren beschränkt, lediglich locker assoziiert, ohne straffe Verbindlichkeiten.

Die unteren Schichten dagegen waren als Einzelne machtlos, waren Objekt im Machtraum der bürgerlichen Klasse. Wollten sie Einfluss gewinnen, waren sie genötigt, sich zusammenzutun, Macht durch Mitgliederhäufung herzustellen und über Organisation abzusichern. Allein eine Fülle von Mitgliedern sorgte für ausreichend materielle Beiträge, für die Mobilisierungs- und Aktionsfähigkeit der industriellen Arbeiter. Erst die Masse verschaffte denen, die abhängig arbeiteten, Selbstbewusstsein. Die Masse okkupierte, wenn sie sich demonstrativ in Bewegung setzte, ihre roten Fahnen schwenkte und martialische Kampfgesänge anstimmte, den öffentlichen Raum, vermittelte dadurch Stärke nach innen und wirkte bedrohlich auf den Gegner draußen.

Doch auch die bürgerlichen Honoratiorenparteien von ehedem wandelten sich – aus Furcht vor den roten Bataillonen – mehr und mehr zu Organisationen und Mitgliederparteien. Auch sie brauchten im Zuge dieses Prozesses Parteiangestellte. Innerhalb des Bürgertums waren das allerdings alles andere als begehrte Positionen für den Nachwuchs. Ihm standen in der Geschäfts- oder Bildungswelt weit reputierlichere Berufe zur Auswahl. Bis in die siebziger Jahre des 20. Jahrhunderts wurden die Funktionäre in bürgerlichen Parteien daher eher scheel angesehen; sie trugen nicht selten das Stigma der Berufsversager.

In der SPD dagegen waren die Funktionäre die Privilegierten. In der Regel genossen sie hohes Ansehen, waren die Vertrauensleute der Partei in den Quartieren kleiner Leute. Der Funktionär war pflichtbewusst, hart gegen sich selbst, der Partei treu ergeben und bereit, ihr jederzeit alle Freizeit zu opfern. Er hatte mehr zu wissen als der Rest der Mitglieder; er hatte die Aktionen und Versammlungen der Partei vorzubereiten und zu dirigieren; er sollte die Massen aufklären und anführen. Nur in schlimmen Krisenzeiten wie den frühen 1930er Jahren, als Millionen Menschen ohne Arbeit waren, kam auch Missgunst auf. Da wurden die festbesoldeten Funktionäre zuweilen als «Bonzen» beschimpft.

Insgesamt hätte es ohne diesen Typus weder eine Arbeiterbewegung noch eine starke, das 20. Jahrhundert überdauernde Sozialdemokratie gegeben. Die Jahrzehnte der Hochindustrialisierung zeichneten sich schließlich durch eine enorme räumliche Mobilität der Arbeitskräfte aus. In den Industrieregionen wohnten im Jahr 1900 nur wenige noch am selben Ort wie 1890. In diesem dauerhaften Wechsel der Mitglieder sorgten allein die hauptamtlichen Funktionäre des Sozialismus innerhalb ihrer Partei und Bewegung für Konstanz und Kontinuität. Sie arbeiteten vor Ort, hielten so den Bestand aufrecht, vermittelten Erfahrungen weiter, auch wenn die Aktivisten und Mitglieder kamen und gingen. Der Funktionär war in diesen Jahrzehnten der «Kümmerer», eine Mischung aus Prediger, Samariter und Administrator der Organisation. Die beste Zeit des Funktionärs lag insofern sicher im ersten Drittel des 20. Jahrhunderts, auch reichte seine Bedeutung für die sozialdemokratische Mitgliederpartei noch bis in die Zeit von Willy Brandt hinein. Aber jetzt, im Frühjahr 2009, ist das längst Geschichte.

Die SPD ist mittlerweile selbst zum Typus der in ihren Reihen über viele Jahrzehnte nahezu verachteten bürgerlichen Honoratiorenpartei geworden. Denn seit mindestens einem Jahrzehnt haben die Parteifunktionäre im Basisbereich an Einfluss und Gewicht verloren. Einst hatten sie als Obmänner, Kassierer, Bildungsreferenten, Fahnenträger, Arbeiterbibliothekare etc. Aufgaben und Funktionen im «historischen Emanzipationskampf» zu erfüllen, die ihnen Bedeutung und Rang verliehen. Solche Orte der Würde und Wichtigkeit existierten für Basisaktivisten zuletzt kaum mehr in der Sozialdemokratie. Insbesondere Gerhard Schröder hat nicht mehr um die Funktionäre geworben. Das hat etliche tausend von ihnen verbittert, hat nicht ganz wenige zum Rückzug aus der SPD bewegt.

Doch auch hier gilt ein weiteres Mal: Die Sozialdemokraten sind gewissermaßen Opfer des eigenen Erfolgs geworden, weil ihre gegenwärtige Klientel – die Aufsteiger – keine Massenorganisation braucht; sie verfügt individuell über Ressourcen, die den früheren Drang zur Kollektivität entbehrlich machen. Die Sozialdemokratie ist im Zuge des Aufstiegs der klassischen Facharbeiterelite zur Partei der neuen Mitte geworden. Deren Zugehörige, oft nun Menschen mit akademischen Abschlüssen, benötigen nicht mehr das Gehäuse der disziplinierten Organisation, sind nicht mehr angewiesen auf den Vormund von Partei- oder Gewerkschaftssekretären.

Und noch aus einer anderen Perspektive müssten sich die Sozialdemo-

Partei der Jugend zu sein, darauf waren Sozialdemokraten noch in den 1970er Jahren gewaltig stolz. Damals traten einige hunderttausend junger Leute in die SPD ein. Viel kam in den drei Jahrzehnten seither aber nicht mehr dazu. Und so ist die SPD mit der Jugend der sozialliberalen Zeit mittlerweile alt geworden. Was früher die Jusos für die Partei waren, gilt heute für die «Arbeitsgemeinschaft 60 plus»: Sie sind die Stärksten der Partei.

kraten Sorgen machen: Der «Vergreisungsprozess» hält an. Ende 2007 waren nicht einmal sechs Prozent ihrer Mitglieder jünger als 29 Jahre; die über 60-Jährigen machten dagegen knapp 47 Prozent aus. Sozialstrukturell wird die Sozialdemokratie daher von den Rentnern und Pensionären dominiert. Das schreckt viele junge Leute ab, weshalb nicht zu erwarten ist, dass sich die Partei demnächst verjüngen wird. Die Überalterung hat jedoch noch eine weitere, derzeit weit gravierendere Konsequenz. Wir haben an anderer Stelle des Buches bereits darauf hingewiesen: Die Geburtsjahrgänge 1941 bis 1945, die weiterhin die mit Abstand stärksten Bataillone in der Partei bilden, haben die SPD in den 1970er Jahren derart nachdrücklich überschwemmt, dass die Kohorten danach lange keine Chance mehr besaßen, in die dicht besetzten und hart verteidigten Leitungspositionen der Partei einzudrin-

2006 war er der letzte Ministerpräsident in einem westdeutschen Flächenland, den die Sozialdemokraten noch stellten. Allein deshalb war er «alternativlos», wie es in der SPD nun häufig hieß. Kurt Beck. Der Pfälzer war bekannt für seine Bodenständigkeit. Im Berliner Regierungs- und Zeitungsviertel galt das als provinziell.

gen. So fehlen den Sozialdemokraten nach wie vor rund 15 Jahrgänge, eben die 35- bis 49-Jährigen.

Für die SPD ist dieses Generationenloch in den letzten Jahren mehr und mehr ein Problem geworden. Denn mit dem Abtreten Schröders und vielen seiner Generationsgenossen wurde immer deutlicher, dass der Partei geeigneter Führungsnachwuchs fehlt. In der Generation der «Youngsters» in der SPD gibt es jedenfalls nicht die herausragende Persönlichkeit, gleichsam den politischen Mittelstürmer, der die Themen früher als andere wittert, der die Arbeit der Zuspitzung entschlossen und mit Autorität betreibt, der die Richtung vorgibt und die Partei dabei mitzieht. Sigmar Gabriel besitzt einige dieser Eigenschaften, stößt innerparteilich aber auf Reserviertheit.

Nicht viel anders sieht es heute an der eigentlichen Parteispitze aus. Doch die Konfusion der SPD im Jahr 2008, ihre Kraftlosigkeit und ihre Tiefs bei den Umfragen waren nicht allein auf ihren Vorsitzenden Kurt Beck zurückzuführen. Dieser war und ist gewiss kein Mann der großen Rede. Er wird auch nicht als Politiker mit brillanten Ideen und funkelnden Programmsätzen in die Geschichte eingehen. Und sicher hat es in der Partei von Lassalle, Bebel, Schumacher und Brandt weit größere Begabungen, weit bessere Strategen gegeben als ihn: Statt sich in Berlin durch Interessensverflechtung auch unter früheren Gegnern Bündnispartner zu suchen, eigene Zirkel und Truppen aufzubauen, blieb Beck nach seiner Wahl zum Parteivorsitzenden isoliert.

Indes: Auch Matthias Platzeck hatte schon nach wenigen Wochen an der Spitze der SPD kaum noch aktiven Rückhalt. Und sein Vorgänger wie Nach-Nachfolger, Franz Müntefering, besaß im ersten Anlauf nicht die Autorität, einen Generalsekretär seiner Wahl durchzusetzen, und warf darauf schmollend den Parteivorsitz hin. Auch war seine Bilanz insgesamt keineswegs so rosig, wie es von vielen Zeitungskommentatoren zunächst insinuiert wurde. Allerdings zeichnete ihn ein unsentimentales, kühles Verhältnis zur politischen Macht aus. Darin war er Bruder im Geiste mit Gerhard Schröder. Beide gingen im Kampf um die Macht stets verwegen vor, kannten wenig Skrupel, legten listig den Gegnern Fallstricke, ließen sich von einem hochentwickelten Gefahreninstinkt leiten. Und beide waren glänzende Wahlkämpfer.

Darin mochte die Rationalität für die Entscheidung vom 7. September 2008 gelegen haben, Beck zur Demission zu bewegen und ein neues Duo an der Spitze der Partei zu platzieren: eben Franz Müntefering als Parteichef und Frank-Walter Steinmeier als Kanzlerkandidaten. Der eine sollte die eigenen Truppen disziplinieren und mobilisieren; der andere durfte als Staatsmann des Auswärtigen ein wenig über den Niederungen schweben. Doch das Damoklesschwert des Misstrauens zwischen unten und oben, zwischen rechts und links in der Partei blieb. «Führungskrisen» waren mittlerweile chronisch geworden in der SPD, aber auch und bezeichnenderweise in den meisten anderen Sozialdemokratien Europas ebenso.

Und noch etwas hat – nicht nur – die SPD verändert: die Mediengesellschaft. Je mehr sie sich in den letzten Jahren voll entfaltet hat, desto wichtiger wurde die Domestizierung der Parteiorganisation. Denn in Mediengesellschaften haben Parteien, in denen kontrovers und unstrukturiert diskutiert wird, keine Chance: Sie gelten als zerstritten und handlungsunfähig, als Chaostruppe. Keine machtorientierte Partei kann es sich unter diesen Umständen leisten, eine langwierige, heftige Debatte über politische Grundsatzfragen zu führen. Das war bis in die Zeiten Willy Brandts hinein noch anders. Damals waren es immer die großen, offen ausgetragenen grundsätzlichen Konflikte, die Kohorten formten und stählten. Demgegenüber fehlt gezähmten, quasi stillgelegten Parteien die substanzielle Auseinandersetzung und damit auch der gleichsam spirituelle Kitt, der sie dauerhaft zusammenhält.

Das gilt ebenso für die Qualität politischer Eliten. Alle großen sozialdemokratischen Parteiführer sind an innerparteilichen Religionskriegen und Ideologiekontroversen gewachsen, haben sich dabei blutige Nasen geholt, sich Wunden zugezogen, Rückschläge erlitten. Das gilt selbst noch für Gerhard Schröder und Oskar Lafontaine, die in den elementaren Auseinandersetzungen der 1970er und 1980er Jahre Biss, Durchsetzungsfähigkeit, rhetorische Schärfe, Verwegenheit, Entschlossenheit, Rauflust, populistische Energie gewannen. Beide wurden zu mit allen Wassern der politischen Taktik gewaschenen Truppenführern, weil sie unzählige Debatten während ihrer Lehr- und Aufstiegsjahre in der noch ungezähmten SPD mitgemacht haben. Doch als Kanzler disziplinierte und kujonierte Schröder dann die Partei. Und die politische Phantasie erlosch, das programmatische Elixier verschwand.

Die eingehegte Schröder-SPD förderte auf diese Weise das Mittelmaß, den berechnenden und politisch übervorsichtigen Karrieristen, den Typus des selbstzufriedenen Jungabgeordneten mit Staatssekretärsambitionen. Kühne Vordenker dagegen oder Abenteurer wie Schröder und Lafontaine selbst bringt sie nicht mehr hervor. In einer Parteikultur der lavierenden Mitte reifen wuchtige, verwegene politische Begabungen nicht recht heran. So mag es sein, dass die Sozialdemokraten auch zukünftig tüchtige Kommunalpolitiker, fleißige Minister, ordentliche Staatssekretäre, auch sachkundige Referenten für das politische Geschäft liefern können, aber niemanden mehr, der die Partei neu prägt und energisch nach vorne drängt, der über eine neue, zeitgemäße sozialdemokratische Choreographie nachzudenken in der Lage ist, der Leitwolf sein will und sein kann.

Schröder hatte es nicht leicht, ganz nach oben zu kommen. Die Härte des Aufstiegs zeichnete sich spurentief im Gesicht des Bundeskanzlers ab. Auch beim Torwandschießen mit Kindern am Tag der offenen Tür im Kanzleramt. Selbst die CDU / CSU fürchtete die Härte Schröders, denn sein Machtbewusstsein war für einen Sozialdemokraten außergewöhnlich.

Andererseits: Vielleicht ist die Zeit der Alphatiere ja auch generell vorbei. Denn politische Führung in modernen Organisationen heißt mehr und mehr zuallererst Kommunikation. Man muss die verschiedenen innerparteilichen Bereiche und Bereichsführer, die diversen Machtzentren durch Kommunikation verknüpfen, gewissermaßen politisch synchronisieren und dadurch Geschlossenheit produzieren. Ganz neu ist das gerade für die Sozialdemokratie nicht. Bereits in ihren früheren, besten Zeiten amtierte ein Triumvirat bzw. eine Troika an ihrer Spitze. Schon damals, in den Zeiten von Herbert Wehner, Willy Brandt, Fritz Erler und Helmut Schmidt gelang die komplexe Integration nur durch kooperative Führungsvielfalt.

Und heute? In einer rational austarierten Flügelstruktur hätte sich wohl auch die gegenwärtige SPD auf einen Vorsitzenden zu einigen, der nach innen schaut, die Traditionen der Partei ernst nimmt, den Untergliederungen Mut macht, die verschiedenen Flügel zusammenbindet. Sie müsste sodann einen Kanzlerkandidaten finden, der über genügend Raum und Freiheit vom tonangebenden Kern der Partei verfügt, der nicht introvertiert agiert, sondern in die Grenzwählerschaften zur SPD im mittleren Bereich des Spektrums ausstrahlt – und dabei den Rückhalt des Parteichefs genießt. Und sie bräuchte wahrscheinlich des Weiteren einen Tribun ganz vorn in der ersten Garnitur, der mit populistischem Instinkt und sicherer Witterung für Emotionen auch die Gefühlslagen diesseits der Mitte spürt und sie in griffige Maximen übersetzt.

Nun mag das eine Reißbrettkonstruktion sein. Doch in diese Richtung müsste eine Restrukturierung der politischen Führung in der SPD wohl gehen, solange sie mehr sein will als eine reine Lobbypartei sozialer Aufsteiger. Zumindest für den Parteivorsitzenden und Kanzlerkandidaten wäre im Übrigen eine plebiszitäre Legitimation aus den eigenen Reihen nicht schlecht. Würde es womöglich irgendwann wieder alternative Bewerbungen – also eine richtige Wahl! – geben, dann könnte die SPD am Ende sogar interessant werden.

Manches hier zum Ende der sozialdemokratischen Geschichte liest sich zugegebenermaßen wohl düster und pessimistisch. Dabei muss nicht jeder Wandel gleich Krise bedeuten. Die Möglichkeiten und Chancen des Wandels innerhalb der Sozialdemokratie sollten deshalb nicht unterschätzt werden. Ohne Zweifel: Parteien verändern sich, passen sich neuen Umweltbedingungen an. Das führt oft zu Spannungen, Unsicherheiten, auch Verwerfungen. Parteien gehen deshalb nicht zwingend unter, sondern entwickeln sich dadurch häufig gar zeitgemäß weiter. Vor allem die Sozialdemokraten haben oft schon schwierige Transformationen durchgemacht, sie auch beachtlich gemeistert.

Gänzlich von der Bildfläche verschwinden wird die SPD in den nächsten Jahren gewiss nicht. Ihr gegenwärtiger Parteivorsitzender hat es nicht leicht. Nachwachsende Führungspersonen von Gewicht, Erfahrung, Autorität und kristallklaren Überzeugungen sind rar. Das offizielle sozialdemokratische Programm bleibt widersprüchlich. In den Medien wird man noch oft die größte Krise der SPD ausrufen. Doch auch das wird die Partei überleben: sicher längst nicht mehr so groß wie in den wunderbaren 1970er Jahren, zudem in Dauerkonkurrenz mit einer neuen Linkspartei und fraglos in schwierigen Regierungskonstellationen eines nun fragmentierten Parteiensystems.

Immerhin hatte die SPD bei den Bundestagswahlen 2005 und einigen Regionalwahlen danach in mehreren Altersgruppen unterhalb des Rentenalters die Nase vorn. Bei den Jungwählern schnitt sie 2005 gar um zwölf Prozentpunkte besser ab als die gegnerische Volkspartei. Und selbst bei der Katastrophenwahl in Hessen Anfang 2009 hatte sie bei den 18- bis 24-Jährigen die Nase vorn. Bemerkenswert war und ist ihr Zuspruch weiterhin vor allem bei den jungen und mittelalten *akademischen* Frauen – zweifelsohne eine zentrale Gruppe der Wissensgesellschaft von morgen. In den urbanen Zentren der Republik wiesen die Sozialdemokraten bei den nationalen Wahlen des Jahres 2005 einen Vorsprung von 11,5 Prozentpunkten vor der CDU / CSU aus. Im Dienstleistungsbereich übertrafen sie die Union mit 8,1 Prozent. Der Ausgang dieser Bundestagswahl sowie die Ergebnisse einiger Landtagswahlen haben somit auf bemerkenswerte Weise deutlich gemacht, dass die SPD im Vergleich zur christlichen Union im Grunde nicht unbedingt in Panik oder verzagtem Fatalismus in die mittlere Zukunft blicken muss.

Schließlich: Die Sozialdemokraten stehen im Zentrum des Parteien- und Parlamentssystems. Das ist der Unterschied zu den 1950er Jahren, in denen sie als Partei der parlamentarischen Linken bei einem ähnlichen, teils gar besseren Stimmenanteil bündnispolitisch gänzlich isoliert waren. Heute sind sie koalitionspolitisch – im Prinzip – nicht schlecht platziert. Es ist angesichts dieser Position gleich, ob man 25 Prozent oder 30 Prozent der Stimmen bekommt. Man muss das Potenzial nur nutzen, darf nicht in den Jammer über bessere volksparteiliche Zeiten verfallen. Einige Prozent hinter dem großen Konkurrenten zu liegen, durch geschickte Bündnisaktivitäten dennoch den Regierungschef zu stellen – das ist die Kunst von Politik, die letztlich imponiert. Doch das müssen sich die Sozialdemokraten erst einmal wieder zutrauen.

Und sie sollten, ein letztes Mal, anerkennen, was aus ihnen tatsächlich geworden ist: nämlich eine Formation der neuen, gemäßigt linken Mitte. Indes, gerade wenn man den Weg einer Partei der neuen Mitte nach den Irrwegen konsistent und unverklemmt fortsetzen möchte, braucht man ein ebenso kühl-realistisches Verhältnis zu einer Partei links von sich

selbst. Denn schließlich profitiert auch eine Mitte-links-Partei von einer politischen Kraft, die dem bürgerlichen Lager oder einem Rechtspopulismus die Unterschichten nicht überlässt, wie das in den Jahren 2003 / 04 im Westen der Republik in den Bundesländern der Fall war – zum Nutzen der CDU. Eine SPD der neuen Mitte ist zur Integration des unteren Fünftels der Gesellschaft nicht mehr in der Lage. Und eine Partei der neuen Mitte kann ihren Modernisierungskurs nur dann als stringentes und handlungsstarkes Projekt weiter vorantreiben, wenn sie keine sozialpaternalistischen Kompromisse machen muss, den Lafontainismus nicht mehr parteiintern einzubinden braucht.

Kurz: Die Neue-Mitte-SPD kann ihre Politik nur dann zielstrebig verfolgen und politisch gegen die Union zum Erfolg führen, wenn eine intakte, kampagnenstarke, gut geführte, populistisch raffinierte Linkspartei die zurückgebliebenen und sozial frustrierten Unterschichten sammelt und eine schwarz-gelbe Koalition dadurch weiterhin allein arithmetisch vereitelt. Eine solche Linkspartei wäre, wenn die Sozialdemokraten endlich den rechthaberischen Mythos von der «Einheit der allein sozialdemokratisch legitimierten Arbeiterbewegung» aufgäben, eine Entlastung für einen Modernisierungskurs der «neuen Mitte». Man wäre dann zwar nicht mehr Volkspartei. Aber darauf kommt es in einem Vielparteiensystem machtpolitisch auch gar nicht an.

Natürlich, das alles wird nicht strikt auf eine rot-rot-grüne Mehrheit gegen Union und Freidemokraten hinauslaufen, darf es auch nicht – und das nicht nur aus Perspektive der SPD. Auch die Linke kann nicht im raschen Tempo zum braven Koalitionspartner derjenigen werden, gegen deren Politik sie sich überhaupt erst konstituiert hat. Parteien dieser Art brauchen erfahrungsgemäß eine gewisse Schamfrist, bis sie sich dann ganz konventionell in das parlamentarische Regierungssystem hineinfügen und ebenfalls wie alle anderen die Macht im Amt anstreben. So weit wird es 2009 noch nicht kommen.

Aber allmählich wird sich das ändern, wie man in all solchen Ländern beobachten konnte, die schon seit mehreren Jahrzehnten mit linkssozialistischen Sozialstaatsparteien zu tun haben. Die Linksparteien dort sind keineswegs dominant oder gar ausschließlich Protestformationen der Marginalisierten und Randständigen postindustrieller Gesellschaften, sondern einer vor allem öffentlich bediensteten Mitte. In den Reihen der Linkssozialisten befinden sich neben diesen Gruppen etliche Hochgebildete, gut qualifizierte Sozial- und Humandienstleister mittlerweile eher fortgeschrittenen Alters, ebenfalls überraschend viele Selbständige, auch Kümmerer und Sorger im kommunalen Umfeld. Aufgeregte Furchtsamkeiten löst der Linkssozialismus dieser Fasson längst nicht mehr aus. Selbst in Deutschland begegnet die Mehrheit der Bevölkerung der Linken weit weniger hysterisch als Journalisten und Repräsentanten des übrigen Parteienestablishments. Gerade eine realpolitische, nüchtern operierende Partei der «neuen Mitte» sollte sich behutsam, aber unverdruckst der Koalitionsmöglichkeiten bedienen, die sich Formationen im parlamentarischen Zentrum eben nicht nur zur einen Seite hin bieten.

Im Übrigen sollten die Sozialdemokraten verstärkt darüber nachdenken, wo ihr Ort in der postindustriellen Gesellschaft und im Vielparteiensystem des 21. Jahrhunderts noch liegen könnte – diesseits der endgültig beendeten Ära von weit ausgreifenden Volks- und Mitgliederparteien. In einer solchen neuen Konstellation vielfacher Heterogenitäten und komplexer Allianzen kommt es mehr denn je auf intelligente und bewegliche Parteizugehörige an, vor allem: auf politische Kunst, taktische Beweglichkeit, strategische Raffinesse und ein wertefundiertes Ethos, das den Elastizitäten Richtung und Ziel verleiht. Politik könnte dadurch wieder interessant werden, reizvoll für Begabungen der Macht – auch in einer «neuen SPD».

Zeittafel

1848   Entstehung von Arbeitervereinen in zahlreichen deutschen Städten (April); Gründung der «Arbeiter-Verbrüderung» in Berlin unter Stephan Born (23. 8.–3. 9.)

1854   Auflösung aller Arbeitervereinigungen durch den Bundestag des Deutschen Bundes (Juli)

1863   Gründung des «Allgemeinen Deutschen Arbeitervereins» (ADAV); Wahl Ferdinand Lassalles zum Präsidenten (23. 5.)

1864   Tod Ferdinand Lassalles (31. 8.)

1869   Gründung der «Sozialdemokratischen Arbeiterpartei» (SDAP) in Eisenach

1875   Zusammenschluss des ADAV und der SDAP zur «Sozialistischen Arbeiterpartei Deutschlands» (SAP) in Gotha; «Gothaer Programm» (22.–27. 5.)

1876   Verbot der SAP in Preußen (30. 3.)

1878   Inkrafttreten des «Gesetzes gegen die gemeingefährlichen Bestrebungen der Sozialdemokratie» (21. 10.)

1890   Der Reichstag lehnt die Verlängerung des Sozialistengesetzes ab (25. 1.); SAP erstmals stärkste Partei bei den Reichstagswahlen (20. 2.); Außerkrafttreten des Sozialistengesetzes (30. 9.); Namensänderung der SAP in «Sozialdemokratische Partei Deutschlands» (SPD) (Oktober)

1891   «Erfurter Programm» der SPD (21. 10.)

1892   Wahl August Bebels zu einem der drei Vorsitzenden der SPD; Bebel behielt das Amt – neben Paul Singer und Hugo Haase bis zu seinem Tod

1912   SPD erstmals stärkste Fraktion im Reichstag (12. 1.)

1913   Tod August Bebels (13. 8.)

1914   Die SPD-Reichstagsfraktion stimmt den Kriegskrediten zu (4. 8.)

1916   «Gruppe Internationale» (Spartakusgruppe) um Rosa Luxemburg und Karl Liebknecht (1. 1.); Spaltung der SPD-Reichstagsfraktion über Frage der Zustimmung zu den Kriegskrediten; Bildung der «Sozialdemokratischen Arbeitsgemeinschaft» (24. 3.)

1917	Gründung der «Unabhängigen Sozialdemokratischen Partei Deutschlands» (USPD) in Gotha (6.–8. 4.)
1918	Regierung des Prinzen Max von Baden mit Beteiligung der SPD (4. 10.); Ausrufung der freien deutschen Republik durch Philipp Scheidemann (SPD)
1919	Ermordung von Karl Liebknecht und Rosa Luxemburg (15. 1.); Wahl Otto Wels' zum Parteivorsitzenden (neben Hermann Müller); Friedrich Ebert wird Reichspräsident (11. 2.); Regierung Philipp Scheidemann aus SPD, DDP («Deutsche Demokratische Partei») und Zentrum (13. 2.); Rücktritt der Regierung Scheidemann (20. 6.); Regierung Gustav Bauer (SPD) aus SPD, Zentrum und später DDP (21. 6.)
1920	Regierung Hermann Müller (SPD) aus SPD, DDP und Zentrum (27. 3.); Wahlniederlage der SPD und Ende der Koalition (6. 6.); Spaltung der USPD nach Eintritt in die Kommunistische Internationale (12.–17. 10.); Vereinigung des linken Flügels der USPD mit der KPD (4.–7. 12.)
1921	«Görlitzer Programm» der SPD (18.–24. 9.)
1922	Zusammenschluss der Rest-USPD mit der MSPD (24. 9.)
1925	Tod Friedrich Eberts (28. 2.); «Heidelberger Programm» der SPD (13.–18. 9.)
1928	Regierung Hermann Müller (SPD) aus SPD, DDP, Zentrum und DVP («Deutsche Volkspartei») (28. 6.)
1929	KPD definiert die Sozialdemokratie als Hauptfeind (Juni)
1930	Bruch der Regierungskoalition unter Hermann Müller (27. 3); Tolerierung der Regierung Brüning durch die SPD (14. 9.)
1931	Abspaltung des linken SPD-Flügels, Gründung der «Sozialdemokratischen Arbeiterpartei Deutschlands» (SAP) (4. 10.); Gründung der «Eisernen Front» aus SPD, Allgemeinem Deutschem Gewerkschaftsbund, Reichsbanner Schwarz-Rot-Gold und Arbeitersportverbänden zur Abwehr des Nationalsozialismus
1932	SPD unterstützt Wahl Paul von Hindenburgs zum Reichspräsidenten (13. 3.);
1933	Ablehnung des Ermächtigungsgesetzes durch die SPD-Reichstagsfraktion (23. 3.); Verbot der SPD und beginnende Verhaftungswelle gegen Sozialdemokraten (22. 6.)

1934	Prager Manifest der SOPADE (der Exil-SPD) (28. 1.)
1939	Tod des SOPADE-Vorsitzenden Otto Wels im Pariser Exil (16. 9.)
1941	Gründung der «Union deutscher sozialistischer Organisationen in Großbritannien» in London (19. 3.)
1945	Beschluss der Wiedergründung der SPD in Hannover durch Kurt Schumacher (19. 4.); Gründung eines «Gemeinsamen Aktionsausschusses» aus KPD und SPD in Berlin (19. 6.)
1946	Zusammenschluss von KPD und SPD zur «Sozialistischen Einheitspartei Deutschlands» (SED) in der sowjetischen Zone (20.–21. 4.); Kurt Schumacher SPD-Vorsitzender (11. 5.)
1947	Beschluss der SPD-Fraktion, im Frankfurter Wirtschaftsrat für das Vereinigte Wirtschaftsgebiet in die Opposition zu gehen (Mai)
1949	Verabschiedung des Grundgesetzes im Parlamentarischen Rat mit den Stimmen der SPD (8. 5.); Kurt Schumacher Vorsitzender der SPD-Bundestagsfraktion
1950	III. Parteitag der SED beschließt den «Kampf gegen den Sozialdemokratismus» (20.–24. 7.)
1952	Tod Kurt Schumachers (20. 8.); «Dortmunder Aktionsprogramm» der SPD (24.–28. 9.); Erich Ollenhauer SPD-Vorsitzender (27. 9.) und Vorsitzender der SPD-Bundestagsfraktion (7. 10.)
1957	Selbstauflösung der «Gesamtdeutschen Volkspartei», ein Teil der Mitglieder tritt zur SPD über (19. 5.)
1958	Änderung des Organisationsstatuts der SPD: An die Stelle des «Büros» tritt ein vom Parteivorstand gewähltes Präsidium (18.–23. 5.)
1959	«Godesberger Programm» der SPD (13.–15. 11.)
1960	Bundestagsrede Herbert Wehners: Befürwortung einer gemeinsamen Außenpolitik von Bundesregierung und Opposition auf der Grundlage bestehender Verträge (30. 6.); Willy Brandt SPD-Kanzlerkandidat (21.–25. 11.)
1963	Tod Erich Ollenhauers (14. 12.)
1964	Willy Brandt SPD-Vorsitzender und -Kanzlerkandidat (15. / 16. 2.);
1965	Regierung aus CDU und SPD in Niedersachsen (12. 5.)
1966	Bundesregierung der Großen Koalition aus CDU und SPD (1. 12.)
1967	Tod Fritz Erlers (22. 2.); Helmut Schmidt Vorsitzender der SPD-Bundestagsfraktion (14. 3.)

1969	Wahl Gustav Heinemanns zum Bundespräsidenten mit den Stimmen der FDP (5. 3.); Start der «Sozialdemokratischen Wählerinitiative» (24. 3.); sozialliberale Koalitionsregierung unter Bundeskanzler Willy Brandt (21. 10.); Herbert Wehner Vorsitzender der SPD-Bundestagsfraktion (22. 10.)
1970	Deutsch-Sowjetischer Vertrag über Gewaltverzicht und Zusammenarbeit (12. 8.); Deutsch-Polnischer Vertrag über die Normalisierung der gegenseitigen Beziehungen; Kniefall Willy Brandts am Denkmal für die Opfer des Warschauer Ghettos (7. 12.)
1971	Verleihung des Friedensnobelpreises an Willy Brandt (10. 12.)
1972	Scheitern eines Misstrauensantrags der CDU / CSU gegen Bundeskanzler Brandt (27. 4.); SPD erstmals stärkste Fraktion im Bundestag (19. 11.); Grundlagenvertrag zwischen Bundesrepublik und DDR über die Normalisierung der gegenseitigen Beziehungen (21. 12.)
1974	Rücktritt Willy Brandts als Bundeskanzler im Zuge der Guillaume-Affäre (6. 5.); Helmut Schmidt Bundeskanzler (16. 5.)
1981	Friedensdemonstration in Bonn mit rund 300 000 Teilnehmern (10. 10.)
1982	SPD- und FDP-Bundestagsfraktion stellen sich bei einer Vertrauensabstimmung geschlossen hinter Bundeskanzler Schmidt (5. 2.); Ende der sozialliberalen Koalition nach Austritt der FDP-Minister aus der Regierung (17. 9.); Helmut Kohl Bundeskanzler durch ein konstruktives Misstrauensvotum (1. 10.)
1983	Hans-Jochen Vogel SPD-Kanzlerkandidat (21. 1.); Hans-Jochen Vogel Vorsitzender der SPD-Bundestagsfraktion (8. 3.)
1985	Oskar Lafontaine Ministerpräsident im Saarland (9. 4.); Koalitionsregierung unter Holger Börner aus SPD und Grünen in Hessen (12. 12.); Johannes Rau SPD-Kanzlerkandidat (15. 12.)
1986	Reaktorunfall in Tschernobyl (26. 4.); SPD-Parteitag beschließt stufenweisen Ausstieg aus der Kernenergie (25.–29. 8.)
1987	Ende der rotgrünen Koalition in Hessen (9. 2.); Rücktritt Willy Brandts als SPD-Vorsitzender (23. 3.); Hans-Jochen Vogel SPD-Vorsitzender (14. 6.); SPD und SED erarbeiten das Papier «Der Streit der Ideologien und die gemeinsame Sicherheit» (August)
1988	Björn Engholm Ministerpräsident in Schleswig-Holstein (31. 5.);

Beschluss einer Frauenquote auf dem SPD-Parteitag in Münster / Westfalen (30. 8.–2. 9.)

1989 SPD präsentiert Entwurf eines neuen Grundsatzprogramms (10. 3.); geheime Gründung der «Sozialdemokratischen Partei in der DDR» (SDP) in Schwante bei Berlin (7. 10.); Rücktritt Erich Honeckers von allen Ämtern, Egon Krenz neuer Generalsekretär der SED (18. 10.); Rücktritt des Politbüros und des Zentralkomitees der SED (3. 12.); SED gibt sich den Namenszusatz «Partei des demokratischen Sozialismus» (PDS) (Dezember); Verabschiedung des neuen Grundsatzprogramm der SPD

1990 Umbenennung der SDP in SPD (12.–14. 1.); Tod Herbert Wehners (19. 1.); Grundsatzprogramm der Ost-SPD, Willy Brandt Ehrenvorsitzender, Ibrahim Böhme Vorsitzender (22.–25. 2.);

1991 Rudolf Scharping Ministerpräsident in Rheinland-Pfalz (21. 5.); Björn Engholm SPD-Vorsitzender (29. 5.); Hans-Ulrich Klose Vorsitzender der SPD-Bundestagsfraktion (12. 11.)

1992 Tod Willy Brandts (8. 10.)

1993 Rücktritt Björn Engholms als SPD-Vorsitzender, Kanzlerkandidat und Ministerpräsident von Schleswig-Holstein (3. 5.); Rudolf Scharping nach einem Mitgliederreferendum SPD-Vorsitzender (25. 6.)

1994 Minderheitsregierung unter Reinhard Höppner (SPD) aus SPD und Bündnis 90 / Die Grünen in Sachsen-Anhalt, toleriert durch die PDS («Magdeburger Modell») (21. 7.); Rudolf Scharping Vorsitzender der SPD-Bundestagsfraktion

1995 Oskar Lafontaine SPD-Vorsitzender nach Kampfkandidatur gegen Rudolf Scharping (16. 11.)

1998 Gerhard Schröder SPD-Kanzlerkandidat (2. 3.); Peter Struck Vorsitzender der SPD-Bundestagsfraktion (20. 10.); Gerhard Schröder Bundeskanzler (27. 10.); Koalitionsregierung unter Harald Ringstorff (SPD) aus SPD und PDS in Mecklenburg-Vorpommern (3. 11.)

1999 Rücktritt Oskar Lafontaines als SPD-Vorsitzender und Bundesfinanzminister

2001 Die Bundestagsfraktionen von SPD und Bündnis 90 / Die Grünen sprechen Bundeskanzler Schröder in einer Vertrauensabstimmung bei vier Gegenstimmen das Vertrauen aus (16. 11.)

2002	Wiederwahl Gerhard Schröders zum Bundeskanzler (22. 10.)
2003	In einer Regierungserklärung stellt Bundeskanzler Schröder das Reformprojekt «Agenda 2010» vor (14. 3.)
2004	Franz Müntefering Vorsitzender der SPD (21. 3.); hohe Verluste der SPD bei der Europawahl (13. 6.); Gründung des Vereins *Wahlalternative Arbeit und soziale Gerechtigkeit* (WASG) (3. 7.)
2005	Konstitution der WASG als Partei (22. 1.); Niederlage der SPD bei den Landtagswahlen in Nordrhein-Westfalen (22. 5.); Umbenennung der PDS in *Die Linkspartei.PDS* (17. 7.); Bundespräsident Horst Köhler löst den 15. Deutschen Bundestag auf und setzt Neuwahlen für den 18. September 2005 an (21. 7.); Franz Müntefering kündigt an, beim SPD-Parteitag Mitte November 2005 nicht erneut für den Parteivorsitz zu kandidieren (31. 10.); Bundesregierung der Großen Koalition aus CDU und SPD (11. 11.); Matthias Platzeck Vorsitzender der SPD (15. 11.); Peter Struck Vorsitzender der SPD-Bundestagsfraktion (21. 11.); Angela Merkel Bundeskanzlerin (22. 11.); Gerhard Schröder legt sein Bundestagsmandat nieder (23. 11.)
2006	Tod Johannes Raus (27. 1.); Rücktritt Matthias Platzecks als SPD-Vorsitzender (10. 4.); Wahl Kurt Becks zum Bundesvorsitzenden der SPD (14. 5.)
2007	Vereinigung der WASG mit der *Linkspartei.PDS* zur neuen Partei *Die Linke*, Wahl Lothar Biskys und Oskar Lafontaines zu deren Vorsitzenden (16. 6.); Verabschiedung eines neuen Grundsatzprogramms der SPD (28. 10.); Rücktritt Franz Münteferings von seinen Ämtern als Bundesminister für Arbeit und Soziales und als Vizekanzler (13. 11.); Frank-Walter Steinmeier Vizekanzler (21. 11.)
2008	Verluste für die SPD bei der Landtagswahl in Niedersachsen (27. 1.); Zugewinne dagegen bei der Landtagswahl in Hessen (27. 1.) und bei der Wahl zur Hamburgischen Bürgerschaft (24. 2.); Rücktritt Kurt Becks als SPD-Vorsitzender, Frank-Walter Steinmeier kommissarischer Parteivorsitzender und SPD-Kanzlerkandidat (7. 9.); Wahl Franz Münteferings zum Bundesvorsitzenden der SPD (18. 10.)
2009	Die Ouvertüre im «Superwahljahr» geht für die SPD daneben. Bei den Landtagswahlen in Hessen verliert die Partei 13 Prozentpunkte.

Literatur

Adolph, Hans J. L.: Otto Wels und die Politik der deutschen Sozialdemokratie 1894–1939. Eine politische Biographie, Berlin 1971

Albrecht, Richard: Der militante Sozialdemokrat. Carlo Mierendorff 1897 bis 1943. Eine Biographie, Bonn 1987

Albrecht, Thomas: Für eine wehrhafte Demokratie. Albert Grzesinski und die preußische Politik in der Weimarer Politik, Bonn 1999

Albrecht, Willy: Kurt Schumacher. Reden – Schriften – Korrespondenzen 1945–1952, Berlin / Bonn 1985

Alexander, Thomas: Carl Severing – Sozialdemokrat aus Westfalen mit preußischen Tugenden, Bielefeld 1992

Apel, Hans: Der Abstieg. Politisches Tagebuch 1978–1988, Stuttgart 1990

Appelius, Stefan: Heine. Die SPD und der lange Weg zur Macht, Essen 1999

Bahr, Egon: Zu meiner Zeit, München 1996

Barclay, David E.: Schaut auf diese Stadt. Der unbekannte Ernst Reuter, Berlin 2000

Baring, Arnulf: Machtwechsel. Die Ära Brandt / Scheel, Stuttgart 1982

Bebel, August: Die Frau und der Sozialismus. Mit einem einleitenden Vorwort von Eduard Bernstein. Neusatz nach der Jubiläumsausgabe von 1929, Bonn 1980

August Bebel – Repräsentant der deutschen Arbeiterbewegung. Mit Beiträgen von Dieter Langewiesche, Klaus Schönhoven und Peter-Christian Witt, Heidelberg 1991

Beck, Kurt / Heil, Hubertus (Hg.): Soziale Demokratie im 21. Jahrhundert. Lesebuch zur Programmdebatte der SPD, Berlin 2007

Becker, Jens / Jentsch, Harald: Otto Brenner. Eine Biografie, Göttingen 2007

Bentele, Karlheinz u. a. (Hg.): Metamorphosen. Annäherung an einen vielseitigen Freund. Für Horst Ehmke zum Achtzigsten, Bonn 2007

Bernstein, Eduard: Die Voraussetzungen des Sozialismus und die Aufgaben der Sozialdemokratie, 7. Aufl., Berlin / Bonn 1977

Bieber, Hans-Joachim: Gewerkschaften in Krieg und Revolution. Arbeiterbewegung, Industrie, Staat und Militär in Deutschland 1914–1920, Teil I und II, Hamburg 1981

Bösch, Frank: Die Adenauer-CDU. Gründung, Aufstieg und Krise einer Erfolgspartei 1945–1969, Stuttgart / München 2001

Brandt, Rut: Freundesland. Erinnerungen, Hamburg 1992

Brandt, Willy: Links und frei. Mein Weg 1930–1950, Hamburg 1982

Brandt, Willy: Erinnerungen, 3. Aufl., Frankfurt am Main 1989

Brandt, Willy: Auf dem Weg nach vorn. Willy Brandt und die SPD. 1947–1972, bearb. von Daniela Münkel, Bonn 2000

Braun, Bernd / Schönhoven, Klaus (Hg.): Generationen in der Arbeiterbewegung, München 2005

Broszat, Martin: Die Machtergreifung. Der Aufstieg der NSDAP und die Zerstörung der Weimarer Republik, München 1984

Burchardt, Rainer / Knobbe, Werner: Björn Engholm. Die Geschichte einer gescheiterten Hoffnung, Stuttgart 1993

Crouch, Colin: Postdemokratie, Frankfurt am Main 2008

Dowe, Dieter / Klotzbach, Kurt (Hg.): Programmatische Dokumente der deutschen Sozialdemokratie, 3. Aufl., Bonn 1990

Dowe, Dieter (Hg.): Partei und soziale Bewegung. Kritische Beiträge zur Entwicklung der SPD seit 1945, Bonn 1993

Dowe, Dieter (Hg.): Herbert Wehner (1906–1990) und die deutsche Sozialdemokratie, Bonn 1996

Dowe, Dieter (Hg.): Schumacher und der «Neubau» der deutschen Sozialdemokratie nach 1945, Bonn 1996

Dörr, Nikolas: Die Sozialdemokratische Partei Deutschlands im Parlamentarischen Rat 1948 / 1949. Eine Betrachtung der SPD in den Grundgesetzberatungen vor dem Hintergrund der ersten Bundestagswahl 1949, Berlin 2007

Dürr, Tobias / Walter, Franz (Hg.): Solidargemeinschaft und fragmentierte Gesellschaft: Parteien, Milieus und Verbände im Vergleich. Festschrift zum 60. Geburtstag von Peter Lösche, Opladen 1999

Friedrich Ebert. 1871–1925. 2. Aufl., Bonn 1980

Eppler, Erhard: Plattform für eine neue Mehrheit. Ein Kommentar zum Berliner Programm der SPD, Bonn 1990

Eppler, Erhard: Komplettes Stückwerk. Erfahrungen aus fünfzig Jahren Politik, Frankfurt am Main u. a. 1996

Eppler, Erhard: Die Wiederkehr der Politik, Frankfurt am Main 1998

Ettinger, Elzbieta: Rosa Luxemburg. Ein Leben, Bonn 1990

Euchner, Walter (Hg.): Klassiker des Sozialismus, 2 Bde., München 1991

Fichter, Tilman / Lönnendonker, Siegward: Kleine Geschichte des SDS. Der Sozialistische Deutsche Studentenbund von Helmut Schmidt bis Rudi Dutschke, 4., überarb. und erg. Aufl., Essen 2007

Fischer, Benno: Theoriediskussion der SPD in der Weimarer Republik, Frankfurt am Main / Bern / New York 1987

Forkmann, Daniela / Schlieben, Michael: Die Parteivorsitzenden in der Bundesrepublik Deutschland 1949–2005, Wiesbaden 2005

Forkmann, Daniela / Richter, Saskia (Hg.): Gescheiterte Kanzlerkandidaten. Von Kurt Schumacher bis Edmund Stoiber, Wiesbaden 2007

Gaus, Günter: Widersprüche. Erinnerungen eines linken Konservativen, Stuttgart 2004

Gellinek, Christian: Philipp Scheidemann. Gedächtnis und Erinnerung, Münster u. a. 2006

Gerlach, H. von: August Bebel. Ein biographisches Essay, München 1909

Gilcher-Holthey, Ingrid: Das Mandat des Intellektuellen. Karl Kautsky und die Sozialdemokratie, Berlin 1986

Glotz, Peter: Der Weg der Sozialdemokratie. Der historische Auftrag des Reformismus, Wien / München / Zürich 1975

Glotz, Peter: Die Innenausstattung der Macht. Politisches Tagebuch 1976–1978, München 1979

Glotz, Peter: Die Beweglichkeit des Tankers, München 1982

Glotz, Peter: Kampagne in Deutschland. Politisches Tagebuch 1981–1983, Hamburg 1986

Glotz, Peter: Die Linke nach dem Sieg des Westens, Stuttgart 1992

Glotz, Peter: Von Heimat zu Heimat: Erinnerungen eines Grenzgängers, Berlin 2005

Grebing, Helga (Hg.): Entscheidung für die SPD. Briefe und Aufzeichnungen linker Sozialisten 1944–1948, München 1984

Grebing, Helga: Arbeiterbewegung und politische Moral. Aufsätze, Kommentare und Berichte zur Geschichte und Theorie der deutschen Arbeiterbewegung, Göttingen 1985

Grebing, Helga: Arbeiterbewegung. Sozialer Protest und kollektive Interessenvertretung bis 1914, 3. Aufl., München 1993

Grebing, Helga: Die sozialen Ideen des demokratischen Sozialismus: ihre Bedeutung für das 21. Jahrhundert, in: Perspektiven des Demokratischen Sozialismus (perspektiven ds) – Zeitschrift für Gesellschaftsanalyse und Reformpolitik, Jg. 21, H. 2 (2004), S. 12–20

Grebing, Helga: Geschichte der deutschen Arbeiterbewegung. Von der Revolution 1848 bis ins 21. Jahrhundert, Berlin 2007

Groh, Dieter: Negative Integration und revolutionärer Attentismus. Die deutsche Sozialdemokratie am Vorabend des 1. Weltkrieges, Frankfurt am Main / Berlin 1973

Groh, Dieter / Brandt, Peter: «Vaterlandslose Gesellen». Sozialdemokratie und Nation 1860–1990, München 1992

Hachtmann, Rüdiger: Industriearbeit im «Dritten Reich». Untersuchungen zu den Lohn- und Arbeitsbedingungen in Deutschland 1933 bis 1945, Göttingen 1989

Hagemann, Karen: Frauenalltag und Männerpolitik. Alltagsleben und gesellschaftliches Handeln von Arbeiterfrauen in der Weimarer Republik, Bonn 1990

Heimann, Horst / Meyer, Thomas (Hg.): Reformsozialismus und Sozialdemokratie. Zur Theoriediskussion des Demokratischen Sozialismus in der Weimarer Republik, Berlin 1982

Heimann, Siegfried: Die Sozialdemokratische Partei Deutschlands, in: Stöss, Richard (Hg.): Parteien-Handbuch. Die Parteien der Bundesrepublik Deutschland 1945–1980, Sonderausgabe, Bd. 4, Opladen 1986, S. 2025–2216

Heimann, Siegfried / Walter, Franz: Religiöse Sozialisten und Freidenker in der Weimarer Republik, Bonn 1993

Herzberg, Wolfgang / von zur Mühlen, Patrik (Hg.): Auf den Anfang kommt es an. Sozialdemokratischer Neubeginn in der DDR 1989. Interviews und Analysen, Bonn 1993

Heyder, Ulrich / Menzel, Ulrich / Rebe, Bernd (Hg.): Das Land verändert? Rot-grüne Politik zwischen Interessenbalancen und Modernisierungsdynamik, Hamburg 2002

Hoell, Joachim: Oskar Lafontaine. Provokation und Politik. Eine Biographie, Braunschweig 2004

Hölscher, Lucian: Weltgericht oder Revolution. Protestantische und sozialistische Zukunftsvorstellungen im Kaiserreich, Stuttgart 1989

Hübner, Peter / Kleßmann, Christoph / Tenfelde, Klaus (Hg.): Arbeiter im Staatssozialismus. Ideologischer Anspruch und soziale Wirklichkeit, Köln / Weimar / Wien 2005

Kielmansegg, Peter Graf: Nach der Katastrophe. Eine Geschichte des geteilten Deutschland, Berlin 2000

Klenke, Dietmar: Die SPD-Linke in der Weimarer Republik. Eine Untersuchung zu den regionalen organisatorischen Grundlagen und zur politischen Praxis und Theoriebildung des linken Flügels der SPD in den Jahren 1922–1933, 2 Bde., Münster 1983

Klenke, Dietmar / Lilje, Peter / Walter, Franz: Arbeitersänger und Volksbühnen in der Weimarer Republik, Bonn 1992

Kleßmann, Christoph: Zwei Staaten, eine Nation. Deutsche Geschichte 1955–1970, Göttingen 1988

Klönne, Arno: Die deutsche Arbeiterbewegung. Geschichte, Ziele, Wirkungen, München 1989

Klotzbach, Kurt: Der Weg zur Staatspartei. Programmatik, praktische Politik und Organisation der deutschen Sozialdemokratie 1945 bis 1965, Berlin 1982

Kocka, Jürgen: Lohnarbeit und Klassenbildung. Arbeiter und Arbeiterbewegung in Deutschland 1800–1875, Berlin / Bonn 1983

Kocka, Jürgen (Hg.): Arbeiter und Bürger im 19. Jahrhundert. Varianten ihres Verhältnisses im europäischen Vergleich, München 1986

Kocka, Jürgen: Weder Stand noch Klasse. Unterschichten in Deutschland um 1800, Bonn 1990 (Geschichte der Arbeiter und der Arbeiterbewegung in Deutschland seit dem Ende des 18. Jahrhunderts, Bd. 1)

Kocka, Jürgen: Arbeitsverhältnisse und Arbeiterexistenzen. Grundlagen der Klassenbildung im 19. Jahrhundert, Bonn 1990 (Geschichte der Arbeiter und der Arbeiterbewegung in Deutschland seit dem Ende des 18. Jahrhunderts, Bd. 2)

Kocka, Jürgen / Puhle, Hans-Jürgen / Tenfelde, Klaus (Hg.): Von der Arbeiterbewegung zum modernen Sozialstaat. Festschrift für Gerhard A. Ritter zum 65. Geburtstag, München 1994

König, Rudolf / Soell, Hartmut / Weber, Hermann (Hg.): Friedrich Ebert und seine Zeit. Bilanz und Perspektiven der Forschung, München 1990

König, Jens: Gregor Gysi. Eine Biographie, Berlin 2005

Könke, Günter: Organisierter Kapitalismus, Sozialdemokratie und Staat. Eine Studie zur Ideologie der sozialdemokratischen Arbeiterbewegung in der Weimarer Republik (1924–1932), Stuttgart 1987

Kronawitter, Georg: Mit allen Kniffen und Listen. Strategie und Taktik der dogmatischen Linken in der SPD, Wien u. a. 1979

Krone, Heinrich: Tagebücher, Bd. 1: 1945–1961, bearb. von Hans-Otto Kleinmann, Düsseldorf 1995

Kühn, Heinz: Auf den Barrikaden des mutigen Wortes. Die politische Redekunst von Ferdinand Lassalle und Otto von Bismarck, August Bebel und Jean Jaurès, Ludwig Frank und Karl Liebknecht, Rosa Luxemburg und Clara Zetkin, Giacomo Matteotti und Otto Wels, Konrad Adenauer und Kurt Schumacher, Bonn 1986

Kurz, Thomas: «Blutmai». Sozialdemokraten und Kommunisten im Brennpunkt der Berliner Ereignisse von 1929, Berlin 1988

Langewiesche, Dieter: Politik – Gesellschaft – Kultur. Zur Problematik von Arbeiterkultur und kulturellen Arbeiterorganisationen in Deutschland nach dem Ersten Weltkrieg, in: Archiv für Sozialgeschichte, Bd. 22 (1982), S. 359–402

Langewiesche, Dieter / Schönhoven, Klaus (Hg.): Arbeiter in Deutschland. Studien zur Lebensweise der Arbeiterschaft im Zeitalter der Industrialisierung, Königstein im Taunus 1980

Laschitza, Annelies: Die Liebknechts. Karl und Sophie. Politik und Familie, Berlin 2007

Lehnert, Detlef: Reform und Revolution in den Strategiediskussionen der klassischen Sozialdemokratie. Zur Geschichte der deutschen Arbeiterbewegung bis zum Ausbruch des 1. Weltkrieges, Bonn 1977

Lehnert, Detlef: Sozialdemokratie zwischen Protestbewegung und Regierungspartei 1848 bis 1983, Frankfurt am Main 1983

Lehnert, Detlef / Megerle, Klaus (Hg.): Politische Teilkulturen zwischen Integration und Polarisierung. Zur politischen Kultur in der Weimarer Republik, Opladen 1990

Leif, Thomas / Raschke, Joachim: Rudolf Scharping, die SPD und die Macht. Eine Partei wird besichtigt, Reinbek 1994

Lemke-Müller, Sabine: Ethischer Sozialismus und soziale Demokratie. Der politische Weg Willi Eichlers vom ISK zur SPD, Bonn 1988

Lepsius, Rainer M.: Parteiensystem und Sozialstruktur. Zum Problem der Demokratisierung der deutschen Gesellschaft, in: Wirtschaft, Geschichte und Wirtschaftsgeschichte. Festschrift zum 65. Geburtstag von Friedrich Lütge, Stuttgart 1966, S. 371–393

Leser, Norbert: Der Sturz des Adlers, Wien 2008

Leugers-Scherzberg, August H.: Die Wandlungen des Herbert Wehner. Von der Volksfront zur Großen Koalition, Berlin / München 2002

Lösche, Peter / Scholing, Michael / Walter, Franz (Hg.): Vor dem Vergessen bewahren. Lebenswege Weimarer Sozialdemokraten, Berlin 1988

Lösche, Peter / Walter, Franz: Zur Organisationskultur der sozialdemokratischen Arbeiterbewegung in der Weimarer Republik. Niedergang der Klassenkultur oder solidargemeinschaftlicher Höhepunkt?, in: Geschichte und Gesellschaft, Jg. 15, H. 4 (1989), S. 511–536

Lösche, Peter / Walter, Franz: Die SPD: Klassenpartei – Volkspartei – Quotenpartei. Zur Entwicklung der Sozialdemokratie von Weimar bis zur deutschen Vereinigung, Darmstadt 1992

Löwenthal, Richard / von zur Mühlen, Patrik (Hg.): Widerstand und Verweigerung in Deutschland 1933 bis 1945, Berlin / Bonn 1984

Luthardt, Wolfgang (Hg.): Sozialdemokratische Arbeiterbewegung und Weimarer Republik. Materialien zur gesellschaftlichen Entwicklung 1927–1933, 2 Bde., Frankfurt am Main 1978

Lütjen, Torben: Karl Schiller (1911–1994), Bonn 2007

Mallmann, Klaus-Michael: Kommunisten in der Weimarer Republik. Sozialgeschichte einer revolutionären Bewegung, Darmstadt 1996

Malycha, Andreas: Auf dem Weg zur SED. Die Sozialdemokratie und die Bildung einer Einheitspartei in den Ländern der SBZ. Eine Quellenedition, Bonn 1995

Mara, Michael / Metzner, Thorsten: Matthias Platzeck. Die Biografie, München 2006

Matthias, Erich: Kautsky und der Kautskyanismus. Die Funktion der Ideologie in der deutschen Sozialdemokratie vor dem Ersten Weltkrieg, in: Marxismus-Studien 2, Tübingen [1957]

Meng, Richard: Der Medienkanzler. Was bleibt vom System Schröder?, Frankfurt am Main 2002

Merkel, Wolfgang u. a.: Die Reformfähigkeit der Sozialdemokratie. Herausforderungen und Bilanz der Regierungspolitik in Westeuropa, Wiesbaden 2006

Merseburger, Peter: Der schwierige Deutsche. Kurt Schumacher. Eine Biographie, Stuttgart 1995

Merseburger, Peter: Willy Brandt 1913–1992. Visionär und Realist, Stuttgart / München 2002

Meyer, Christoph: Herbert Wehner. Biographie, München 2006

Meyer, Thomas: Bernsteins konstruktiver Sozialismus. Eduard Bernsteins Beitrag zur Theorie des Sozialismus, Berlin / Bonn 1977

Meyer, Thomas: Die Transformation der Sozialdemokratie. Eine Partei auf dem Weg ins 21. Jahrhundert, Bonn 1998

Meyer, Thomas: Soziale Demokratie und Globalisierung: eine europäische Perspektive, Bonn 2002

Meyer, Thomas: Theorie der sozialen Demokratie, Wiesbaden 2005

Meyer, Thomas: Sozialismus, Wiesbaden 2008

Meyer, Thomas u. a. (Hg.): Lexikon des Sozialismus, Köln 1986

Michalka, Wolfgang (Hg.): Die nationalsozialistische Machtergreifung, Paderborn 1984

Michels, Robert: Zur Soziologie des Parteienwesens in der modernen Demokratie: Untersuchungen über die oligarchischen Tendenzen des Gruppenlebens, Neudruck der 2. Aufl., Stuttgart 1957 (zuerst 1925)

Michels, Robert: Soziale Bewegungen zwischen Dynamik und Erstarrung. Essays zur Arbeiter-, Frauen- und nationalen Bewegung, hg. von Timm Genett, Berlin 2008

Micus, Matthias: Die «Enkel» Willy Brandts. Aufstieg und Politikstil einer SPD-Generation, Frankfurt am Main 2005

Miller, Susanne: Burgfrieden und Klassenkampf. Die deutsche Sozialdemokratie im Ersten Weltkrieg, Düsseldorf 1974

Miller, Susanne: Das Problem der Freiheit im Sozialismus. Freiheit, Staat und Revolution in der Programmatik der Sozialdemokratie von Lassalle bis zum Revisionismusstreit, 5. Aufl., Berlin / Bonn 1977

Miller, Susanne: Die Bürde der Macht. Die deutsche Sozialdemokratie 1918–1920, Düsseldorf 1978

Miller, Susanne / Potthoff, Heinrich: Kleine Geschichte der SPD 1848–2002, 8., aktualis. u. erw. Aufl., Bonn 2002

Mittag, Jürgen / Tenfelde, Klaus: Versöhnen statt spalten. Johannes Rau: Sozialdemokratie, Landespolitik und Zeitgeschichte, Oberhausen 2007

Mooser, Josef: Arbeiterleben in Deutschland 1900–1970. Klassenlagen, Kultur und Politik, Frankfurt am Main 1984

Mouffe, Chantal: Über das Politische. Wider die kosmopolitische Illusion, Frankfurt am Main 2007

Murswieck, Axel: Des Kanzlers Macht: Zum Regierungsstil Gerhard Schröders, in: Egle, Christoph / Ostheim, Thomas / Zohlnhöfer, Reimut (Hg.): Das rot-grüne Projekt. Eine Bilanz der Regierung Schröder 1998–2002, Wiesbaden 2003, S. 117–135

Mühlhausen, Walter: Friedrich Ebert 1871–1925. Reichspräsident der Weimarer Republik, 2., durchges. Aufl., Bonn 2007

Nachtwey, Oliver: Gerechtigkeitsprobleme der Marktsozialdemokratie, in: Berliner Debatte Initial, Jg. 18, H. 3 (2007), S. 95–106

Neumann, Sigmund: Die Parteien der Weimarer Republik, 5. Aufl., Stuttgart 1986 (zuerst Berlin 1932)

Niclauß, Karlheinz: Kanzlerdemokratie. Regierungsführung von Konrad Adenauer bis Gerhard Schröder, aktualis. Ausg., Paderborn 2004

Nipperdey, Thomas: Deutsche Geschichte 1866–1918, 2 Bde., München 1990 / 1992

Noack, Hans-Joachim: Helmut Schmidt. Die Biographie, Berlin 2008

Oberpriller, Martin: Jungsozialisten. Parteijugend zwischen Anpassung und Opposition, Bonn 2004

Offermann, Toni: Arbeiterbewegung und liberales Bürgertum in Deutschland 1850–1963, Bonn 1979

Pflanze, Otto: Bismarck, Bd. 2: Der Reichskanzler, München 1998

Platzeck, Matthias / Steinbrück, Peer / Steinmeier, Frank-Walter: Auf der Höhe der Zeit. Soziale Demokratie und Fortschritt im 21. Jahrhundert, Berlin 2007

Plener, Ulla: Der feindliche Bruder: Kurt Schumacher. Intentionen – Politik – Ergebnisse 1921–1952, Berlin 2003

Puschnerat, Tania: Klara Zetkin: Bürgerlichkeit und Marxismus. Eine Biographie, Essen 2003

Pyta, Wolfram: Gegen Hitler und für die Republik. Die Auseinandersetzung der deutschen Sozialdemokratie mit der NSDAP in der Weimarer Republik, Düsseldorf 1989

Ramm, Thilo: Ferdinand Lassalle. Der Revolutionär und das Recht, Berlin 2004

Rammer, Stefan: Kurt Schumacher im Urteil der deutschen Nachkriegspresse. Das Bild eines sozialdemokratischen Politikers in Ost- und Westdeutschland, Winzer 2003

Reinecke, Stefan: Otto Schily. Vom RAF-Anwalt zum Innenminister. Biografie, Hamburg 2003

Ristock, Harry: Neben dem roten Teppich. Begegnungen, Erfahrungen und Visionen eines Politikers, Berlin 1991

Ritter, Gerhard A.: Die sozialistischen Parteien in Deutschland zwischen Kaiserreich und Republik, in: Pöls, Werner (Hg.): Staat und Gesellschaft im politischen Wandel. Beiträge zur Geschichte der modernen Welt, Stuttgart 1979, S. 100–155

Ritter, Gerhard A.: Staat, Arbeiterschaft und Arbeiterbewegung in Deutschland. Vom Vormärz bis zum Ende der Weimarer Republik, Berlin / Bonn 1980

Ritter, Gerhard A.: Die Sozialdemokratie im Deutschen Kaiserreich in sozialgeschichtlicher Perspektive, in: Historische Zeitschrift, Bd. 249 (1989), S. 295–362

Ritter, Gerhard A.: Arbeiter, Arbeiterbewegung und soziale Ideen in Deutschland. Beiträge zur Geschichte des 19. und 20. Jahrhunderts, München 1996

Ritter, Gerhard A. / Tenfelde, Klaus: Arbeiter im Deutschen Kaiserreich 1871 bis 1914, Bonn 1992 (Geschichte der Arbeiter und der Arbeiterbewegung in Deutschland seit dem Ende des 18. Jahrhunderts, Bd. 5)

Rohe, Karl: Wahlen und Wählertraditionen in Deutschland. Kulturelle Grundlagen deutscher Parteien und Parteiensysteme im 19. und 20. Jahrhundert, Frankfurt am Main 1992

Rojahn, Jürgen / Schelz, Till / Steinberg, Hans-Josef (Hg.): Marxismus und Demokratie. Karl Kautskys Bedeutung in der sozialistischen Arbeiterbewegung, Frankfurt am Main 1992

Rosenbaum, Heidi: Proletarische Familien. Arbeiterfamilien und Arbeiterväter im frühen 20. Jahrhundert zwischen traditioneller, sozialdemokratischer und kleinbürgerlicher Orientierung, Frankfurt am Main 1992

Rother, Bernd: Die Sozialdemokratie im Land Braunschweig 1918 bis 1933, Bonn 1990

Rudolph, Karsten: Die sächsische Sozialdemokratie vom Kaiserreich zur Republik 1871–1923, Weimar u. a. 1995

Rudolph, Karsten: Die deutsche Sozialdemokratie im Wandel ihrer Grundsatzprogramme, in: Jelich, Franz-Josef / Goch, Stefan (Hg.): Geschichte als Last und Chance. Festschrift für Bernd Faulenbach, Essen 2003, S. 479–494

Rupps, Martin: Troika wider Willen. Wie Brandt, Wehner und Schmidt die Republik regierten, Berlin 2004

Saage, Richard (Hg.): Solidargemeinschaft und Klassenkampf. Politische Konzeptionen der Sozialdemokratie zwischen den Weltkriegen, Frankfurt am Main 1986

Schabedoth, Hans-Joachim: Unsere Jahre mit Gerhard Schröder. Rot-Grüne Regierungsarbeit zwischen Aufbruch und Abbruch. Ein Rückblick, Marburg 2006

Schäfer, Rainer: SPD in der Ära Brüning. Tolerierung oder Mobilisierung? Handlungsspielräume und Strategien sozialdemokratischer Politik 1930–1932, Frankfurt am Main 1990

Scharpf, Fritz: Sozialdemokratische Krisenpolitik in Europa. Das «Modell Deutschland» im Vergleich, Frankfurt am Main 1987

Scharrer, Manfred: Die Spaltung der deutschen Arbeiterbewegung, Berlin 1983

Schmersal, Helmut: Philipp Scheidemann 1865–1939. Ein vergessener Sozialdemokrat, Frankfurt am Main u. a. 1999

Schmidt, Helmut: Weggefährten. Erinnerungen und Reflexionen, Berlin 1996

Schmidt, Helmut: Außer Dienst. Eine Bilanz, München 2008

Schneider, Michael: Unterm Hakenkreuz. Arbeiter und Arbeiterbewegung 1933 bis 1939, Bonn 1999 (Geschichte der Arbeiter und der Arbeiterbewegung in Deutschland seit dem Ende des 18. Jahrhunderts, Bd. 12)

Schober, Volker: Der junge Kurt Schumacher. 1895–1933, Bonn 2000

Schöllgen, Gregor: Willy Brandt. Die Biographie, Berlin 2003

Schönhoven, Klaus: Die deutschen Gewerkschaften, Frankfurt am Main 1987

Schönhoven, Klaus: Reformismus und Radikalismus. Gespaltene Arbeiterbewegung im Weimarer Sozialstaat, München 1989

Schönhoven, Klaus: Wendejahre. Die Sozialdemokratie in der Zeit der Großen Koalition 1966–1969, Bonn 2004

Schorske, Carl E.: Die große Spaltung. Die deutsche Sozialdemokratie 1905–1917, Berlin 1981 (engl. Ausgabe 1955)

Schreiber, Hermann: Willy Brandt. Anatomie einer Veränderung. Photographiert von Sven Simon, Düsseldorf u. a. 1970

Schreiber, Hermann: Kanzlersturz. Warum Willy Brandt zurücktrat, Berlin 2005

Schröder, Dieter: Erich Ollenhauer, München / Köln 1957

Schröder, Gerhard: Entscheidungen. Mein Leben in der Politik, Hamburg 2006

Schulz, Klaus-Peter: Sorge um die deutsche Linke. Eine kritische Analyse der SPD-Politik seit 1945, Köln / Berlin 1954

Schulze, Hagen: Otto Braun oder Preußens demokratische Sendung. Eine Biographie, Frankfurt am Main u. a. 1977

Schuster, Jacques: Heinrich Albertz. Der Mann, der mehrere Leben lebte. Eine Biographie, Berlin 1997

Schwarz, Hans-Peter: Adenauer. Der Staatsmann: 1952–1967, Stuttgart 1991

Schwarzmüller, Theo: Otto von Bismarck, München 1998

Schwelien, Michael: Helmut Schmidt. Ein Leben für den Frieden, Hamburg 2003

Seebacher-Brandt, Brigitte: Ollenhauer. Biedermann und Patriot, Berlin / Bonn 1984

Seebacher-Brandt, Brigitte: August Bebel. Künder und Kärrner, Berlin / Bonn 1988

Seebacher, Brigitte: Willy Brandt, München 2004

Seifert, Jürgen / Thörmer, Heinz / Wettig, Klaus (Hg.): Soziale oder sozialistische Demokratie? Beiträge zur Geschichte der Linken in der Bundesrepublik. Freundesgabe für Peter von Oertzen zum 65. Geburtstag, Marburg 1989

Smaldone, William: Rudolf Hilferding. Tragödie eines deutschen Sozialdemokraten, Bonn 2000

Soell, Hartmut: Fritz Erler. Eine politische Biographie, 2 Bde., Berlin / Bonn-Bad Godesberg 1976

Soell, Hartmut: Der junge Wehner. Zwischen revolutionärem Mythos und pragmatischer Vernunft, Stuttgart 1991

Soell, Hartmut: Helmut Schmidt. 1918–1969. Vernunft und Leidenschaft, München 2003

Solidargemeinschaft und Milieu. Sozialistische Kultur- und Freizeitorganisationen in der Weimarer Republik, eingel. und hg. von Peter Lösche in Zusammenarbeit mit der Historischen Kommission zu Berlin, 4 Bde., Bonn 1990 ff.

Sommer, Karl-Ludwig: Wilhelm Kaisen. Eine politische Biographie, Bonn 2000

Spier, Tim u. a. (Hg.), Die Linkspartei, Wiesbaden 2007

Stampfer, Friedrich: Die vierzehn Jahre der ersten deutschen Republik, 3. Aufl., Hamburg [1953]

Steinberg, Hans-Josef: Sozialismus und deutsche Sozialdemokratie. Zur Ideologie der Partei vor dem 1. Weltkrieg, 5. erw. Aufl., Berlin 1979

Storm, Gerd / Walter, Franz: Weimarer Linkssozialismus und Austromarxismus. Historische Vorbilder für einen «Dritten Weg» zum Sozialismus?, Berlin 1984

Strasser, Johano: Als wir noch Götter waren im Mai, München / Zürich 2007

Sühl, Klaus: SPD und öffentlicher Dienst in der Weimarer Republik. Die öffentlich Bediensteten in der SPD und ihre Bedeutung für die sozialdemokratische Politik 1918–1933, Opladen 1988

Süß, Dietmar: Die Enkel auf den Barrikaden. Jungsozialisten in der SPD in den Siebzigerjahren, in: Archiv für Sozialgeschichte, Bd. 45 (2004), S. 67–104

Tammena, Heiko: «Unser schönes rotes Luckenwalde». Lager, Milieu und Solidargemeinschaft der sozialistischen Arbeiterbewegung zwischen Ausgrenzung und Verstaatlichung, Münster u. a. 2000

Teichler, Hans-Joachim / Hauk, Gerhard (Hg.): Illustrierte Geschichte des Arbeitersports, Berlin 1987

Tenfelde, Klaus: Proletarische Provinz. Radikalisierung und Widerstand in Penzberg / Oberbayern 1900–1945, München 1982

Tenfelde, Klaus: Wendezeiten: August Bebel und die deutsche Sozialdemokratie 1889 / 90, in: Myrrhe, Ramona (Hg.): Geschichte als Beruf. Demokratie und Diktatur, Protestantismus und politische Kultur, Dößel 2005, S. 31–54

Thamer, Hans-Ulrich: Verführung und Gewalt. Deutschland 1933–1945, Berlin 1986

Ullrich, Volker: Die nervöse Großmacht. Aufstieg und Untergang des deutschen Kaiserreichs 1871–1918, Frankfurt am Main 1997

Ullrich, Volker: Otto von Bismarck, Reinbek 1998

Vilmar, Fritz: «…nur noch ein Haufen kalter Asche», in: UTOPIE kreativ, H. 151 (Mai 2003), S. 415 ff.

Vogel, Hans-Jochen: Nachsichten. Meine Bonner und Berliner Jahre, München 1996

Wachenheim, Hedwig: Die deutsche Arbeiterbewegung 1844–1914, Köln / Opladen 1967

Wachenheim, Hedwig: Vom Großbürgertum zur Sozialdemokratie. Memoiren einer Reformistin, Berlin 1973

Walter, Franz: Nationale Romantik und revolutionärer Mythos. Politik und Lebensweisen im frühen Weimarer Jungsozialismus, Berlin 1986

Walter, Franz: Sozialistische Akademiker- und Intellektuellenorganisationen in der Weimarer Republik, Bonn 1990

Walter, Franz / Denecke, Viola / Regin, Cornelia: Sozialistische Gesundheits- und Lebensreformverbände, Bonn 1991

Walter, Franz / Dürr, Tobias / Schmidtke, Klaus: Die SPD in Sachsen und Thüringen zwischen Hochburg und Diaspora. Untersuchungen auf lokaler Ebene vom Kaiserreich bis zur Gegenwart, Bonn 1993

Walter, Franz / Dürr, Tobias: Die Heimatlosigkeit der Macht. Wie die Politik in Deutschland ihren Boden verlor, Berlin 2000

Walter, Franz: Abschied von der Toskana. Die SPD in der Ära Schröder, Wiesbaden 2005

Weber, Petra: Sozialismus als Kulturbewegung. Frühsozialistische Arbeiterbewegung und das Entstehen zweier feindlicher Brüder: Marxismus und Anarchismus, Düsseldorf 1989

Weber, Petra: Carlo Schmid. 1896–1979. Eine Biographie, München 1996

Wehler, Hans-Ulrich: Deutsche Gesellschaftsgeschichte, Bd. 3: Von der «Deutschen Doppelrevolution» bis zum Beginn des Ersten Weltkrieges: 1849–1914, München 1995

Weichlein, Siegfried: Sozialmilieus und politische Kultur in der Weimarer Republik. Lebenswelt, Vereinskultur, Politik in Hessen, Göttingen 1996

Welskopp, Thomas: Das Banner der Brüderlichkeit. Die deutsche Sozialdemokratie vom Vormärz bis zum Sozialistengesetz, Bonn 2000

Wette, Wolfram: Gustav Noske. Eine politische Biographie, Düsseldorf 1987

Wickert, Christl: Unsere Erwählten. Sozialdemokratische Frauen im Deutschen Reichstag und im Preußischen Landtag 1919 bis 1933, Göttingen 1986

Wiesendahl, Elmar: Mitgliederparteien am Ende? Eine Kritik der Niedergangsdiskussion, Wiesbaden 2006

Winkler, Heinrich August: Von der Revolution zur Stabilisierung. Arbeiter und Arbeiterbewegung in der Weimarer Republik 1918 bis 1924, Berlin 1984 (Geschichte der Arbeiter und der Arbeiterbewegung in Deutschland seit dem Ende des 18. Jahrhunderts, Bd. 9)

Winkler, Heinrich August: Der Schein der Normalität. Arbeiter und Arbeiterbewegung in der Weimarer Republik 1924 bis 1930, Berlin 1985 (Geschichte der Arbeiter und der Arbeiterbewegung in Deutschland seit dem Ende des 18. Jahrhunderts, Bd. 10)

Winkler, Heinrich August: Der Weg in die Katastrophe. Arbeiter und Arbeiterbewegung in der Weimarer Republik 1930 bis 1933, Berlin 1987 (Geschichte der Arbeiter und der Arbeiterbewegung in Deutschland seit dem Ende des 18. Jahrhunderts, Bd. 11)

Winkler, Heinrich August (Hg.): Die deutsche Staatskrise 1930–1933. Handlungsspielräume und Alternativen, München 1992

Witt, Peter Christian: Friedrich Ebert. Parteiführer, Reichskanzler, Volksbeauftragter, Reichspräsident, 2. Aufl., Bonn 1988

Zimmermann, Peter: Theodor Haubach (1896–1945). Eine politische Biographie, München / Hamburg 2004

Zollitsch, Wolfgang: Arbeiter zwischen Weltwirtschaftskrise und Nationalsozialismus. Ein Beitrag zur Sozialgeschichte der Jahre 1928 bis 1936, Göttingen 1990

Danksagung

Es war nicht leicht, dieses Buch neben all den universitären Verpflichtungen zu schreiben. Ohne Hilfe wäre es mir nicht gelungen. Hier ist an erster Stelle meine Mitarbeiterin Teresa Nentwig zu nennen, die Material zusammengetragen, neue Fotos ausgewählt und den Text redaktionell bearbeitet hat. Ihr danke ich wie auch – der ebenfalls redaktionell mitwirkenden – Katharina Rahlf sehr. Wiederum danken möchte ich Peter Munkelt und seiner Archivcrew, die mir mit wertvollen Ratschlägen zur Seite standen und mich stets rasch mit Materialien versorgten. Wichtig waren ebenfalls die unzähligen Gespräche über das «Sozialdemokratische», die ich in den letzten Jahren mit Matthias Micus, Felix Butzlaff, Johanna Klatt, Stephan Klecha, Clemens Wirries, Oliver Nachtwey, Daniela Forkmann, Ben Seifert, Robert Lorenz, Oliver d'Antonio, Michael Lühmann u. a. führen konnte. Nicht minder wichtig war, dass mich Stine Harm immer wieder auch für die Befindlichkeiten des bürgerlichen Pendants sensibilisiert hat. Diesen allen bin ich zu dem größten Dank verpflichtet.

Meine ersten Ansprechpartner in sämtlichen Fragen politischer Interpretationen blieben wie seit etlichen Jahren bereits meine Tochter Julia und mein Sohn Benedikt. Ohne die Gespräche mit ihnen würde mir das Publizieren sowieso keine rechte Freude bereiten.

Bildquellennachweis

Seite 11:   Archiv der sozialen Demokratie der Friedrich-Ebert-Stiftung, Bonn
Seite 16:   Archiv der sozialen Demokratie der Friedrich-Ebert-Stiftung, Bonn
Seite 19:   Archiv der sozialen Demokratie der Friedrich-Ebert-Stiftung, Bonn
Seite 21:   Archiv der sozialen Demokratie der Friedrich-Ebert-Stiftung, Bonn
Seite 22:   ullstein bild, Berlin
Seite 26:   Archiv der sozialen Demokratie der Friedrich-Ebert-Stiftung, Bonn
Seite 27:   Archiv der sozialen Demokratie der Friedrich-Ebert-Stiftung, Bonn
Seite 29:   Archiv der sozialen Demokratie der Friedrich-Ebert-Stiftung, Bonn
Seite 31:   ullstein bild, Berlin
Seite 33:   Archiv der sozialen Demokratie der Friedrich-Ebert-Stiftung, Bonn
Seite 35:   Archiv der sozialen Demokratie der Friedrich-Ebert-Stiftung, Bonn
Seite 37:   ullstein bild, Berlin
Seite 39:   Archiv der sozialen Demokratie der Friedrich-Ebert-Stiftung, Bonn
Seite 42:   ullstein bild, Berlin
Seite 48:   ullstein bild, Berlin
Seite 50:   Archiv der sozialen Demokratie der Friedrich-Ebert-Stiftung, Bonn
Seite 52:   Archiv der sozialen Demokratie der Friedrich-Ebert-Stiftung, Bonn
Seite 54:   ullstein bild, Berlin
Seite 56:   Bildarchiv Preußischer Kulturbesitz, Berlin
Seite 58:   ullstein bild, Berlin
Seite 64:   Archiv der sozialen Demokratie der Friedrich-Ebert-Stiftung, Bonn
Seite 68:   Archiv der Arbeiterjugendbewegung (AAJB), Oer-Erkenschwick
Seite 69:   ullstein bild, Berlin
Seite 71:   ullstein bild, Berlin
Seite 74:   ullstein bild, Berlin
Seite 76:   ullstein bild, Berlin
Seite 78:   ullstein bild, Berlin
Seite 80:   Archiv der sozialen Demokratie der Friedrich-Ebert-Stiftung, Bonn
Seite 81:   ullstein bild, Berlin
Seite 83:   ullstein bild, Berlin
Seite 85:   akg-images, Berlin
Seite 87:   ullstein bild, Berlin
Seite 90:   ullstein bild, Berlin
Seite 92:   Archiv der sozialen Demokratie der Friedrich-Ebert-Stiftung, Bonn
Seite 94:   Archiv der sozialen Demokratie der Friedrich-Ebert-Stiftung, Bonn
Seite 96:   ullstein bild, Berlin

Seite 98:   ullstein bild, Berlin
Seite 100: ullstein bild, Berlin
Seite 101: ullstein bild, Berlin
Seite 106: ullstein bild, Berlin
Seite 108: Bildarchiv Preußischer Kulturbesitz, Berlin
Seite 112: dpa Picture-Alliance, Frankfurt
Seite 114: dpa Picture-Alliance, Frankfurt
Seite 120: ullstein bild, Berlin
Seite 121: Archiv der sozialen Demokratie der Friedrich-Ebert-Stiftung, Bonn
Seite 123: Archiv der sozialen Demokratie der Friedrich-Ebert-Stiftung, Bonn
Seite 124: dpa Picture-Alliance, Frankfurt
Seite 127: dpa Picture-Alliance, Frankfurt
Seite 128: Archiv der sozialen Demokratie der Friedrich-Ebert-Stiftung, Bonn
Seite 132: Sunday Picture
Seite 134: ullstein bild, Berlin
Seite 135: Bundesbildstelle, Berlin
Seite 136: Archiv der sozialen Demokratie der Friedrich-Ebert-Stiftung, Bonn
Seite 141: Archiv der sozialen Demokratie der Friedrich-Ebert-Stiftung, Bonn
Seite 143: ullstein bild, Berlin
Seite 144: Keystone Pressedienst, Hamburg
Seite 146: ullstein bild, Berlin
Seite 147: J. H. Darchinger, Bonn
Seite 150: ullstein bild, Berlin
Seite 153: ullstein bild, Berlin
Seite 155: ullstein bild, Berlin
Seite 156: Frankfurter Bildarchiv, Brigitte & Lutz Kleinhans
Seite 158: dpa Picture-Alliance, Frankfurt
Seite 160: dpa Picture-Alliance, Frankfurt
Seite 162: ullstein bild, Berlin
Seite 164: Volker Ernsting, Bremen
Seite 166: J. H. Darchinger, Bonn
Seite 170: ullstein bild, Berlin
Seite 176: Bundesbildstelle, Berlin
Seite 177: Bundesbildstelle, Berlin
Seite 181: Sven Simon, Mülheim
Seite 182: J. H. Darchinger, Bonn
Seite 184: Erika Sulzer-Kleinemeier, Gleisweiler
Seite 185: dpa Picture-Alliance, Frankfurt
Seite 188: Barbara Klemm, Frankfurt
Seite 190: dpa Picture-Alliance, Frankfurt

Seite 191: ullstein bild, Berlin
Seite 193: dpa Picture-Alliance, Frankfurt
Seite 195: ullstein bild, Berlin
Seite 197: ullstein bild, Berlin
Seite 204: ullstein bild, Berlin
Seite 207: dpa Picture-Alliance, Frankfurt
Seite 209: VISUM Foto GmbH, Hamburg
Seite 212: Bundesbildstelle, Berlin
Seite 214: ullstein bild, Berlin
Seite 216: ullstein bild, Berlin
Seite 218: ullstein bild, Berlin
Seite 220: Photothek.net, Berlin
Seite 222: ullstein bild, Berlin
Seite 224: dpa Picture-Alliance, Frankfurt
Seite 227: ullstein bild, Berlin
Seite 229: dpa Picture-Alliance, Frankfurt
Seite 231: Barbara Klemm, Frankfurt
Seite 233: Barbara Klemm, Frankfurt
Seite 237: ullstein bild, Berlin
Seite 239: dpa Picture-Alliance, Frankfurt
Seite 240: dpa Picture-Alliance, Frankfurt
Seite 247: Jürgen Eis, Bonn
Seite 254: AP Associated Press, Frankfurt
Seite 256: Fotoagentur laif, Köln
Seite 260: Süddeutsche Zeitung Photo, München
Seite 261: Fotoagentur laif, Köln
Seite 264: ullstein bild, Berlin
Seite 266: Fotoagentur laif, Köln
Seite 268: dpa Picture-Alliance, Frankfurt
Seite 277: AP Associated Press, Frankfurt
Seite 282: Sylvia Scholtka, Aschaffenburg
Seite 283: ullstein bild, Berlin
Seite 286: Süddeutsche Zeitung Photo, München
Seite 289: dpa Picture-Alliance, Frankfurt

Namenregister